Hans Fritz
Industrielle Arzneimittelherstellung

Heidelberger Schriften
zur Pharmazie- und Naturwissenschaftsgeschichte

Herausgegeben von
Wolf-Dieter Müller-Jahncke, Heidelberg

Band 10

Wissenschaftliche Verlagsgesellschaft mbH Stuttgart

Industrielle Arzneimittelherstellung

Die pharmazeutische Industrie in Basel am Beispiel der Sandoz AG

Von Hans Fritz

Mit einem Geleitwort von Max Link

22 Abbildungen

WVG

Wissenschaftliche Verlagsgesellschaft mbH Stuttgart 1992

Die Deutsche Bibliothek — CIP-Einheitsaufnahme

Fritz, Hans:
Industrielle Arzneimittelherstellung: die pharmazeutische Industrie in Basel am Beispiel der Sandoz AG / von Hans Fritz. Mit einem Geleitw. von Max Link. — Stuttgart: Wiss. Verl.-Ges., 1992
(Heidelberger Schriften zur Pharmazie- und Naturwissenschaftsgeschichte; Bd. 10)
ISBN 3-8047-1249-5
NE: GT

Printed in Germany
Druck: Hofmann, Schorndorf
Umschlag: Atelier Schäfer, Esslingen

GELEITWORT

Ein Rückblick auf die 75jährige Entwicklungsgeschichte der Sandoz Pharma AG zeigt, daß sie reich ist an Ereignissen, Erkenntnissen und Entwicklungen, an verantwortungsvoller Forschung und entscheidenden Fortschritten.

Die Keimzelle zum Erfolg der Pharmazeutischen Abteilung der Sandoz AG legte der Chemiker Prof. Dr. Arthur Stoll. Er beschäftigte sich mit dem Problem der Isolierung hochwertiger, aber empfindlicher Wirkstoffe aus Pflanzen. Dank seinem überragenden Talent gelang ihm die Isolierung von Ergotamin in reiner Form. Dieser Inhaltsstoff des Mutterkorns bildete den Ausgangspunkt für weitere wegweisende Arzneimittel der Pharmadivision. Zahlreiche Verfahren zur Gewinnung von Arzneistoffen dokumentieren den innovativen Pioniergeist der Sandoz Forschung. Diese Neuerungen fanden rasch Eingang in die naturwissenschaftliche Fachliteratur und lieferten die fruchtbare Grundlage für nachfolgende Untersuchungen. Sie sicherten den Einstieg in neue Forschungsgebiete, die zur Entwicklung zahlreicher neuartiger Medikamente entscheidend beitrugen.

Standen noch in der ersten Hälfte des Jahrhunderts in der pharmazeutischen Forschung eher instrumentelle und verfahrenstechnische Problemstellungen im Vordergrund, so rückten im Laufe der Zeit die klinischen, pharmakologischen und biotechnologischen Aspekte zunehmend in den Mittelpunkt des Interesses.

Aus dem heutigen Arzneimittelschatz sind zahlreiche pharmazeutische Spezialitäten, auch ältere Sandoz-Medikamente, nicht mehr wegzudenken. Als Beispiel sei Sandimmun® erwähnt, das schon vor mehr als zehn Jahren eingeführt wurde. Noch immer stellt dieses Produkt das Mittel der Wahl zur Unterdrückung von Abstoßungsreaktionen nach Organtransplantationen dar. Darüber hinaus erkannte die Sandoz-Forschung, daß dieses Immunosupressivum über ein bedeutendes Potential in anderen Therapiebereichen verfügt, wie beispielsweise in der Dermatologie oder Rheumatologie.

Ein nahtloses, ungebrochenes Anschließen an die Innovationen der Vergangenheit - Pionierarbeit bei den Isolierungen, Reindarstellungen, Strukturermittlungen und Partialsynthesen von Naturstoffen - garantieren heute die Anstrengungen vorwiegend auf den Gebieten der Neuroendokrinologie, der Immunologie, der Onkologie, der Dermatologie und der Hormonforschung. Sichtbare Ergebnisse der jüngsten Vergangenheit sind beispielsweise Lamisil®, ein neuartiges Mittel zur Behandlung von Nagelmykosen, der Blutzell-Wachstumsfaktor Leucomax® (GM-CSF), Sandostatin®, ein Somatostatinanalogon u.a. zur Behandlung von Patienten mit Tumoren des gastroenteropankreatisch endokrinen Systems und der Akromegalie, das im Rahmen der onkologischen Chemotherapie verwendete Antiemetikum Navoban® sowie der blutdrucksenkende Calcium-Antagonist Lomir®.

Die zahlreichen Forschungsprojekte und die stetige Entwicklung verschiedenster Wirksubstanzen werden einen kontinuierlichen Fluß an neuartigen, innovativen Medikamenten sicherstellen, welche die bestehenden Therapiemöglichkeiten entscheidend verbessern werden. Somit kann die Sandoz Pharma AG mit großer Zuversicht der Zukunft entgegenblicken und an die dynamische Entwicklung in der Vergangenheit anknüpfen.

Basel, im Juli 1992

Dr. Max Link

Präsident des
Verwaltungsrates der
Sandoz Pharma AG

VORWORT DES VERFASSERS

Am 1. Oktober 1992 jährt sich zum 75. Male der Tag, an dem die Pharmazeutische Abteilung der Sandoz AG ins Leben gerufen wurde. Aus bescheidenen Anfängen hat sie sich zur größten und inzwischen rechtlich und unternehmerisch selbständigen Division des Sandoz-Konzerns entwickelt.

Während sich bisherige Forschungen zur pharmazeutischen Industrie auf Abhandlungen zu denjenigen Firmen beschränken, die nachweislich aus Apothekenlaboratorien hervorgegangen sind, wendet sich die vorliegende Arbeit jenem Industriezweig zu, der ursprünglich auf der Herstellung von Anilinfarben beruhte. Die vorliegende Arbeit basiert einerseits auf der Tatsache, daß sich nur wenige Vorarbeiten, die sich auf Quellen stützen, mit der Entstehung der Pharmazeutischen Abteilung der Sandoz AG befassen. Andererseits erschien die Aufgabe, naturwissenschaftliche Forschung im Rahmen industrieller Möglichkeiten zu untersuchen, die Firmenprodukte in ihrem historischen Schicksal zu verfolgen und Erweiterungen beziehungsweise Zusammenschlüsse einzelner Firmen festzumachen, als reizvoll. Zudem faszinieren die in wichtigen Forschungsbereichen entwickelten Heilmittel, die den Ruf der Sandoz Pharma AG als eine der führenden forschenden Arzneimittelfirmen begründet haben. Rückblickend bezeugen zahlreiche Verfahren zur Gewinnung von Arzneistoffen den innovativen Pioniergeist der beteiligten Forscher. Diese Neuerungen fanden rasch Eingang in die chemischen, biologischen und pharmazeutischen Lehrbücher und trugen entscheidend zur Entwicklung zahlreicher neuartiger Medikamente bei.

Dabei zeigt die Studie, welche Interdependenzen zwischen naturwissenschaftlicher Forschung und wirtschaftlichen Interessen bestehen können. Freie Forschung war in der pharmazeutischen Industrie ebenso möglich wie an der Universität; die teleologische Ausrichtung war indes unterschiedlich. Während die Universität ihre Forschungsergebnisse vornehmlich bei der Ausbildung des Nachwuchses und im Rahmen der "Scientific community" darbietet, steht Industrieforschung stets im Dienste eines Produktes, welches unmittelbar am Menschen zur Heilung Anwendung finden soll.

Die intensiven Archivvorarbeiten gaben bald zu erkennen, daß nicht nur wissenschafts- und sozialhistorische Komponenten das Bild der Studie kennzeichnen würden; denn die Jahrzehnte seit der Gründung der Pharmazeutischen Abteilung der Sandoz AG waren gekennzeichnet durch eine stürmische weltweite Entwicklung der Naturwissenschaften und die Übertragung wissenschaftlicher Experimente in die Produktion. Dies wiederum bildete das Fundament für ein aus bescheidenen Anfängen sich entwickelndes Wachstum zu einem international tätigen exportorientierten Unternehmen, welches sich oftmals politisch und ökonomisch schwierigen Rahmenbedingungen konfrontiert sah. Somit sollten auch Elemente moderner Wirtschaftsgeschichte das historische Bild von Rolle und Funktion der pharmazeutisch-chemischen Industrie in der Schweiz und in Europa aufzeigen.

Zur Festigung der Stellung auf dem Weltpharmamarkt spielten aber neben den eigenen Leistungen auch strategisch ausgerichtete Unternehmensübernahmen eine wichtige Rolle. Die vorliegende Betrachtung beschränkt sich als pharmaziehistorische Abhandlung auf die Entwicklung der Pharmazeutischen Abteilung bis einschließlich zum Jahr 1970. Deshalb fanden die neueren Forschungsgebiete und die Entwicklungsgeschichte innovativer, erfolgreicher Produkte - als wenige Beispiele seien nur Sandimmun®, Sandostatin® und Lamisil® genannt - keinen Eingang.

Herrn Professor Dr. Wolf-Dieter Müller-Jahncke, meinem Doktorvater, danke ich für das Überlassen des Themas sowie für seine stete Unterstützung und individuelle Betreuung.

Ebenso danke ich der Sandoz Pharma AG, insbesondere Herrn Dr. Max Link, Leiter der Sandoz Pharma AG, Basel, und Delegierter des Verwaltungsrates der Sandoz Pharma AG, Basel, der mir bereitwillig den Zugang zum Firmenarchiv ermöglichte. Mein Dank gilt ebenfalls der Leiterin des Archivs der Sandoz AG, Frau Renate Riedl, die mir in vielen Fragen und Problemen weiterhalf und bei der Auswahl des umfangreichen Bildmaterials zur Seite stand.

Herrn Dr. Albert Hofmann, der mit der Geschichte der Sandoz auf das Engste verbunden ist und der durch seine Forschungstätigkeit neben Professor Dr. Arthur Stoll maßgeblich zur erfolgreichen Entwicklung der Pharmazeutischen Abteilung der Sandoz AG beitrug, danke ich für seine authentischen Berichte.

Großen Dank schulde ich Herrn Adolf Haslinger, Sandoz Ges.m.b.H., Wien, für seinen kompetenten Rat vor allem hinsichtlich der historischen Abhandlung der Mutterkornforschung, der etliche neue Aspekte eröffnete, sowie für seine tatkräftige Unterstützung und die Überlassung zahlreicher Quellen und Studienmaterialien.

Dem Leiter des Archivs der Wander AG Bern und den zuständigen Mitarbeitern der Sandoz AG Nürnberg, der Biochemie Ges.m.b.H. in Kundl/Tirol sowie der Sanabo Ges.m.b.H. Wien spreche ich für die Überlassung von Archivmaterial gleichfalls meinen Dank aus.

Dank schulde ich auch den Herren Dr. Leo Abisch, Dr. Wolfgang M. Dörner und Dipl.-Ing. Manfred Spohn sowie Frau Apothekerin Gabriele Grom, die durch zahlreiche wertvolle und konstruktive Ratschläge zum Gelingen dieser Arbeit beigetragen haben.

Basel, Dezember 1991

Hans Fritz

Inhaltsverzeichnis

I. ENTSTEHEN DER CHEMISCHEN INDUSTRIE

1. Mitteleuropa

1.1. Betrachtungen zur Industrialisierung

Seit 1800 setzten in Europa und wenig später auch in Amerika tiefgreifende Veränderungen der gesellschaftlichen und wirtschaftlichen Strukturen ein, die allgemein als Industrialisierung oder als Industrielle Revolution bezeichnet werden. Die vorindustrielle Gesellschaft war durch eine ständisch-agrarische Ordnung geprägt und lebte in ländlichen Siedlungen bis in die Mitte des 18. Jahrhunderts vor allem von der Agrarwirtschaft. Nur etwa ein Zehntel der Bevölkerung wohnte in Städten oder stadtartigen Siedlungen. Hier gingen die Einwohner handwerklichen, kaufmännischen, militärischen oder amtlichen Tätigkeiten nach. Durch politische Veränderungen und technische Entwicklungen breitete sich die Industrialisierung in Europa aus.

In unmittelbarer Nähe zu den Zentren der englischen, deutschen und schweizerischen Textilindustrie entstanden seit 1860 Teerfarbenfabriken, deren Erzeugnisse zur Färbung von Textilfasern wie Baumwolle und Wolle verwendet wurden[1]. Die bedeutenden Teerfarbenfabriken in Deutschland und der Schweiz hatten schon vor der Jahrhundertwende große Forschungsabteilungen aufgebaut und sich durch einen systematisch-wissenschaftlichen Ausbau der Arbeitsgebiete einen erheblichen Vorsprung vor der ausländischen Konkurrenz gesichert. In der Herstellung von Schwefelsäure und der Entwicklung der Farbstoffindustrie hatte Deutschland zu Ende des 19. und Beginn des 20. Jahrhunderts Großbritannien und andere europäische Länder überrundet und sich an die Spitze der Weltentwicklung gesetzt. Hinzu kam, daß aus der Lösung der Probleme, die sich aus der großtechnischen Produktion ergaben, eine Überlegenheit in der chemischen Technologie resultierte. Die Welt-Teerfarbenfabrikation verlagerte sich deshalb fast ausschließlich nach Deutschland und in die Schweiz[2].

Im letzten Jahr vor dem Ersten Weltkrieg wurden weltweit insgesamt 157.000 Tonnen Teerfarbstoff im Wert von etwa 350 bis 400 Millionen Goldmark produziert. Die Weltausfuhr setzte sich im gleichen Jahr aus 109.000 Tonnen im Wert von 218 Millionen Goldmark entsprechend 90,5 % aus Deutschland und 9.000 Tonnen im Wert von

1 Vgl. Osteroth (1985), 600.
2 Vgl. Bäumler (1963), 26 f.

23 Millionen Goldmark entsprechend 9,5 % aus der Schweiz zusammen[3]. Die überragende Stellung der deutschen Farbenindustrie ging jedoch während des ersten Weltkrieges verloren. Da durch die Kriegsereignisse Deutschland als Farbstoffzulieferer auf dem Weltmarkt entfiel, profitierte die schweizerische chemische Industrie erheblich[4]: Allein die "Chemische Fabrik vormals Sandoz" erfuhr im Jahre 1918 eine Umsatzerhöhung auf das achtfache[5] und eine Steigerung des Gewinnes um das zwanzigfache des letzten Vorkriegsjahres.

1.2. Patentschutz für Erfindungen

In Deutschland wurde der Patentschutz durch ein Reichsgesetz von 1877 eingeführt[6]; ein weiteres Gesetz hierzu folgte 1891[7]. Im Unterschied zu anderen Staaten wurde nicht das Produkt, sondern das Verfahren patentiert[8], wodurch die Forscher angeregt wurden, alle denkbaren Möglichkeiten für die Herstellung eines Präparates in Betracht zu ziehen[9]. 1874 trat ein Reichsgesetz über den Markenschutz[10] in Kraft, das 1894 als Reichsgesetz zum Schutz der Warenbezeichnungen[11] erheblich erweitert wurde und somit die Grundlage zur Sicherung wissenschaftlicher Leistungen bildete[12], ohne daß sich eine Offenlegung der Inhaltsstoffe von Arzneimitteln auf die späteren Wettbewerbsbedingungen negativ auswirkte.

Die Schweiz hatte bereits lange vor der Schaffung des Bundesstaates Privilegien vergeben[13]. Zur Zeit der Helvetischen Republik entstand am 25. April 1799 unter französischem Einfluß ein schweizerisches Patentgesetz, das schon 1802 wieder aufgehoben wurde[14]. Somit besaß die Schweiz bis 1888 kein Patentgesetz und kannte auch keine Patente; es existierten nur kantonale Privilegien. Auf französischen Druck hin mußte sich die Schweiz durch den französisch-schweizerischen Staatsvertrag von 1864 verpflichten, französischen

---

3 Vgl. Pribram (1927), 321 f.
4 Vgl. 75 Jahre SANDOZ (1961), 5.
5 Vgl. IX. Anhang Tabelle 9, 203.
6 Vgl. Reichsgesetzblatt, 501. Reichspatentgesetz vom 25. April 1877; in Kraft ab 1. Juli 1877.
7 Reichsgesetzblatt 1891, 79. Patentgesetz vom 7. April 1891, das gleichzeitig mit dem ersten Gebrauchsmustergesetz vom 1. Juni 1891 (Reichsgesetzblatt 290) am 1. Oktober 1891 in Kraft trat.
8 Vgl. Fleischer (1984), 214.
9 Vgl. Bürgin (1958), 224.
10 Reichsgesetzblatt 1874, 143.
11 Reichsgesetzblatt 1894, 441.
12 Vgl. Wimmer (1991), 192 f.
13 Beispielsweise 1577 durch die Republik Bern, 1584 durch Rhätien, 1730 durch Zürich.
14 Vgl. Simon (1891), 27.

Mustern und Modellen Schutz in der Schweiz zu gewähren. Demnach wurden französischen Erfindungen in der Schweiz Rechte eingeräumt, von denen die schweizerischen ausgeschlossen waren[15]. Ähnliche Staatsverträge mit Belgien, Italien und Deutschland verschafften den betreffenden Ausländern ebenfalls Ausschlußrechte in der Schweiz, bis Bundesrat Numa Droz und ein 1879 von der "Gesellschaft ehemaliger Polytechniker" ernanntes Agitationskomitee[16] sich dieses Themas annahmen. Dieses Komitee stieß allerdings auf große Schwierigkeiten und starke Ablehnung, überraschenderweise gerade bei der chemischen Industrie. Diese delegierte Dr. Robert Gnehm[17], den späteren Präsidenten des Verwaltungsrates der Sandoz, in das Agitationskomitee, um dessen Tätigkeit zu erschweren. Trotzdem kam das Patentgesetz vom 29. Juni 1888 zustande und trat am 15. November 1888 in Kraft[18].

Auf Grund dieses Gesetzes konnten nur Erfindungen patentiert werden, die gewerblich verwertbar und durch Modelle darstellbar waren[19]. Die Bedingungen der Modelldarstellbarkeit, die nicht nur im Patentgesetz, sondern auch in der Bundesverfassung verankert wurden, war der Preis, den man der opponierenden chemischen Industrie hatte zahlen müssen. Dieses Patentgesetz gewährte jedoch keinen Schutz für synthetische Farbstoffe. Sehr rasch zeigte sich, daß das neue Gesetz unzulänglich war. Fünf Jahre später mußten die ersten Änderungen vorgenommen werden. Vor allem Deutschland beklagte sich, daß die deutsche chemische Industrie in der Schweiz im Gegensatz zur schweizerischen chemischen Industrie in Deutschland im wesentlichen schutzlos sei.

Erst am 21. Juni 1907, genau 30 Jahre nach der Einführung des Patentgesetzes in Deutschland, erfolgte in der Schweiz auf Betreiben des Deutschen Reiches der Schutz chemischer Erfindungen. Deutschland hatte nämlich 1904 im Rahmen der Verhandlungen zur Erneuerung des schweizerisch-deutschen Handelsvertrages in einem anschließenden Notenwechsel die Einführung dieses Schutzes bis zum 31. Dezember 1907 gefordert[20]. Im Falle der Nichteinführung sollte die im Handelsvertrag vereinbarte zollfreie Einfuhr schweizerischer Farbstoffe[21] nach Deutschland aufgehoben werden[22].

---

15 Vgl. Fleischer (1984), 207.

16 Das Agitationskomitee bestand aus Gustave Naville, A. Waldner und Emil Blum.

17 Näheres zu Prof. Dr. Robert Gnehm (1852 - 1926) in: Sandoz bulletin (1986), 15 f.

18 Vgl. Bracker (1923), 10 f. und 27.

19 Vgl. Fleischer (1984), 213.

20 Vgl. Gemuseus (1930), 16.

21 Vgl. FA C-102, Verwaltungsratsprotokoll vom 11. März 1949.

22 Vgl. Bürgin (1958), 222 ff.

Die schweizerische chemische Industrie wollte einerseits ihren Export nach Deutschland nicht gefährden, andererseits wollte sie den chemischen Verfahren keinen umfassenden Schutz gewähren. Als Ausweg bot sich, die Wirksamkeit des Schutzes der chemischen Verfahren zu beschneiden, wofür als Grundlage Artikel 6 Absatz 2 des Patentgesetzes von 1907 diente. Der heftige Protest der Applikationsindustrie gegen den Schutz von Textilveredlungsverfahren, die nicht rein mechanischer Natur waren, resultierte im sogenannten Textilparagraphen Artikel 2 Ziffer 4. Damit wurde eine zweite Ausnahmebestimmung in das Gesetz aufgenommen, durch die beispielsweise das Färben, das Bedrucken, das Appretieren, das Mercerisieren, die Behandlung gegen Mottenbefall und das Immunisieren vom Schutz ausgeklammert wurden. Gegen das schweizerische Patentgesetz vom 21. Juni 1907[23], das als weitere Ausnahmebestimmung die verkürzte Patentdauer[24] für Verfahren zur Herstellung von Arzneimitteln enthielt, machte sich unter den schweizerischen Unternehmen nach Beendigung des Ersten Weltkrieges ein immer stärkerer Widerstand bemerkbar[25]. Die schweizerische chemische Industrie, die während des Ersten Weltkrieges sehr erstarkt war, trat für die Aufhebung der sie nun eher hemmenden als begünstigenden Sonderbestimmungen ein. Gleichfalls befürwortete sie einen ausgiebigen, jedoch nicht zu extensiven Schutz der chemischen Erfindungen[26].

Das Fehlen eines Patentschutzes vor 1888 auf dem Gebiet der Chemie bot der Schweiz, besonders dem günstig gelegenen Basel, im Gegensatz zum benachbarten Frankreich freiere Entwicklungsmöglichkeiten. Das französische Patentgesetz von 1844[27] schützte nicht das Herstellverfahren, sondern das Produkt[28]. Deshalb wanderte eine bedeutende Anzahl französischer Chemiker und Fabrikanten vorwiegend in die Schweiz und hier vor allem nach Basel ab, wo sie in der Lage waren, ausländische Patente nachzuahmen und nach ihren geänderten und verbesserten Produktionsverfahren ungehindert die gleichen Farbstoffe zu synthetisieren.

---

[23] Vgl. Beckmann (1927), 758. - Das Patentgesetz von 1907 ist heute noch in Kraft und erfuhr lediglich in einigen Punkten am 9. Oktober 1926 und am 21. Dezember 1928 einige Anpassungen.

[24] Zehn statt fünfzehn Jahre.

[25] Vgl. Fleischer (1984), 234.

[26] Vgl. FA C-102, Verwaltungsratsprotokoll vom 11. März 1949.

[27] Das Gesetz wurde am 5. Juli 1844 angenommen und am 8. Juli 1844 promulgiert.

[28] Vgl. Dölemeyer (1986), 4078 ff.

2. Die chemische Industrie in Basel

2.1. Laboratorien und chemisches Kleingewerbe

Bereits im 18. Jahrhundert blühte in Basel der Handel mit Drogen für medizinische Zwecke und die Färberei. Vor der Herstellung von synthetischen Farbstoffen bedienten sich die Färber der Naturfarben wie Purpur, Cochenille, Indigo und Krapp. Viele dieser Stoffe mußten aus überseeischen Ländern bezogen werden, andere wurden in großen Kulturen in Europa erzeugt[29]. Später wurden diese Drogen extrahiert, wobei sie drei Viertel bis vier Fünftel ihres Eigengewichts verloren. Als Keimzellen der chemischen Industrie sind der frühneuzeitliche Drogenhandel, die Färberei, die Laboratorien der Apotheken sowie die Entstehung der Gasfabrik anzusehen.

In Basel eröffneten die Nachfolger des 1764[30] als Materialist ins Handelsregister eingetragenen Johann Rudolf Geigy-Gemuseus[31] im Jahre 1857 eine Extraktfabrik und stellten Farbholzextrakte aller Art her. Da diese natürlichen Farben meist kostspielig waren, galten gefärbte Stoffe als Luxus. Außerdem war der Färbungsprozeß aufwendig: Da es sich bei den natürlichen Farbstoffen meist um Beizenfarbstoffe handelte, mußten die Stoffe mit Metallsalzen wie Aluminium-, Kupfer-, Zinn- oder Chromsalzen vorbehandelt werden, um die Farbe zu fixieren. Diese Beizmittel wurden in den Färbereien selbst hergestellt.

Auch die Laboratorien der Apotheken stellten eine Keimstätte der chemischen Industrie dar. So wuchsen aus der Offizin der Apotheke viele chemische Fabriken, einerseits als Extraktbetriebe aus dem Drogenhandel und andererseits als Hersteller von Feinchemikalien über den eigenen Bedarf hinaus. Die den Apotheken angeschlossenen chemischen Betriebe trennten sich von diesen ab und bildeten das selbständige chemische Kleingewerbe. So konnte Basel 1812 die erste chemische Fabrik verzeichnen: Johann Jakob Schäffer[32] und Carl Friedrich Renz[33] begannen vor dem Riehentor Chemikalien für Färberei und Zeugdruck zu produzieren. Ihnen folgte im Jahre 1819 Johann Christoph Assal[34] mit der Gründung eines chemischen Kleinbetriebes. 1826 entstand der dritte

29 Vgl. Herkunft und Gestalt der Industriellen Chemie in Basel (1959), 79.

30 Vgl. Bürgin (1958), 71.

31 Geigy-Gemuseus, Johann Rudolf; 1733 - 1793. Näheres zur Person siehe: Bürgin (1958).

32 Schäffer, Johann Jakob; stammte aus Oggersheim (bayrische Pfalz); Kaufmann, französischer Staatsbürger; trat bereits 1815 aus der Firma aus.

33 Renz, Carl Friedrich; Chemiker aus Wildbad (Württemberg).

34 Assal, Johann Christoph; Kaufmann, 1795 - 1845.

chemische Betrieb in Basel durch Carl Renz Sohn in der Grenzacherstraße[35]. Trotz erfreulicher Entwicklung in der Anfangszeit stellten alle drei Betriebe ihre Produktion wieder ein.

1856 hatte Henry William Perkin[36] in England den ersten künstlichen Teerfarbstoff entdeckt und ihn wegen seiner violetten Anfärbung Mauvein genannt. Im selben Jahr fand Natanson[37] einen anderen Teerfarbstoff, das Anilinrot. Bald entstand ein erheblicher Bedarf an diesen Farbstoffen, weil diese Farbtöne zu Modefarben geworden waren.

Seit 1852 besaß die Stadt Basel Gasbeleuchtung. Jean-Gaspard Dollfus[38] hatte 1850 die Konzession zum Bau der Basler Gasfabrik erworben und fabrizierte seit 1852 Leuchtgas. Bei der Herstellung von Leuchtgas entstand als Abfallprodukt Gasteer. Aus diesem Stoff isolierten Chemiker Naphtalin, Anthracen, Phenol, Toluol und Benzol. So hatte man eine Quelle für die Ausgangsstoffe zur Herstellung von synthetischen Farbstoffen gefunden. Aus diesen Stoffen konnte man nun nach dem von Perkin gefundenen Verfahren Anilinpurpur herstellen[39].

2.2. Die Verwertung der Abfallprodukte

1860 gründete Dollfus in der Nähe der zuvor an das St. Johanntor verlegten Gasfabrik einen Betrieb zur Verarbeitung von Steinkohleteer, und im Jahre 1862 begann er, wie zuvor schon andere Fabriken in Basel auch, mit der Herstellung synthetischer Farbstoffe[40]. Aus diesem Betrieb ging dann später die Firma "Durand & Huguenin AG" hervor, die 1969 von der Sandoz AG übernommen wurde.

In der Extraktfabrik von Johann Rudolf Geigy und Ulrich Heusler, die aus der ehemaligen Drogenhandlung von Johann Rudolf Geigy-Gemuseus hervorgegangen war, hatte der Betriebsleiter Johann Jakob Müller-Pack[41] im Jahre 1859 gleichfalls den Schritt zur Teerfarbenfabrikation gewagt. Die Fuchsinherstellung kam in Gang, nachdem Müller vom

35 Vgl. Koelner (1937), 21.
36 Perkin, Sir William Henry; englischer Chemiker. * 1838 London , + 1907 Sudbury (bei London).
37 Natanson, Jakob; Chemiker. * 1832 Warschau, + 1884 Warschau , Professor der Chemie am Polytechnikum in Warschau.
38 Dollfus, Jean-Gaspard; * 1812 Mühlhausen, + 1889 Moncharand/Jura. Näheres zu Dollfus: Oswald, Carl: Gaspard Dollfus 1812-1889. Basel 1968.
39 Vgl. Herkunft und Gestalt der Industriellen Chemie in Basel (1959), 97 f.
40 Vgl. Koelner (1937), 95.
41 Müller-Pack, Johann Jakob; Kaufmann, 1825 - 1899.

Lyoner Rezept, für das ein anderer Farbstoffproduzent namens Alexander Clavel[42] die Schweizer Lizenz hielt, erfahren hatte. Der Basler Seidenfärber Clavel war mit dem Inhaber des französischen Patents zur Fuchsinherstellung verwandt, so daß er für eine Summe von 100.000 Franken im Jahre 1859 die Lizenz zur Herstellung des Anilinfarbstoffes erwerben konnte. Damit wurde er zum ersten Fabrikanten dieser neuen synthetischen Farbstoffe in Basel. Kurze Zeit darauf produzierte Clavel auch blaue, violette und grüne Derivate des Teerfarbstoffes. Die neuen Farbstoffe waren durch ihre Licht- und Wasserfestigkeit und ihre starke Leuchtkraft für die Textilindustrie überzeugend. Auch konnten sie in mannigfaltiger Weise untereinander gemischt werden, so daß das ganze Farbspektrum erzeugt werden konnte. 1864 wurde der Betrieb von Clavel vor die Tore Basels verlegt und man errichtete eine Anilinfarbenfabrik in der Klybeckstraße, die Urzelle der späteren CIBA AG[43].

Im selben Jahr entstand ein weiteres Anilinfarbenwerk: Der Chemiker Armand Gerber, bisher Betriebsleiter bei Dollfus, eröffnete gemeinsam mit dem Kaufmann Wilhelm Uhlmann die Firma "A. Gerber & Cie". Dieser Betrieb fusionierte im Jahre 1898 mit der CIBA[44].

Einen weiteren Grundstein für die heutige chemische und pharmazeutische Industrie in Basel legten im Jahre 1886 Alfred Kern und Edouard Sandoz. Alfred Kern war leitender Chemiker bei der später in "Gesellschaft für Chemische Industrie in Basel" umbenannten Firma "Bindschedler & Busch"; Edouard Sandoz hatte eine Stellung als Kaufmann bei "Durand & Huguenin"[45] inne. Gemeinsam gründeten sie die Farbenfabrik "Kern & Sandoz", die heutige Sandoz AG.

Auch Robert Bindschedler[46], der bis 1892 bei der CIBA tätig war, wollte sich selbständig machen. So gründete er 1893 die Basler "Chemische Fabrik Bindschedler". Er begann mit der Herstellung von Farbstoffen und pharmazeutischen Spezialitäten. 1908 erfolgte dann der Zusammenschluß dieser Firma mit der "Gesellschaft für Chemische Industrie" in Basel. Durch den Eintritt von Fritz Hoffmann-La Roche im Jahre 1894 in die zwei Jahre zuvor gegründete chemische Fabrik M. C. Traub an der Grenzacherstraße sollte das Fundament zur heutigen "F. Hoffmann-La Roche & Cie AG" in Basel geschaffen werden. Fritz

---

42 Clavel, Alexander; 1805 - 1873.

43 Aus dem Betrieb von Clavel entstand 1884 die "Gesellschaft für Chemische Industrie in Basel". Die Abkürzung "CIBA" wurde schon früh benutzt, ist aber erst seit 1945 Bestandteil der offiziellen Firmenbezeichnung "CIBA-Aktiengesellschaft". Im Jahr 1970 fusionierten die CIBA mit der "J.R. Geigy A.G.".(Vgl. hierzu Erni, Paul: Die Basler Heirat. Zürich 1979).

44 Vgl. Herkunft und Gestalt der Industriellen Chemie in Basel (1959), 100.

45 Louis Durand (1837 - 1901) aus Lyon und Edouard Huguenin (1845 - 1899) aus dem elsässischen Mulhouse, beide Schwiegersöhne des Mühlhausener Färbereibesitzers Camille Koechlin, hatten die vom elsässischen Ingenieur Gaspard Dollfus 1860 gegründete Anilinfarbenfabrik käuflich erworben. 1969 wurde die Firma "Durand & Huguenin" von der Sandoz AG übernommen.

46 Bindschedler, Robert Dr.; Chemiker, 1844 - 1901.

Hoffmann-La Roche trat in dieser Zeit in die Firma mit dem Ziel ein, Arzneimittelspezialitäten zu entwickeln[47].

2.3. Vorzüge des Industriestandortes Basel

Die folgenden Faktoren sind als Grundlage einer erfolgreichen Entwicklung der chemischen und pharmazeutischen Industrie in Basel zu nennen:

Einmal spielte die Lage Basels am Rhein eine bedeutende Rolle bei der Einfuhr von Gasteer und dessen reinen Zwischenprodukten aus England, Frankreich und Deutschland, da die Basler Gasfabrik den hohen Bedarf nicht mehr selbst zu decken vermochte. So waren die Verkehrswege nach Basel durch Transport auf dem Wasserweg denkbar günstig. Außerdem lag Basel im Grenzgebiet zu den Ein- und Ausfuhrpartnern, so daß lange Wege durch das Inland erspart blieben[48]. Zur Produktion von Chemikalien wurden hohe Wassermengen gebraucht, ein Bedarf, den der Rhein decken konnte. Auch zur Aufnahme von Abfallprodukten bei der Herstellung von Farbstoffen wurde der Rhein benutzt. Die giftigen Abwässer, die in der Frühzeit mit Arsenverbindungen durchsetzt waren, leitete man in den Rhein, um eine Verseuchung des Grundwassers zu vermeiden. Bekanntlich siedelten sich fast alle chemischen Industrien an schnell strömenden Flüssen an.

Zum zweiten standen infolge der Verdoppelung der Einwohnerzahl zwischen 1840 und 1860 auf rund 40.000 Bürger ausreichend Arbeiter für den neu errichteten Produktionszweig Chemie zur Verfügung[49]. Die ersten Farbenchemiker kamen aus Frankreich, da die französischen Chemieschulen schon frühzeitig einen hohen Wissensstand erreicht hatten. Mit der Errichtung des Eidgenössischen Polytechnikums im Jahre 1855 in Zürich konnte der schweizerische technische Kader ausgebildet werden.

Drittens bot Basel als Industriestandort in bezug auf die Finanzierung gleichfalls beste Bedingungen. Das Basler Bankwesen war gut entwickelt, so daß es der steigenden Nachfrage durch die aufstrebende chemische Industrie nachzukommen vermochte. Die Stadt besaß von Alters her eine starke Stellung auf dem Kapitalmarkt, die sie durch rege Handels- und Gewerbetätigkeit erreicht hatte. Den Absatz der industriell hergestellten Teerfarben sicherte die florierende Basler Seidenbandindustrie, deren qualitativ hochwertige Erzeugnisse sehr gefragt waren. Außerdem konnten die Basler Farbstoffe an die Textilindustrie im Elsaß abgesetzt werden.

---

47 Vgl. Herkunft und Gestalt der Industriellen Chemie in Basel (1959), 101.
48 Vgl. Herkunft und Gestalt der Industriellen Chemie in Basel (1959), 102-104.
49 Vgl. Polivka (1974), 22 f.

Dr. Alfred Kern, 1850 - 1893

II. GRÜNDUNG UND ENTWICKLUNG DER CHEMISCHEN FABRIK KERN & SANDOZ

1. Der Weg zur Gründung

1.1. Alfred Kerns beruflicher Werdegang

Die Initiative zur Gründung der chemischen Fabrik ging von dem Chemiker Alfred Kern[1] aus, der im Jahre 1850 in Bülach im Kanton Zürich als Sohn des Ratsschreibers David Kern[2] geboren wurde. Von 1868 bis 1872 studierte er am schweizerischen Polytechnikum in Zürich Chemie, wo er zuletzt ein Jahr lang Assistent am analytischen Laboratorium bei Johannes Adolf Wislicenus[3] war. Wislicenus empfahl Kern bei der "Chemischen Fabrik K. Oehler"[4] in Offenbach am Main, in die der junge Chemiker im Juni 1872 eintrat. Diese Fabrik, die Anilin herstellte, wurde von mehreren Mitgliedern der Familie Oehler aus Aarau betrieben. Im Sommer 1874 promovierte Kern in Gießen. Durch die Vermittlung von Robert Gnehm, der am Eidgenössischen Polytechnikum lehrte, kam es im Frühjahr 1878 zu Verhandlungen mit der Firma "Bindschedler & Busch" in Basel, die Kern als Mitarbeiter gewinnen wollte. Am 18. Juni 1878 wurde ein Vertrag geschlossen, der beide Partner auf vier Jahre verpflichtete und die Bedingung enthielt, daß alle Verbesserungen, neuen Fabrikationsmethoden und Erfindungen, die Kern während der Vertragsdauer machte, Eigentum der Firma bleiben sollten[5].

Am 1. Januar 1879 übernahm Alfred Kern die Leitung der Triphenylmethan-Farbstoff-Abteilung bei "Bindschedler & Busch". Schon bald gelangen ihm mehrere Entdeckungen, die ihn in Chemikerkreisen bekannt machten. Mit Hilfe von Phosgen, einem hochgiftigen, unter damaligen Laborverhältnissen sehr gefährlichen Gas, stellte er verschiedene neue Farbstoffe her und fand für die Großproduktion geeignete Fabrikationsverfahren. Zur Verwertung dieser Entdeckungen verband sich seine Firma mit der "Badischen Anilin- und

---

1 Kern, Alfred, Dr.; * 1850 Bülach, + 1893 Basel. Näheres zu Alfred Kern bei Koelner, Paul (1926) und Riedl-Ehrenberg (1986).

2 Kern, David; * 1817 Bülach, + 1871 Bülach. Gemeindepräsident und Bezirksratsschreiber von Bülach.

3 Wislicenus, Johannes Adolf; Professor der Chemie in Zürich, Würzburg, Leipzig.* 1835 Klein-Eichstedt (heute zu Querfurt), + 1902 Leipzig.

4 Die "Chemische Fabrik K. Oehler", die heute zur "Hoechst A.G." gehört, wurde 1842 von Dr. Ernst Sell in Offenbach am Main als erste sich ausschließlich mit der Teerdestillation befassende Firma in Deutschland gegründet. 1850 erwarb Karl Reinhard Oehler (1797 - 1877) das Unternehmen.

5 Vgl. Riedl-Ehrenberg (1986), 9-17.

Sodafabrik" (BASF)[6] in Ludwigshafen, wobei sich eine fruchtbare Zusammenarbeit zwischen Alfred Kern von "Bindschedler & Busch" und Heinrich Caro[7] von der BASF ergab, die zu einem besseren Patentschutz von Kerns Verfahren führte. So erzielte das 1883 gemeinsam entwickelte Auramin neben dem Kristallviolett bedeutende Erfolge. Außerdem konnte Kern in Zusammenarbeit mit Caro durch das Hydrolverfahren neue blaue und gelbe Farbstoffe entwickeln, die jahrzehntelang zum Färben von tannierter Baumwolle, Papier, Leder, Halbseide, Jute und Kokosfaser benutzt wurden. Durch Verstrickungen mit der "Schweizerischen Lloyd Winterthur", einer Versicherungsgesellschaft, die sich in einer wirtschaftlichen Krise befand, schied im Sommer 1884 Robert Bindschedlers Partner Albert Busch[8] aus der Firma aus. Kerns Verhältnis zu Busch war weitaus besser als das zu Bindschedler, er verließ daher am 31. Dezember desselben Jahres ebenfalls den Betrieb. Durch diesen Schritt verlor er jedoch die Rechte an seinen wertvollsten Erfindungen, da er sie vertragsgemäß anderen zur Ausnutzung überlassen mußte[9]. Während der ihm auferlegten Karenzzeit bis zum 1. Januar 1886 versuchte er sich ein neues Wirkungsfeld zu sichern. Er erhielt verlockende Angebote von der BASF oder der Firma "A. Collineau & Cie", die in Argenteuil eröffnet worden war. Aber Kern schlug diese Offerten aus, da der Gedanke, ein selbständiges Werk ins Leben zu rufen, ihn immer stärker beschäftigte[10].

1.2. Erste Absprachen zwischen Kern und Sandoz

Ursprünglich beabsichtigte Alfred Kern, der ein neues Unternehmen unter seinem Namen gründen wollte, mit der Firma "Durand & Huguenin" eine Interessengemeinschaft zu bilden. Er hatte zu dem bei "Durand & Huguenin" in leitender kaufmännischer Stellung tätigen Edouard Sandoz[11] Kontakt bekommen und dieser sollte als Bindeglied zwischen den beiden Firmen fungieren. Sandoz verpflichtete sich mit einer Beteiligung von 300.000 Franken an der Neugründung unter Beibehaltung seiner bisherigen Stellung bei "Durand & Huguenin", Kern steuerte als Startkapital die Hälfte bei. Es sollten neben Artikeln, die bisher nur von "Durand & Huguenin" fabriziert worden waren, neuentwickelte Produkte

6 Die "Badische Anilin- und Soda Fabrik" Ludwigshafen entstand aus der seit 1861 im nahegelegenen Mannheim bestehenden Farbenfabrik "Dyckerhoff, Clemm & Co.". Die führende Persönlichkeit bei der Gründung der Aktiengesellschaft im Jahr 1865 war Friedrich Engelhorn. 1925 wurde die BASF zur I.G. (Industriegemeinschaft Farben) zusammengeschlossen, um nach deren Zerschlagung als Nachfolgegesellschaft 1952 neu gegründet zu werden.

7 Caro, Heinrich, Dr.; deutscher Chemiker, leitender Mitarbeiter der BASF. * 1834 Posen, + 1910 Dresden.

8 Busch, Albert; Kaufmann, 1836 - 1884.

9 Vgl. FA D-202.3, Vertrag zw. BASF u. Bindschedler/Busch.

10 Vgl. Riedl-Ehrenberg (1986), 17-35.

11 Sandoz, Edouard; Kaufmann; * 1853 Le Locle, + 1928 Lausanne.

hergestellt werden, für deren Vertrieb "Durand & Huguenin" die alleinigen Kommissionäre sein sollten. Kern und Sandoz wollten Gewinn und Verlust zu gleichen Teilen tragen[12] und Sandoz zwei Drittel seines Gewinnanteils an "Durand & Huguenin" für deren Kommission abgeben[13].

Kern reichte am 16. Juli 1885 sein Baugesuch für den Fabrikbau am Rheinufer, in unmittelbarer Nähe zur französischen Grenze, bei der Regierung ein. Er hatte das 11.440 qm umfassende Terrain von dem Landwirt Johannes Graber-Würgler für 25.422 Franken gekauft[14]. Ein großer Ziegelbau sollte der Fabrikation dienen, daneben waren ein Büro mit angrenzendem Laboratorium und Färberei, massiv aus Bruchstein gebaut, ein Kesselhaus für zwei Dampfkessel, ein Kamin von etwa 32 Meter Höhe und ein Portierhäuschen mit Brückenwaage geplant. Das Konzessionsgesuch ging zunächst an die Baseler Sanitätskommission zur Begutachtung. Wegen der Sommerferien konnte jedoch eine eingehende Untersuchung und Berichterstattung nicht stattfinden. Von den Stellvertretern des Ausschusses wurde ein vorläufiges Gutachten erstellt und am 19. September 1885 durch einen Regierungsratbeschluß trotz Einwänden eines Nachbarn die Genehmigung erteilt. Die Detailpläne gestaltete die Sanitätskommission mit einigen kleinen Änderungen. So wurde der Bauherr verpflichtet, auf seine Kosten eine Zufahrtsstraße zu errichten und vorschriftsgemäß für die Kanalisation des Abwassers in den Rhein zu sorgen.

Der Regierung hatte Kern die Art seines Unternehmens und den Herstellungsablauf seiner Produkte folgendermaßen dargelegt:

"Es wird für die Herstellung von Farbstoffen vom Anilin und verwandten, organischen Basen ausgegangen. Aus diesen Basen werden durch Methyl-Ethyl-Phenyl-Benzyl verbindungen zunächst deren Derivate dargestellt. Durch Einwirkung von Phosgen auf diese Derivate werden dann Ketone oder direkte Farbstoffe erhalten. Hiezu sind außerdem nur nothwendig die gewöhnlichen Säuren, Salze, Alkali, Alkohole etc.

Das Phosgen, vor einigen Jahren von dem Gesuchsteller zuerst in die Technik, speziell als Agens zur Darstellung von Farbstoffen, eingeführt, wird durch Vereinigung von Chlor und Kohlenoxyd erhalten, und muß, weil nicht käuflich, selbst fabriziert werden. Ich führe darüber speziell an: Das Chlor wird hiezu in besonderen Apparaten dargestellt, welche aus einem Tongefäß und thönnerner Glocke und Wasserabschluß bestehen. Dieselben gestatten ein vollkommen sicheres Arbeiten ohne Chlorverlust. Bei Abstellung oder Reinigung der Apparate werden dieselben erst chlorfrei durch Ansaugen oder Einblasen von Luft gemacht und dieser Chlor-Luftstrom über Kalkschichten zur Absorption des Chlors geleitet. Die

12 Vgl. Koelner (1937), 147 f.

13 Vgl. FA A-305.1, Schreiben Dr. A. Kern an Regierungsrat Basel, 22.9.1885. Angaben über seine beabsichtigte Fabrikation.

14 Vgl. FA A-301.2, Gründungsgeschichte. Landkaufvertrag 28.10.1885 und FA A-301.4, Gründungsgeschichte. Kaufvertrag 1885. Terrainentwicklung.

ganze Einrichtung kann erfahrungsgemäß so getroffen werden, dass eine Belästigung ausgeschlossen ist. Das Kohlenoxyd, wie gewöhnlich aus Kohlensäure und glühender Kohle bereitet, wird, soweit dasselbe nicht sofort verwendet wird, in einem Gasometer aufbewahrt. Die Vereinigung beider Gase geschieht nach bestimmten Volumen durch selbsthätige Apparate, und ist so vollständig, daß nur wenige ‰ vom Kohlenoxyd übrig bleiben, welche ins Dampfkesselkamin abgeführt werden. Das gebildete Phosgen wird nie aufbewahrt, sondern jeweilen direkt und sofort ganz als solches mit den oben genannten, organischen Basen umgesetzt. Die Apparate und Leitungen sind alle luftdicht miteinander verbunden. Es werden auf diese Weise durch Variierung der organischen Basen violette, blaue und gelbe Farbstoffe erhalten. Diese Fabrikation wird auf hiesigem Platz von der "Fabrik Gesellschaft für Chemische Industrie" betrieben.

Ferner soll noch Methylviolett durch direkte Oxydation des Dimethylanilins, wozu bekanntlich Kochsalz, Kupfervitriol und Essigsäure als Hülfsmittel dienen, und Blau durch Phenylirung von Rosanilin fabriziert werden. Zu all diesen Fabrikationen sind keine außergewöhnlichen Apparate nöthig.

Die Abgangsflüssigkeiten sind salzhaltige, schwach saure und schwach gefärbte Mutterlaugen und die Manganlauge aus den Chlorapparaten wird vor ihrem Ablassen stark verdünnt. Feste Abfälle werden soweit möglich als dünner Brei in den Rhein durch die Leitung abgeführt oder geeignet gelagert.

Meine 14jährige Tätigkeit in dieser Branche erlaubt mir noch beizufügen, daß durch gute und erfahrungsgemäß erprobte Einrichtungen des Betriebes der öffentlichen Salubrität möglichste Rechnung getragen wird"[15].

Im Frühsommer 1886 stand die neue Fabrik bezugsbereit[16]. Kern beabsichtigte, Alizarinblau und Auramin als erste Artikel zu produzieren und hatte daher für Auramin wie auch für andere Phosgenfarbstoffe zum Teil neue Patente angemeldet. Bisher hatte nur die BASF das Alizarinblau hergestellt, doch war es Kern durch Versuche in seinem in einer Waschküche eingerichteten Laboratorium gelungen, einen dem deutschen Produkt ebenbürtigen Stoff zu gewinnen. Am 1. Juli 1886 eröffneten Sandoz und Kern ihren Betrieb mit der Eintragung ins Basler Handelsregister. Sie beschäftigten fünfzehn Arbeiter und besaßen einen Dampfmotor mit einer Stärke von 15 PS. Die Firma nannte sich "Kern & Sandoz"; sie war kein Zweiggeschäft der chemischen Fabrik "Durand & Huguenin", sondern eine eigenständige Kollektivgesellschaft. Mit Edouard Sandoz, inzwischen bei "Durand & Huguenin" ausgetreten, vollzog Alfred Kern die Gründung.

---

15 FA A-305.1, Schreiben A. Kern an Regierungsrat Basel-Stadt, 1885.
16 Vgl. FA A-302.1, Gründungsgeschichte. Bauakten 1885/86.

Sandoz-Areal 1886

1.3. Der berufliche Werdegang von Edouard Sandoz

Edouard Sandoz-David[17] wurde 1853 als Sohn eines aus Le Locle im Kanton Neuenburg stammenden Tuchhändlers in Basel geboren. Er besuchte von 1857 bis 1860 die renommierte Privatschule von Enoch Müller in Basel. Anschließend absolvierte er zwei Jahre auf dem humanistischen Gymnasium Basel, mußte aber bedingt durch den Umzug des Vaters seine Ausbildung in Lausanne fortsetzen. 1873 kehrte Sandoz in seine Geburtsstadt zurück, um eine kaufmännische Lehre in der Rohseidenhandlung "Adolf E. Vischer-Sarasin & Co." anzutreten. 1878 ging Sandoz nach St. Denis bei Paris, um dort in einer Anilinfarbenfabrik zu arbeiten und die Textilfärberei kennenzulernen. Von Paris aus unternahm er zahlreiche Geschäftsreisen auch nach Nordamerika und konnte so frühzeitig Verbindungen knüpfen, die ihm später als selbständigem Unternehmer zugute kamen. 1880 kehrte er in seine Heimatstadt Basel zurück und traf dort zwei befreundete Franzosen, die eine chemische Fabrik betrieben. Noch im gleichen Jahr trat Sandoz in deren Firma "Durand & Huguenin" ein und wurde bald zum Prokuristen ernannt. So eröffnete sich dem jungen Kaufmann eine aussichtsreiche Position[18]. 1885 lernte er den Chemiker Alfred Kern kennen und bald entstand eine erfolgversprechende Verbindung, da sich beide Männer bestens ergänzten. Während Kern begabter Techniker war, besaß Sandoz das nötige kaufmännische Gespür und beste betriebswirtschaftliche Fähigkeiten. Die beiden jungen Unternehmer konnten in wenigen Jahren große geschäftliche Erfolge verbuchen und legten mit ihrer Tatkraft den Grundstock für ein erfolgreiches chemisches Unternehmen.

---

17 Näheres zu Edouard Sandoz bei Riedl-Ehrenberg (1986) sowie in: Aymond de Mestral, "Edouard Sandoz", Pionniers Suisse de l'économie et de la technique, Bd. 3., Zürich 1957.

18 Vgl. Riedl-Ehrenberg (1986), 45-53.

Edouard Sandoz, 1853-1928

2. Entwicklung der Firma in den Jahren 1886 bis 1917

2.1. Die ersten sieben Jahre

Die Fabrikation begann mit einer heute einfach anmutenden Einrichtung, die aber dem damaligen Stand der Technik entsprach. Die Fabrik bestand aus einer Färberei und einem einstöckigen Laboratorium, dem ein Büro angegliedert war. Die Produktion lief trotz erster Schwierigkeiten mit Patentproblemen und unvorhergesehenen Ereignissen an. So flog eine zur Fabrikation von Alizarin installierte Apparatur samt Kessel in die Luft[19].

Eine Statistik der anfänglichen Produktionszahlen ist nicht mehr erhalten, wohl aber sind die Verkaufszahlen für den Monat Juli 1886 bekannt: Es wurden 8.673 Franken umgesetzt; im Dezember wurde ein Umsatz von 18.954 Franken erreicht[20]. Ein genau geführtes Buchhaltungsjournal gibt nicht nur Auskunft über die ersten An- und Verkäufe der Firma; Buchhalter Eduard Sidler erwähnt auch bisweilen kurios erscheinende Details. So wurde in einem "Bierkonto" die damals übliche tägliche Bierabgabe an die 15 Facharbeiter erfaßt und die Kosten zur Verpflegung der Hunde, die auf dem Gelände gehalten wurden, wie auch die Höhe des Trinkgeldes an den Monteur eines Kessels aufgelistet.

Aus den Aufzeichnungen in den Geschäftsbüchern geht hervor, daß das Unternehmen in den achtziger und neunziger Jahren rege Auslandsbeziehungen unterhielt, was zeigt, daß die Basler Farbstoffindustrie von ihren Anfängen an eine Exportindustrie war. Vor allem Basler Anilinfarben wurden seit der Mitte der sechziger Jahre des 19. Jahrhunderts zunächst nach Frankreich exportiert; später kamen als neue Absatzmärkte England und Deutschland hinzu. So lieferten Kern und Sandoz ihre Produkte schon im Gründungsjahr an die wichtigsten europäischen Textilzentren. Zur Kundschaft zählten die Elsässer Indiennefabriken sowie die Krefelder, Lyoner und Mailänder Seidenindustrie. Auch die englischen Baumwoll- und Wolltuchhersteller in Manchester und Bradford wurden beliefert. So konnte die Firma einen Kundenstamm in ganz Europa bis nach Moskau vorweisen; zudem lieferte sie schon im August 1886 erstmals Produkte nach New York. In der Schweiz gehörten vor allem die Seidenbandwebereien in Basel, die Glarner Zeugdruckereien und die Seidenfabrikanten von Zürich zu den wichtigsten Kunden[21].

---

19 Vgl. FA A-317.1, Kern & Sandoz. Unfallakten 1887-1889; vgl. FA A-302.1, Gründungsgeschichte. Bauakten 1885/86.

20 Vgl. FA C-441.4, Verkaufs- und Ankaufszahlen (pro Monat und Jahr) Juli 1886 - Dezember 1896.

21 Vgl. Riedl-Ehrenberg (1985), 54 f.

Durch das kaufmännische Geschick Edouard Sandoz' und bedingt durch seine häufigen Reisen gewann die Firma neue Kundschaft und vertiefte ihre Geschäftsbeziehungen zu Amerika. Sandoz begann auch Indien und China zu bereisen, nachdem bereits im Jahr 1889 ein Konsignationslager in Japan bei einem Schweizer Händler eingerichtet worden war. Den fernöstlichen Kunden überließ Sandoz seine Ware auf Kredit, was zu jener Zeit unüblich war. Seinem skeptischen Kompagnon Kern gegenüber rechtfertigte sich Sandoz mit den Worten: "Si nos colorants sont bons, ils en reprendront et les payeront"[22]. Die Verkaufszahlen bestätigten den geschäftlichen Spürsinn von Edouard Sandoz. So steigerten sich die Verkäufe von 314.075 Franken im Jahr 1887 auf 2.185.425 Franken im Jahre 1892. Sechs verschiedene Farbstoffe mit einem Gesamtgewicht von 13 Tonnen wurden 1887 hergestellt; fünf Jahre später waren es bereits 28 Produkte mit einem Gewicht von 380 Tonnen[23].

Sandoz konnte den Betrieb nicht nur durch seine kluge kaufmännische Kalkulation zum Erfolg führen, sondern die Kundschaft auch mit dem nötigen Fachwissen über Färbeeigenschaften und Anwendungstechniken beraten, obwohl er kein Chemiker war. Die Firma überprüfte schon damals die Produkte der Konkurrenz und verglich sie mit den eigenen. Die Eintragungen in den sogenannten "Färbebefundbüchern" stammen nicht nur vom Chemiker Kern, sondern auch von dem Kaufmann Sandoz.

1890 erwarb die Firma eine neue Landparzelle dazu[24], um die Produktionsanlagen der Fabrik erweitern zu können. Inzwischen war die Zahl der Beschäftigten auf 90 angestiegen; acht Chemiker sorgten für die laufende Erweiterung des Fabrikationsprogrammes.

In diese geschäftlich erfolgreiche Zeit fiel der plötzliche Tod von Alfred Kern am 2. März 1893. Sandoz war durch den Tod seines Kompagnons nach einer Herzattacke zutiefst erschüttert, da in den rund sieben Jahren ihrer Zusammenarbeit eine herzliche Freundschaft entstanden war. Sandoz sprach von einem tiefen Unglück, das die Familie Kern, aber auch ihn getroffen hatte[25].

Sandoz beschloß trotz des Schicksalsschlags, die Fabrik alleine weiterzuführen. Im April 1893 wurde ein Geschäftsübernahmevertrag zwischen der Witwe Kerns und Sandoz[26] abgeschlossen, der einen Einblick in die finanziellen Verhältnisse der Fabrik gewährt. Der Buchwert der Fabrik, bestehend aus Fabrikgebäuden, Immobilien, Materialien und Verfahren, wurde auf rund 600.000 Franken geschätzt. Der Betrieb lief von nun an als

22 Mestral (1957), 60. Etwa: Wenn unsere Farbstoffe gut sind, dann werden sie auf sie zurückgreifen und sie bezahlen.

23 Vgl. FA C-441.4, Verkaufs- und Ankaufszahlen (pro Monat und Jahr) Juli 1886 - Dezember 1896.

24 Vgl. FA A-301.4, Gründungsgeschichte, Terrainentwicklung.

25 Vgl. FA A-216, Kern, Alfred. Biographische Akten.

26 Vgl. FA A-324.1, Vertrag zwischen Erben Dr. Alfred Kern und Ed. Sandoz betr. Geschäftsübernahme, April 1893.

Kommanditgesellschaft "Sandoz & Cie." weiter. Als Kommanditär von Edouard Sandoz stieg dessen älterer Bruder, Albert Sandoz-Buhl[27], bisher Textilfabrikant im elsässischen Mülhausen, in die Firma ein. Aktiva und Passiva gingen am 9. Oktober 1893 in die neue Firma über.

In den nächsten zwei Jahren konnte die Fabrik weiter vergrößert werden. Der Umsatz sank im Jahre 1894 vorübergehend geringfügig, stieg dann aber im folgenden Jahr wieder an. In diese Zeit fiel die erste Produktion einiger pharmazeutischer Grundsubstanzen. Durch die engen Kontakte von Edouard Sandoz zu Robert Gnehm stand der Firma ein wissenschaftlicher Berater zur Seite, der nicht nur ein erfahrener Praktiker war, sondern durch seine Lehrtätigkeit am Eidgenössischen Polytechnikum auch nützliche Beziehungen zu akademischen Kreisen hatte[28]. Auf seine Empfehlung hin traten in den nächsten Jahrzehnten immer wieder junge begabte Wissenschaftler in die Firma "Sandoz & Cie." ein, die dem Unternehmen zum Erfolg verhalfen.

2.2. Umwandlung der Firma in eine Aktiengesellschaft

Das Wachstum der bisher im Vergleich zu früher gegründeten Basler Chemiefirmen immer noch bescheidenen Fabrik ging weiter voran. Edouard Sandoz jedoch, der infolge ständiger Überarbeitung seit längerer Zeit unter schmerzhaften Rheumaanfällen und einem Herzleiden litt, beschloß, sich aus der aktiven Geschäftsleitung zurückzuziehen und die Firma in eine Aktiengesellschaft umzuwandeln. Die "Chemische Fabrik vormals Sandoz", die mit einem Kapital von zwei Millionen Franken ausgestattet war, übernahm "mit Wirkung vom 1. Januar 1895 die sämmtlichen Activen und Passiven der sich auflösenden Commandit-Gesellschaft Sandoz & Cie. Basel, welche in deren Bilanz vom 31. December 1894 enthalten sind. Der Übernahmepreis beträgt für die sämmtlichen Activen, Gebäulichkeiten, Liegenschaften, Section I des Grundbuchamtes Basel-Stadt, Parcelle 696 m^2 haltend: 4 Hektaren, 34 Aren und 88 Quadratmeter, Maschinen, Einrichtungen, Mobiliargegenstände, Patente, Verfahren, Waaren, Guthaben, Portefeuille, Baarschaft etc. Fr. 1'600'000 sowie 100 Genusscheine"[29]. Edouard Sandoz erhielt 100 Genußscheine "für die Überlassung seines Geschäftes mit allen Verbindungen, Vertretungen, Fabrika-

27 Sandoz-Buhl, Albert; 1845 - 1926.
28 Vgl. FA A-338.24, Schreiben Prof. R. Gnehm an Ed. Sandoz.
29 Riedl-Ehrenberg (1986), 57 f.

tionsverfahren usw."[30]. Somit war Sandoz berechtigt, einen Teil des Reingewinns in Anspruch zu nehmen. Außerdem konnten diese Genußscheine frühestens fünf Jahre nach der Gründung der neuen Gesellschaft von dieser zu einem bestimmten Betrag abgelöst werden. Die Aktien der neu gegründeten Firma hatten einen Nominalwert von 1.000 Franken und lauteten auf den Namen, waren aber frei übertragbar. Von allen ausgegebenen Aktien waren 1.100 mit dem Namen Edouard Sandoz versehen[31]. Neben den Familienmitgliedern der bisherigen Firmenleitung zählten auch die neuen Direktoren zu den ersten Aktionären. Am 9. Juli 1895 wurde Edouard Sandoz bei der konstituierenden Versammlung der Aktiengesellschaft zum Präsidenten der "Chemischen Fabrik vormals Sandoz" gewählt; Robert Gnehm wurde Vizepräsident des Verwaltungsrates. Die Geschäftsleitung wurde einem Direktorium übertragen, wobei die Aufgabengebiete der kaufmännischen und wissenschaftlich-technischen Betriebsführung getrennt waren. Die kaufmännische Firmendirektion wurde dem Kaufmann C. A. Billeter übertragen, für die wissenschaftlich-technische Geschäftsleitung waren die beiden Chemiker Dr. Arnold Steiner[32] und Dr. Melchior Böniger[33] zuständig[34].

Die neugegründete Aktiengesellschaft[35] bestand noch keine drei Monate, als Edouard Sandoz seinen Rücktritt vom Amt des Präsidenten verkündete. Als Grund dafür gab er in einem Schreiben an den Verwaltungsrat vom 5. Oktober 1895 seinen schlechten Gesundheitszustand an. Auf Anraten seines Arztes gab Sandoz auch seinen Wohnsitz in Basel auf und siedelte nach Lausanne über. In Ouchy fand er ein neues Heim für sich und seine Familie. 1896 kaufte er das Landgut "Denantou", das sich bis an das Ufer des Genfer Sees erstreckte, wo er in Ruhe und Abgeschiedenheit lebte[36].

30 Riedl-Ehrenberg (1986), 58.

31 1.100 Aktien entsprachen 50,5 % des Grundkapitals.

32 Steiner, Arnold Dr.; Chemiker, * 1863 Zollikofen, + 1949 Basel. Eintritt in Sandoz: 1886, Mitglied des Verwaltungsrates.

33 Böniger, Melchior Dr.; Chemiker; * 1866 Nidfurn (Kanton Glarus), + 1929 Basel. Eintritt in Sandoz: 1889. Direktor.

34 Vgl. Riedl-Ehrenberg (1986), 58 f., sowie FA C-504.1, Handelregister. Chemische Fabrik vorm. Sandoz-Circular Sandoz & Cie. zur Gründung der Chem. Fabrik vorm. Sandoz vom 10.07.1895.

35 Die Eintragung in das Handelsregister erfolgte am 18. Juli 1895.

36 Vgl. Riedl-Ehrenberg (1986), 59 f.

2.3. Der Nachfolger des Firmengründers

Als Nachfolger von Sandoz war Robert Gnehm zum Präsidenten des Verwaltungsrates gewählt worden. Nachdem sich der Gesundheitszustand von Edouard Sandoz dank mehrerer Kuraufenthalte gefestigt hatte, nahm er wieder an den Sitzungen des Verwaltungsrates teil, dessen Mitglied er geblieben war. Er zeigte weiterhin großes Interesse am Fortgang seines Unternehmens und beeinflußte die Beschlüsse der Aktiengesellschaft als Mehrheitsaktionär in entscheidendem Maße. Mit dem Präsidenten Robert Gnehm und seinen Nachfolgern Carl Ryhiner-Merian[37] und Professor Paul Speiser[38] stand Sandoz in engem Kontakt. Die Direktoren traten mit Problemen an Sandoz heran, der sich bereitwillig damit auseinandersetzte. Den guten Geschäftsgang würdigte er in lobenden Briefen nicht ganz ohne Neid, da solche Gewinne ihm zu seiner aktiven Geschäftszeit nicht vergönnt gewesen waren. So betrugen die Bruttogewinne zwischen 1895 und 1899 etwa eine halbe Million Franken pro Jahr. Sogar bei den Bilanzen machte Sandoz noch seinen Einfluß geltend: Er unterbreitete zwar zur Gewinnverteilung nur "Bemerkungen und Vorschläge", die jedoch fast immer akzeptiert wurden[39].

Zusätzlich hielt Sandoz auch die Funktion eines obersten Personalchefs in der Firma inne. Vor jeder wichtigen Einstellung wurde Sandoz konsultiert; er beriet das Direktorium in Gehaltsfragen und begutachtete Anstellungsverträge. In der Wahl seiner Direktion hatte Sandoz viel Geschick bewiesen. Die von ihm eingesetzten Männer, die Chemiker Steiner und Böniger sowie der früh verstorbene kaufmännische Direktor Billeter und dessen Nachfolger erwiesen sich als richtige Wahl, um dem Unternehmen weiterhin zum Erfolg zu verhelfen. Als Nachfolger von Billeter übernahmen Georg Wagner[40] und Werner Stauffacher[41] die kaufmännische Führung der Chemischen Fabrik vormals Sandoz. Beide Männer bauten eine weltumspannende Verkaufsorganisation auf, die der Aktiengesellschaft den Aufstieg zur Firma von Weltrang ebnete.

---

37 Ryhiner-Merian, Carl; * 1844 Basel, + 1929 Basel. Präsident der Sandoz AG von 1900 bis 1907. Näheres zu Carl Ryhiner in: Sandoz bulletin (1986), 6 f.

38 Speiser, Paul, Prof. Dr.; Jurist, Nationalrat. * 1846 Basel, + 1935 Basel. Präsident der Sandoz AG von 1917 bis 1935. Näheres zu Paul Speiser in: Sandoz bulletin (1986), 8 f.

39 Vgl. Riedl-Ehrenberg (1986), 61-63.

40 Wagner, Georg; Kaufmann, Mitglied des Verwaltungsrates. * 1865 Cannstatt, + 1932 Davos. Eintritt in die Sandoz: 1897.

41 Stauffacher, Werner; Kaufmännischer Direktor, Delegierter des Verwaltungsrates. * 1868 Matt (Kanton Glarus), + 1932 Rheinfelden. Eintritt in die Sandoz: 1898.

Die personelle Entwicklung des Betriebes brachte jedoch nach dem Ausscheiden von Edouard Sandoz auch Probleme mit sich. So traten im Mai 1897 die Basler Fabrikarbeiter erstmals in der Geschichte der chemischen Industrie in einen mehrtägigen Streik. Der seit dem März 1896 in Basel bestehende "Fachverein chemischer Arbeiter" hatte eine Lohnkommission gebildet und verlangte in einem "Aufruf an die Bevölkerung" einen "Minimallohn von 24 Franken pro Woche, eine $1^1/_2$ stündige Mittagspause und eine menschliche Behandlung"[42] für die Arbeiter. Das Lohnniveau in Basel war dem wirtschaftlichen Aufschwung der chemischen Industrie nicht angepaßt worden: Seit Ende der siebziger Jahre betrugen die Löhne durchschnittlich 21 Franken pro Woche.

Die Lohnkommission konnte allerdings ihre Forderung nach einem Mindestlohn von 24 Franken nicht durchsetzen. Dennoch erreichte sie den Erlaß einer Lohnordnung, so daß wenigstens ein formeller Erfolg zu verbuchen war. Sandoz verzeichnete nach Beendigung des Streiks folgende Lohnsituation für die inzwischen 160 Arbeiter: "Anfangslohn Fr. 20,–, nach einem halben Jahr Fr. 21,–, nach $1^1/_2$ Jahren Fr. 22,– und nach $2^1/_2$ Jahren Fr. 23,–. Weitere Erhöhungen nach persönlichem Verdienst"[43].

Gleichzeitig mit den Lohnerhöhungen wurden Forderungen nach reduzierter Arbeitszeit laut. Die tägliche Präsenzzeit für die Arbeiter betrug in den Jahren 1870/71 zwischen elf und zwölf Stunden bei einer Sechstagewoche. 1897 war immerhin noch eine Arbeitszeit von elf Stunden pro Tag üblich. Durch den Streik hatte sich die effektive Arbeitszeit durch Verlängerung der Arbeitspausen auf neun Stunden und samstags auf acht Stunden verringert. Zur selben Zeit wurde auch die Einführung einer allgemeinen Altersversicherung erwogen. Erst im September 1900 jedoch ersuchte die Direktion der Sandoz um die Ermächtigung nach, arbeitsunfähigen, alten Arbeitern nach mindestens zwölf Jahren Betriebszugehörigkeit eine Altersversorgung auszusetzen und zwar über ein Viertel des zuletzt bezogenen Lohnes. Der Verwaltungsrat erklärte sich einverstanden, allerdings mit der Einschränkung, diese Pension nur in absolut bedürftigen Fällen zu gewähren und dann auch nur auf Widerruf und nicht auf Lebzeit des Arbeiters[44]. Eine allgemeine Pensionsstiftung für die Arbeiterschaft wurde erst 1919 eingeführt.

Edouard Sandoz bezog zu diesen Problemen die Stellung eines patriarchalischen Arbeitgebers und Unternehmers um die Jahrhundertwende. Er hatte 1896 einen Unterstützungsfonds für Arbeiter gestiftet, dem jährlich 10.000 Franken zukommen sollten, so daß er wenig Verständnis für den Aufruhr unter den Arbeitern hatte, da die Arbeitszeit schon reduziert worden war, Unfallversicherung und Krankenkasse von dem Unternehmen voll bezahlt wurden und außerdem jeder Arbeiter eine Gratifikation erhielt. Als Hauptaktionär

---

42 Staatsarchiv Basel-Stadt, Handel und Gewerbe EEE 1.
43 Riedl-Ehrenberg (1986), 64.
44 Vgl. FA A-339.1, Streik der Chemiearbeiter, 1897.

schlug er vor, den Lohn der "guten" Arbeiter, die während des Streikes auf ihrem Arbeitsplatz geblieben waren, etwas zu erhöhen, um den Betrieb in Gange zu halten. Außerdem sollten die Arbeiter, die schon länger als ein Jahr in der Firma beschäftigt waren, 24 Franken pro Woche erhalten. Falls sich diese Arbeiter nicht bewährten, könne man sie wieder entlassen und durch andere ersetzen. Nach Beendigung des Streiks vertrat Sandoz die Ansicht, daß es nun an den Basler Direktoren liege, die von der Lohnkommission erreichten Lohnerhöhungen wieder zu senken und nur der absolut notwendigen Anzahl von Arbeitern zu gewähren.

Die Chemiearbeiter jener Zeit zählten zu den bestverdienenden Fabrikarbeitern mit der geringsten Arbeitszeit. Im Jahre 1895 arbeiteten in Basel nur 49 % der Arbeiter über 60 Stunden pro Woche, wohingegen die Beschäftigten in der Teerfarbenindustrie eine effektive Arbeitszeit von 60 Stunden vorgegeben hatten. Die "Chemische Fabrik vormals Sandoz" schnitt in einer Schrift über die Basler Arbeitsverhältnisse gut ab: Es wurde gelobt, daß die Arbeiter ihre Pausen in den Eßlokalen des Arbeiterhauses verbringen konnten. Seit 1892 gab es eine Werkskantine, in der ein Mittagessen, bestehend aus Suppe, Gemüse und Fleisch, für 50 Centimes eingenommen werden konnte. Auch waren in ausreichendem Maße Duschen und Vollbäder, Dampfheizung, separate Umkleideräume und Seife vorhanden.

2.4. Sieben magere Jahre

Nach der Jahrhundertwende verschlechterte sich die wirtschaftliche Lage für die "Chemische Fabrik vormals Sandoz". Die Bilanzen der Jahre 1900 bis 1909 zeigen mit Ausnahme des Jahres 1902 eine kontinuierliche Abnahme des Gewinns. Tiefpunkt war das Jahr 1908: Bei einem Umsatz von 3 Millionen Franken wurde ein Reingewinn von nur 119.000 Franken erzielt. Der zunehmende Konkurrenzkampf innerhalb der chemischen Industrie drückte die Gewinnmargen gerade für Farben immer weiter herab. Konzentrationen in der deutschen Farbstoffindustrie zwischen 1904 und 1907 führten zu schärferer Konkurrenz gleichzeitig stiegen die Preise für Rohstoffe und Zwischenprodukte an. Schwarz als Modefarbe war zudem den Umsätzen nicht zuträglich. Hinzu kamen Prozesse wegen Patentstreitigkeiten: Von der deutschen Konkurrenz wurden in England und den USA einige Verfahren gegen Sandoz angestrengt, deren Kosten für eine kleine Firma wie Sandoz auch bei Obsiegen den Ruin bedeuten konnten. Der wichtigste unter diesen Prozessen sollte der "Rhodamin-Prozeß" im Jahre 1904 sein. Angestrebt hatte ihn die BASF: Noch zu Beginn dieses Prozesses hoffte Edouard Sandoz auf eine außergerichtliche Einigung. Am 23. September 1903 nahm er am Firmensitz der BASF in Ludwigshafen an einer Konferenz des Direktoriums teil. Sandoz war überrascht, als ihm in der Sitzung eröffnet wurde, daß die Gegenpartei nicht allein Schadensersatz für die zu diesem Zeitpunkt schwebende Rechtssache über "Rhodamin 6G"[45], sondern für alle von der Sandoz jemals hergestellten und von der BASF patentierten Farbstoffe verlangte. Als Grundlage zur Festlegung der Höhe des Schadens sollten die Bücher der Sandoz dienen, die als Entgegenkommen einer unabhängigen Drittperson unterbreitet werden sollten. Dieses Ansinnen der BASF wurde von Edouard Sandoz als indiskutabel abgelehnt. Anläßlich der hierauf einberufenen Sitzung des Verwaltungsrates stimmte dieser am 26. September 1903 einstimmig dem von Sandoz gegenüber der BASF vertretenen Standpunkt zu und entschied die gerichtliche Erledigung dieser Streitfrage.

Im November des gleichen Jahres fand wegen des in Nordamerika laufenden Prozesses eine Zeugenvernehmung von Edouard Sandoz und Georg Wagner vor dem amerikanischen Konsul in Basel statt. Beide hatten sich fünf Tage lang einer sogenannten "Cross-examination" durch Dr. Ernest Francis Ehrhardt, der für die BASF die Patentangelegenheiten in England und Amerika bearbeitete, zu unterziehen[46]. Anschließend wurden erneut Vergleichsverhandlungen mit der BASF über diesen schwebenden Patentprozeß aufgenommen, die aber wiederum "an den exorbitanten Entschädigungsansprüchen der Gegenpartei"[47] scheiterten. Daraufhin empfahl Edouard Sandoz als einzige Rettungsmaßnahme "ohne weiteren Zeitverlust die Liquidation der jetzigen Gesellschaft anzustreben, sei es durch Verkauf oder Fusion"[48], da selbst bei günstig ausfallenden Zwischenbescheiden sich die Prozeßkosten für die Firma Sandoz in ruinösem Maße steigern würden. In England und den Vereinigten Staaten sah die Strafprozeßordnung vor, daß die jeweilige Partei die verursachten eigenen Prozeßkosten unabhängig vom Urteilsspruch begleichen mußte. Diese Regelung konnte selbst bei gewonnenem Gerichtsverfahren für Firmen mit einer dünnen Kapitalausstattung verheerende Folgen haben. In diesen beiden Staaten wurden von der deutschen Konkurrenz Patentprozesse gegen Sandoz vor Gericht ausgefochten. Glücklicherweise wurde in England dieser Entscheid bis zur nächsten Sitzung des "House of Lords" vertagt. Im darauffolgenden Monat machte die BASF aufgrund dieser für sie wenig günstig ausgefallenen Sitzung der Firma Sandoz den Vorschlag einer gütlichen Einigung[49]. Nach gegenseitigem Unterbreiten von Abfindungsvorschlägen einigte man sich nach zähen Verhandlungen auf einen einmalig an die BASF

---

45 Der Farbstoff "Rhodamin 6G", ein Diäthylrhodaminäthylester, wurde 1892 von Prof. Dr. August Bernthsen von der BASF erstmals hergestellt. Näheres zu "Rhodamin 6G" - Patentprozessen der BASF siehe: Bernthsen (1925), 42 ff. und Zimmermann (1979), 115 f.

46 Vgl. Zimmermann (1979), 122 f.

47 FA C-102, Verwaltungsratsprotokoll vom 29. März 1904.

48 FA C-102, Verwaltungsratsprotokoll vom 26. April 1904.

49 FA C-102, Verwaltungsratsprotokoll vom 7. Juni 1904.

zu zahlenden Betrag von 137.500 Franken, eine - verglichen mit den noch einige Monate zuvor gehegten Befürchtungen - glimpfliche Summe.

In diesen "sieben mageren Jahren" sah sich die Direktion des Unternehmens gezwungen, im Ausland eigene Vertretungen einzurichten, die den Kontakt mit den Verbrauchern anbahnen sollten. So wurden in Deutschland, Italien, Großbritannien und Belgien Agenturen eröffnet. Das neue Vertriebssystem benötigte jedoch erst einige Anlaufzeit, was die Meinung von Edouard Sandoz bestätigte, der den neuen Strukturen skeptisch gegenüberstand. Gerade diese Agenturen gaben im Verwaltungsrat immer wieder Anlaß zu Diskussionen mit dem Firmengründer. Denn dieser konnte sich immer weniger mit der Unternehmenspolitik identifizieren und verließ so im Frühjahr 1907 den Verwaltungsrat mit der Begründung, er könne dem Geschäft nicht mehr nützlich sein, würde aber seinen Kollegen weiterhin zur Verfügung stehen. Er konnte als Mehrheitsaktionär jederzeit noch seinen Einfluß auf die Führung der Firma geltend machen. Durch erste positive Resultate überzeugt, drang man 1910 darauf, auch in New York eine Vertretung zu gründen. Die Errichtung einer Agentur in Rußland scheiterte aber am Veto von Edouard Sandoz, das sich infolge der Russischen Revolution nachträglich als berechtigt herausstellte. Das Jahr 1910 brachte eine beträchtliche Ertragssteigerung mit sich. Eine Statutenänderung gestattete 1911 die Errichtung von Zweigniederlassungen und ebnete den Weg zum internationalen Konzern. In England wurde daraufhin die erste Tochtergesellschaft gegründet.

2.5. Börseneinführung und Kapitalerhöhungen

1912 wurden auf Antrag von Edouard Sandoz die Namensaktien in Inhaberaktien umgewandelt und erstmals an der Basler Börse gehandelt. Inzwischen gehörte ein weiteres Mitglied der Familie Sandoz zur Liste der Traktanden: Dr. Aurèle Sandoz[50], der zweitälteste Sohn des Firmengründers, war 1909 in den Verwaltungsrat der Firma gewählt worden. Ab 1929 sollte er dann die Funktion des Vizepräsidenten innehaben und schließlich 1935 an die Spitze des Unternehmens gelangen. Diese Position hatte er bis kurz vor seinem Tod im Jahr 1951 inne.

Die Geschäftsjahre vor dem Ausbruch des Ersten Weltkrieges waren von einer steten Aufwärtsentwicklung geprägt. Der Umsatz erhöhte sich in dieser Zeit von 4,1 Millionen auf 6,0 Millionen Franken. Inzwischen produzierte das Unternehmen neben Gallocyanin-,

50 Sandoz, Aurèle, Dr.; Jurist, * 1884 Basel, + 1951 Lausanne. Näheres zu Aurèle Sandoz in: Sandoz bulletin (1986), 9 f.

Di- und Triphenylmethanfarbstoffen auch eine Reihe von Schwefel- und Azofarbstoffen; ein Verdienst, der den beiden technischen Direktoren Böniger und Steiner zuzuschreiben war.

Der Kriegsausbruch im Sommer 1914 brachte entscheidende Veränderungen auch für das Schweizer Geschäftsleben mit sich. Zuerst mußte die Basler Industrie ungeahnte Probleme lösen, bevor sie im Laufe des Krieges einen unerwarteten Aufschwung erlebte. So fiel Deutschland als der größte Konkurrent der Basler Farbenindustrie durch seine Kriegsbeteiligung aus. Allerdings blieben deshalb auch die Lieferungen an Rohstoffen und Zwischenprodukten aus Deutschland aus, so daß die Schweizer Industrie jetzt vollständig abgeschnitten war. Die Rohmaterialien mußten auf anderem Wege bezogen werden. Die Arbeiterzahlen gingen infolge des Militäraufgebots stark zurück, während die Nachfrage für Farbstoffe vor allem in England und Amerika so groß wie nie zuvor war. Somit waren Engpässe unvermeidlich. Es galt von heute auf morgen den Ausfall der deutschen Farbenindustrie in bezug auf deren Endprodukte wie auch auf Zwischenprodukte und Rohmaterialien wettzumachen. Die Verkaufszahlen kletterten innerhalb kürzester Zeit in schwindelnde Höhen. Das Geschäftsjahr 1915 konnte mit einem Umsatz von mehr als 14 Millionen Franken bei der Sandoz abgeschlossen werden.

Im Jahre 1916 - die Firma befand sich mitten im Kriegsaufschwung - kehrte der Firmengründer wieder in den Verwaltungsrat zurück. Zu diesem Schritt wurde er wahrscheinlich auch deshalb veranlaßt, weil der Verwaltungsrat damals mit 10 % am nicht an die Aktionäre ausgeschütteten Gewinn beteiligt war. In jenen Jahren beriet er das Unternehmen als Finanzmann in Bank- und Börsenangelegenheiten. So setzte er 1916 die erste Kapitalerhöhung seit Gründung der Aktiengesellschaft durch: Das Grundkapital wurde von 2,0 Millionen auf 3,0 Millionen Franken erhöht. Auch die weiteren in den Jahren 1917[51] bis 1920[52] vorgenommenen Kapitalerhöhungen auf schließlich 7,5 Millionen Franken gingen auf seine Veranlassung zurück[53]. Er begründete sie mit den hohen Investitionen zum Ausbau der Firma, da die Erweiterung der Fabrikationsanlagen durch die beträchtlich gesteigerte Produktion notwendig geworden war. Der Umsatz hatte sich von 6 Millionen Franken (1914) auf 52 Millionen Franken im Jahre 1920 gesteigert[54]. Die außerordentlich hohen Erträge aus diesen Umsätzen bildeten die finanzielle Grundlage zum Ausbau des Unternehmens.

---

51 Vgl. FA C-451.2, Aktienkapitalerhöhung 1917.
52 Vgl. FA C-451.2, Aktienkapitalerhöhung 1920.
53 Vgl. FA C-451, Aktienkapitalerhöhungen.
54 Vgl. FA C-422.1, Quartalsbilanzen 30.6.1911 - 30.6.1931.

Da man sich bewußt war, daß die deutsche chemische Industrie nach Ende des Krieges um die verlorenen Märkte kämpfen würde, schlossen sich die drei Schweizer Firmen Ciba, Geigy und Sandoz 1918 zu einer Interessengemeinschaft[55] zusammen, um gestärkt in den kommenden Konkurrenzkampf einzutreten. Eine weitere Maßnahme der Sandoz gegen die zu erwartende Konkurrenz war die Gründung der Pharmazeutischen Abteilung im Jahre 1917. Die Zukunft der Farbenindustrie erschien ungewiß; so versuchte man einen weiteren, die Firma stützenden Produktionszweig aufzubauen.

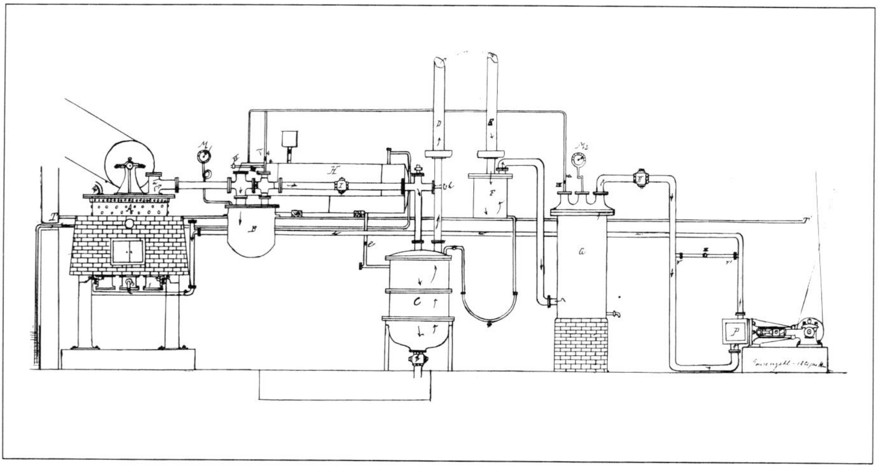

Konstruktionsplan für die erste Antipyrin®-Anlage (1894) von Prof. Dr. Robert Gnehm

55 Vgl. Marquardt (1920).

3. Die Herstellung erster pharmazeutischer Präparate

Schon vor der Jahrhundertwende stellte die Firma "Kern & Sandoz" neben den ursprünglichen Farbstoffen ein bescheidenes Sortiment von pharmazeutischen Produkten her.

3.1. Die Produktion von Antipyrin®

Es handelte sich hierbei vor allem um das Antipyrin®[56], ein damals bereits sehr bewährtes Antipyretikum und Analgetikum.

Dieses Präparat hatte Ludwig Knorr[57], ein Schüler von Emil Fischer[58], erstmals 1883 synthetisiert; um 1884 hatte es die Firma "Hoechst" unter dem Warenzeichen Antipyrin® in den Handel gebracht[59]. Bereits 1885, also ein Jahr vor der Firmengründung, erprobten Kern und sein damaliger Mitarbeiter August Collin[60] ein eigenes Verfahren zur Herstellung von Phenazon[61]. Bei der großen Grippeepidemie zur Jahreswende 1889/90 wurde dieses erste hochaktive synthetische Heilmittel, dessen Erfindung man sicherlich zu Recht als Beginn der modernen pharmazeutischen Chemie bezeichnen kann, mit großem Erfolg eingesetzt[62]. Seine bemerkenswerte therapeutische wie auch wirtschaftliche Bedeutung weckten das Interesse der Konkurrenzfirmen. Da das Herstellungsverfahren der Firma "Hoechst" nur in wenigen Ländern patentrechtlichen Schutz genoß, war es nur eine Frage der Zeit, bis andere Unternehmungen ebenfalls am Antipyrin®-Geschäft partizipierten.

Auch die Firma Sandoz erkannte ihre Chancen und stieg mit diesem Präparat ins Arzneimittelgeschäft ein[63]. Sie folgte damit ihrem schon in der Farbenherstellung bewährten Konzept, bestens eingeführte Produkte zu Anfang nachzuahmen[64]. Ende 1895 trat Sandoz gleichzeitig mit dem Beginn der Produktion in die Antipyrin®-Konvention ein[65]. Diese bestimmte, daß der Wirkstoff von Sandoz in Lohnarbeit produziert und direkt zum Sitz

56 Phenyldimethylpyrazolon, Phenazon.
57 Knorr, Ludwig; 1859-1921. Lange Assistent von Emil Fischer, dann Professor in Würzburg und Jena.
58 Fischer, Emil; 1852-1919. Professor in Berlin, Arbeiten über Zucker, Eiweiß- und Purinkörper sowie Triphenylmethanfarbstoffe. Nobelpreis 1902.
59 Vgl. Schneider (1985), 210; vgl. Bäumler (1989), 54f.; vgl. Fleischer (1984), 140-142.
60 Collin, August, Dr.; Chemiker, * 1859 Basel, + 1943 Basel. Eintritt in Sandoz: 1886.
61 Vgl. Riedl-Ehrenberg (1986), 31.
62 Vgl. Bäumler (1963), 37f.; Auterhoff Knabe (1983), 341.
63 Vgl. FA A-608, Konventionen, Verträge mit auswärtigen Partnern.
64 Vgl. Studer (1986), 23f. in: Sandoz bulletin.
65 Vgl. FA A-338.24, Schreiben von Prof. R. Gnehm an Ed. Sandoz betr. Antipyrinanlage (mit Skizze) vom 23.12.1894.

der Konventionszentrale nach "Hoechst", die als gemeinsame Verkaufszentrale[66] diente, geliefert wurde[67].

Durch solche Abkommen, die eine weitgehende Vermeidung von Wettbewerb durch Streben nach Verständigung unter den Mitbewerbern erlaubten, wurde eine Marktregulierung erreicht[68]. Der Abschluß einer Konvention vermied Preisstürze[69] und garantierte jedem Anbieter einen bestimmten Anteil des Marktes[70]. Allerdings waren diese Abmachungen meist nur von kurzer Dauer, da der Markt beim Auftauchen eines neuen Anbieters des gleichen Produktes erneut aus den Fugen geriet[71]. Durch Aufnahme des neuen Wettbewerbers in die Konvention mußte der Absatzmarkt neu "geordnet" werden, was natürlich keine dauerhafte Marktstellung erlaubte[72].

Bereits im ersten Herstellungsjahr verzeichnete die Produktionsstatistik der Firma eine Gesamtmenge von 3.589 Kilogramm Antipyrin®[73]. Die Antipyrin®-Konvention in dieser Konstellation währte jedoch nur bis 1898. Im selben Jahr führten die "Farbwerke vormals Meister Lucius & Brüning"[74] in Hoechst gegen die Basler "Chemische Fabrik Bindschedler" einen Prozeß wegen des Verstoßes gegen die Antipyrin®-Konvention. Edouard Sandoz schlug vor, als Nebenkläger aufzutreten, da seine Aktiengesellschaft indirekt um 200.000 Franken geschädigt worden war[75]. Der Verwaltungsrat der Sandoz machte dies von einer Rücksprache mit dem Hauptkläger und mit der ebenfalls betroffenen CIBA abhängig. Die CIBA konnte sich jedoch nicht zu einem gemeinsamen Vorgehen entschließen[76]. Die Farbwerke Hoechst, die 1901 ihren Zivilprozeß gegen Robert Bindschedler zurückzogen, zahlten anschließend an die Firma Sandoz für deren Ansprüche aus der Antipyrin®-Konvention eine Abfindung in Höhe von 5.000 Franken[77].

---

66 Vgl. Waller (1928), 77 f.

67 Vgl. FA A-314.5, Antipyrin-Vertrag. Kontroverse zwischen Hoechst und Chem. Fabrik vorm. Sandoz. Korrespondenz 1895-1897.

68 Vgl. Bürgin (1958), 253, sowie Burkert (1990), 31 ff.

69 Vgl. Liefmann (1927), 260 f.; Breitfeld (1906), 80; Merck (1920), 72 f.; Stube (1921), 280 f.

70 Vgl. Grossmann (1907), 24 f.

71 Vgl. Vershofen (1958), 98f.; Waller (1928), 78 f.

72 Vgl. Bäumler (1963), 19; Waller (1928), 86 f.

73 Vgl. Produktionsstatistik der Chemisch. Fabrik vorm. Sandoz 1887-1918.

74 Die Teerfarbenfabrik "Meister, Lucius & Co." wurde 1863 in Höchst am Main gegründet. Der Name wurde 1867 in "Meister Lucius & Brüning" geändert und erfuhr 1880 eine Erweiterung zur Aktiengesellschaft "Farbwerke vormals Meister Lucius & Brüning zu Höchst a. M.". 1925 erfolgte der große Firmenzusammenschluß, in dem die Hoechster als "I.G. Farbenindustrie Aktiengesellschaft Werk Farbwerke Hoechst" formierten. Nach dem zweiten Weltkrieg kamen die I.G. Farben unter alliierte Oberkontrolle. 1951 wurden die "Farbwerke Hoechst AG" erneut ins Leben gerufen.

75 Vgl. FA A-334.1, Antipyrinprozeß. Robert Bindschedler, 1899, 1900.

76 Vgl. FA C-102, Protokolle der Verwaltungsratssitzungen der Chemischen Fabrik vormals Sandoz vom 12. Mai und 17. September 1898.

77 Vgl. FA D-202.2, Antipyrin-Convention, Verträge, Korrespondenz, 1902-13.

Nach diesem Prozeß, der für das Scheitern der Konvention ausschlaggebend war und zum Ausfall der Antipyrin®-Umsätze führte, mußte die Sandoz ein Ersatzpräparat suchen. Man erhoffte durch die Übernahme der Rechte an einer 5 % Guajacolcarbonat enthaltenden Hustenschokolade, die unter dem Namen Davosin® von dem Basler Thomas Hefti neu auf dem Markt lanciert worden war, die Umsatzeinbußen ausgleichen zu können. Dieses Vorhaben erschien umso verlockender, als die Firma "Sandoz & Cie." schon im April 1894 die Anmeldung eines Verfahrens zur Herstellung von Guajacol beim französischen Patentamt eingereicht hatte. Jedoch blieben die Erträge weit hinter den Erwartungen zurück[78].

Am 28. Oktober 1908 wurde ein Vertrag abgeschlossen, der den Beitritt der "Chemischen Fabrik vormals Sandoz" zu einer neugegründeten Antipyrin®-Konvention festlegte, die sich aus den "Farbwerken Hoechst", der "Basler Chemischen Fabrik", der "Société des Usines du Rhône" und der "Riedel AG Berlin"[79] zusammensetzte. Dieser Vertrag sah für Sandoz eine Beteiligung von 10 Tonnen Antipyrin® pro Jahr à 16,75 Franken pro Kilogramm ab dem 1. Dezember 1908 vor. Dafür verpflichtete sich Sandoz, alle indirekten Verkäufe einzustellen[80] und ihr Kontingent den übrigen Konventionsfirmen entsprechend ihrer Quote[81] abzuliefern[82]. Dieser Vertrag erlaubte der Firma für die nächsten Jahre eine einträgliche Rentabilität im Pharmageschäft. So ließ sich der Rückschlag im Umsatz des Jahres 1908 ausgleichen: Der pharmazeutische Zweig konnte sogar mit einem stolzen Betrag von 160.000 Franken über dem Umsatzergebnis des vorangegangenen Jahres abschließen, der zum größten Teil aus den Erlösen des Antipyrin®-Geschäftes stammte[83].

---

78 Vgl. FA C-102, Protokoll der Verwaltungsratssitzung der Chemischen Fabrik vormals Sandoz vom 3. November 1898.

79 Johann Daniel Riedel (1786 - 1843) betrieb neben seiner Apotheke in Berlin eine Drogengroßhandlung und eine chemische Fabrik, die von seinem Sohn Gustav (1816 - 1886), ebenfalls Apotheker, ausgebaut und 1842 als eigenständiges Unternehmen geführt wurde. 1905 erhielt die Firma den Namen "I.D. Riedel AG", die 1928 mit der Firma "de Haën", welche 1861 von Eugen de Haën als chemische Fabrik in Hannover-Linden gegründet worden war und 1922 eine Umwandlung von einer Familien-GmbH in eine Aktiengesellschaft erfuhr, um ein Jahr später von der "Riedel AG" übernommen zu werden. 1955 wurde die Aktienmehrheit der "Riedel-de Haën AG" von der "Cassella AG" mit Sitz in Frankfurt am Main übernommen, die wiederum 1970 von der "Hoechst AG" akquiriert wurde.

80 Vgl. FA D-201.23, Patentangelegenheiten, Antipyrin, 1903, 1907.

81 Vgl. Pohle (1898), 33 f.

82 Vgl. FA C-102, Protokoll der Verwaltungsratssitzung der Chemischen Fabrik vormals Sandoz vom 12. Dezember 1908.

83 Vgl. FA C-101.1, Geschäftsbericht der Chemischen Fabrik vormals Sandoz (1908).

3.2. Herstellung weiterer pharmazeutisch-chemischer Substanzen

Weitere pharmazeutisch bewährte, aber patentrechtlich ungeschützte Substanzen, die ebenfalls von Sandoz zeitweise hergestellt wurden, waren Phenacetin, Phenetidin, Phenazon, Phenolphthalein, Resorcin sowie Veronal®[84]. Diese hatten aber alle nicht den erwarteten Erfolg.

Die mit Antipyrin® erzielten Erfolge regten den bei Hoechst tätigen Pharmakologen Wilhelm Filehne[85] an, den Antipyrin®-Grundkörper abzuwandeln, um eine größere therapeutische Wirksamkeit zu erlangen[86]. Daraufhin wurde vom Leiter des Hoechst Pharma-Labors, Friedrich Stolz[87], der einer alten Apothekerfamilie aus Heilbronn entstammte, um 1895 eine neue Verbindung synthetisiert[88]. Es handelte sich hierbei um das Antipyrin®-Molekül, dem eine Dimethylaminogruppe angelagert worden war. Diese Aminophenazon oder Amidopyrin genannte Substanz kam unter dem Warenzeichen Pyramidon® in den Handel[89]. Sandoz stellte Pyramidon® nur so lange her, bis andere Konkurrenzunternehmen[90] es 1917 zu einem geringeren Preis anbieten konnten. Somit war für Sandoz eine weitere Produktion nicht mehr rentabel. Sie wurde eingestellt[91].

Die Firma Sandoz versuchte auch mit anderen Arzneisubstanzen Marktanteile zu erlangen. So schloß sie 1902 mit der im selben Jahr wie die Sandoz gegründeten Firma "Knoll & Co."[92] in Ludwigshafen einen Vertrag, der die Aufnahme von Sandoz in die Codeinkonvention regelte[93]. Noch im selben Jahr wurden insgesamt 128 Kilogramm Codein nach dem von Albert Knoll[94] entwickelten und patentierten Verfahren durch Methylierung von Morphin[95] produziert[96]. Aber auch dieser Konvention war kein großer Erfolg beschieden. Die Produktionsstatistik weist außer dem Jahr 1902 nur noch die Jahre 1903 mit einem Herstellungsvolumen von 177 Kilogramm und 1908 mit 104 Kilogramm auf.

---

84 Acidum diaethylbarbituricum.

85 Filehne, Wilhelm; 1844-1927. Mediziner, Pharmakologe, zuerst a.o. Professor in Breslau, dann in Erlangen.

86 Vgl. Wimmer (1991), 182.

87 Stolz, Friedrich Dr., Chemiker; * 1860 Heilbronn, + 1936 Hoechst.

88 Vgl. Bäumler (1989), 57 ff.

89 Vgl. Schneider (1985), 83; Auterhoff Knabe (1983), 342; Bäumler (1963), 38.

90 Vgl. FA D-201.22, Patentangelegenheiten. Vertrag mit E. Scheitlin, Zürich vom 30.10.1908 betr. Pyramidon. Vertrag E. Scheitlin und Givaudan, Lavirotte & Co., Lyon.

91 Vgl. FA C-101.1, Geschäftsbericht der Chemischen Fabrik vormals Sandoz (1913).

92 Die "Knoll & Co" wurde 1886 in Ludwigshafen von Dr. Albert Knoll und seinem Bruder Hans sowie dessen Schwager Max Daege gegründet. 1923 wurde das Unternehmen in eine Aktiengesellschaft ungewandelt, deren Aktienmehrheit 1975 die BASF erwarb.

93 Vgl. FA C-102, Protokoll zur Verwaltungsratssitzung vom 5. September 1902; vgl. Burkert (1990), 37.

94 Knoll, Albert Dr.; Chemiker, * 1858 Braunschweig, + 1952 Baden-Baden.

95 Vgl. 100 Jahre Knoll (1986), 11 ff.

96 Vgl. FA H-203.9, Codein Versuchsnotizen, 1902.

1918 wurde ein Umsatz in Höhe von 4,8 Millionen Franken in Pharmazeutika gegenüber 32,0 Millionen Franken für Farben erreicht. Vom Pharmazeutika-Umsatz fiel neben dem Saccharinverkauf, der bei Sandoz ebenfalls dieser Sparte zugerechnet wurde, die Wiederaufnahme der zuvor eingestellten Verkäufe von Phenazon ins Gewicht[97].

Der Geschäftsbericht des dritten Quartals 1919 verdeutlicht die Situation der Pharmazeutischen Abteilung: "Andere Pharmazeutika, wie Antipyrin, Phenazon und Veronal interessieren uns, bei den im Vergleich zu den Farben schlechten Verkaufspreisen, weniger, und wir haben sie nicht besonders poussiert. Eigentlich liefern wir z.Zt. nur noch Phenazon und Veronal. Die wenigen anderen Produkte, die wir hatten, liegen still"[98]. Mit diesem im Sortiment der Pharmazeutika verbliebenen Rest wurde schätzungsweise gerade noch 0,1 % des Gesamtumsatzes erzielt[99]. Die Direktion erkannte, daß man gegen die amerikanische Konkurrenz nur mit innovativen, markenrechtlich geschützten Spezialitäten angehen konnte. Solche Produkte existierten aber bei der Firma Sandoz, wie der Geschäftsbericht des ersten Quartals 1919 zeigt, zu jenem Zeitpunkt noch nicht. Es gab zwar einige pharmazeutische Präparate im Bestand der "Chemischen Fabrik vormals Sandoz" wie das auf der Landesausstellung im Jahre 1914 ausgestellte Augenantiseptikum Gallicin® sowie das Wundantiseptikum Jodogallicin®. Allerdings spielten diese Präparate aufgrund ihrer geringen Umsätze eine untergeordnete Rolle[100].

Ein Exkurs der Pharmazeutischen Abteilung in die Tiermedizin scheiterte: Aus einem Saccharin-Nebenprodukt wurde für Pferde ein Mittel zur Abwehr von Bremsen hergestellt. Zwar konnten nach Applikation dieses Präparates die Bremsen nachhaltig vertrieben werden, jedoch wurde als Nebenwirkung ein Ausfallen der Pferdehaare festgestellt[101].

3.3. Die Saccharinherstellung

Den weltweit ersten synthetisch hergestellten Süßstoff Saccharin, dessen Umsatzerlös ebenfalls der pharmazeutischen Abteilung zugerechnet wurde, produzierte die "Chemische Fabrik vormals Sandoz" schon 1899 in einem Umfang von insgesamt 2.721 Kilogramm.

Saccharin wurde im Jahre 1879 durch Fahlberg entdeckt und durch die Firma "Fahlberg & List" aus Leipzig 1884 in den Handel gebracht. Obwohl dem Saccharin durch Dulcin, ein

---

97 Vgl. FA C-101.1, Geschäftsbericht der Chemischen Fabrik vormals Sandoz (1918).
98 Vgl. FA C-101.1, Geschäftsbericht der Chemischen Fabrik vormals Sandoz (1919).
99 Vgl. Studer (1986), 25 in: Sandoz bulletin.
100 Vgl. Studer (1986), 25 in: Sandoz bulletin.
101 Vgl. Riedl-Ehrenberg (1986), 76.

ab 1892 durch die Firma "I. D. Riedel" aus Berlin ebenfalls auf dem Markt angebotener künstlicher Süßstoff, Konkurrenz erwuchs, konnte es seine Marktstellung beibehalten. Hinzu kam, daß die Verwendung von Dulcin[102] zwischen 1898 und 1917 in Deutschland verboten war.

Die Saccharinfabrikation bei Sandoz konnte sehr schnell ausgeweitet werden. Ein Jahr nach Produktionsbeginn wurden bereits 9.366 Kilogramm des Süßstoffes hergestellt; das war gegenüber dem ersten Produktionsjahr die dreifache Menge. So lag die Produktion im Jahre 1901 bei 11.362 Kilogramm, im Jahre 1902 bei 22.079 Kilogramm und stieg im Jahre 1903 sogar auf 47.142 Kilogramm Saccharin an. Im Protokoll zur Verwaltungsratssitzung vom 8. Juni 1903 wird das Saccharingeschäft folgendermaßen beschrieben: "Der Absatz in Saccharin dagegen gestaltete sich so befriedigend, daß durch diesen Zuwachs der Ausfall von 25 % im Farbengeschäft annähernd ausgeglichen werden konnte." Doch war diese Situation nicht von Dauer. Schon Ende Juli 1903 zeichneten sich vor allem im Hauptabsatzgebiet Rußland Schwierigkeiten ab, dieser Markt war von da an für die Firma Sandoz verschlossen. Wie man nachträglich herausfand, rührte dies daher, daß die russische Monopolfirma ein Einfuhrverbot für Saccharin verhängt hatte, sich aber gleichzeitig bei einem Konkurrenzunternehmen zu billigeren Preisen eindeckte[103].

Zu jener Zeit war die Schweiz das einzige europäische Land, dem keine staatlichen Einschränkungen im Saccharingeschäft widerfuhren[104]. Dadurch stieg sie zum weltgrößten Saccharinhersteller auf[105].

---

102 p-Phenetidincarbamid.

103 Vgl. FA C-101.1, Geschäftsbericht der Chemischen Fabrik vormals Sandoz (1903).

104 Beispielsweise wurden im Deutschen Kaiserreich 1902 auf Betreiben landwirtschaftlicher Verbände und der Zuckerindustrie die synthetischen Süßstoffe durch Erlaß eines Gesetzes als apothekenpflichtig deklariert. Als Folge sahen sich die Firmen Bayer, Heyden, Hoechst und Riedel veranlaßt, ihre Produktion an künstlichen Süßstoffen einzustellen. Vgl. hierzu: Vershofen (1958), 107 f., und Müller (1909), 411 f.

105 Vgl. Studer (1986), 27.

Ende 1904 beteiligte sich Sandoz an der neu ins Leben gerufenen "Hermes A.G."[106], einer gemeinschaftlichen schweizerischen Verkaufsstelle des Saccharinsyndikates[107]. Dank dieser Vertriebsgesellschaft konnte Sandoz zum Schweizer Marktführer in der Saccharinherstellung aufsteigen. Nach mehreren unergiebigen und aussichtslos erscheinenden Anläufen zur Gründung einer internationalen Saccharinkonvention wurde diese 1909 doch noch ins Leben gerufen. Zuvor hatte sich Sandoz gegen eine jährlich zu zahlende Entschädigung durch die Firma "Condiments Co.", New York, dazu bereit erklärt, dieser Saccharin sowie die Vorprodukte für den gesamten amerikanischen Markt zu liefern[108]. Auch konnte mit der englischen "Saccharin Corporation" ein Vertrag über die jährliche Abnahme von Saccharin geschlossen werden[109]. Desweiteren übernahm Sandoz vertraglich die Lieferung des ganzen Bedarfs einer der Konvention beigetretenen Firma, was zu einer nochmaligen Steigerung der Produktion führte. Diese Umstände verhalfen Sandoz zu einer führenden Stellung in der internationalen Saccharinkonvention und waren ausschlaggebend für ihren weltweiten Marktanteil von 20 %[110]. Zur Konsolidierung des Saccharinsyndikats wurden gegen Ende des Jahres 1911 Schutzverträge mit der BASF, der englischen "Saccharin Corporation" sowie der "Chemischen Fabrik von Heyden"[111], die gleichzeitig auch dieser Konvention beitrat, geschlossen[112].

In den weiteren Jahren erlaubte dieses nichtpharmazeutische Produkt während Krisenzeiten, mit denen naturgemäß eine Zuckerknappheit einherging, gute Umsatzerfolge und noch bessere Gewinne. Hingegen waren die Umsätze von Saccharin in Zeiten guter Konjunkturlage äußerst bescheiden.

Am 18. Oktober 1969 erließ das Gesundheitsamt der Vereinigten Staaten ein einstweiliges Verbot des 1939 entdeckten und 1950 in den Handel eingeführten Süßstoffes Cyclamat, da

106 Nach einer Vorbesprechung in Genf fiel die eigentliche Gründung der Aktiengesellschaft "Hermes" auf den 29. November 1904, vollzogen im Büro des Zürcher Rechtsanwaltes Dr. Keller-Huguenin, der auch zum einzigen Verwaltungsrat ernannt wurde. Vertreten waren die drei Firmen "Chemische Fabrik Brugg", "Société Chimique des Usines de Rhône (Lyon)" und "Chemische Fabrik vormals Sandoz". Die Zusammensetzung der Firmen, die sich der "Hermes" als eines Verkaufsinstrumentes bedienten, wandelte sich im Laufe der Jahrzehnte sehr stark. Nach und nach traten auch die übrigen europäischen Produzenten bei. Der Ausbruch des ersten Weltkrieges beendete die Ordnung des Süßstoffgeschäftes; Ende 1921 zerbrach der Zusammenschluß, indem die "Chemische Fabrik Brugg" die "Hermes" verließ und CIBA und Sandoz die einzigen Aktionäre blieben. Zum 1. Januar 1971 erfolgte die Übernahme der "Hermes Süßstoff AG" durch die Schweizer "Klosterfrau"-Gruppe.

107 Vgl. FA C-102, Protokoll zu den Verwaltungsratssitzungen vom 11. November 1904 und 3. März 1905.

108 Vgl. FA C-102, Protokoll zur Verwaltungsratssitzung vom 11. September 1906.

109 Vgl. FA C-102, Protokoll zur Verwaltungsratssitzung vom 12. Dezember 1908.

110 Vgl. FA C-101.1, Geschäftsbericht der Chemischen Fabrik vormals Sandoz (1909).

111 Dr. Friedrich von Heyden gründete 1874 die "Salizylsäurefabrik Dr. Friedrich von Heyden" in Dresden. Nach dem zweiten Weltkrieg erfolgte ein Neubeginn in Nürnberg und München, wobei sich die Verwaltungszentrale der "von Heyden GmbH" in der bayrischen Landeshauptstadt befand. Heute gehört die Firma zum "Squibb-Heyden Beecham Wülfing" Konzern.

112 Vgl. FA C-102, Protokoll zur Verwaltungsratssitzung vom 19. März 1912.

man ihm karzinogene Wirkung zuschrieb[113]. Dies hatte Auswirkungen auf den gesamten Süßstoffmarkt und führte zu einer starken Verunsicherung der Konsumenten, unter der auch die Umsätze des Saccharins litten[114]. Diese hatten sich bei der Firma Sandoz mittlerweile auf einem verschwindend geringen Niveau eingependelt. Schließlich ließ die Firmenleitung die Herstellung dieses anfänglich sehr wichtigen Produktes, dessen Gewinne erheblich zum Aufbau der pharmazeutischen Abteilung mit innovativen Präparaten beigetragen hatten, im Zuge einer Sortimentsstraffung auslaufen.

113 Meldungen über amerikanische Untersuchungen, wonach Cyclamat-Süßstoffe bei einzelnen Ratten zu Gewebswucherungen in der Harnblase führten, veranlaßten den amerikanischen Gesundheitsminister, die Verwendung von Cyclamat zur Herstellung von Nahrungsmitteln und Getränken zu verbieten.

114 Vgl. FA C-102, Beilage 14, 15, 16 u. 17 des Verwaltungsratsprotokolls vom 11. Dezember 1969.

Prof. Dr. Arthur Stoll, 1887-1971

III. ANFANGSJAHRE DER PHARMAZEUTISCHEN ABTEILUNG

1. Gründung und Erweiterung der Pharmazeutischen Abteilung

1.1. Zielsetzung durch Arthur Stoll

Prof. Dr. Robert Gnehm[1], der damals als Präsident des Schweizerischen Schulrates auch die Eidgenössisch Technische Hochschule in Zürich leitete und der von 1896 bis 1900 den Posten des Verwaltungsratspräsidenten der "Chemischen Fabrik vormals Sandoz" inne hatte sowie immer noch zehn Prozent von deren Aktienkapital besaß, eröffnete Arthur Stoll[2] Anfang 1917 die vertrauliche Mitteilung, daß "eine der gut arbeitenden, trefflich geleiteten und ihm näher bekannten schweizerischen Anilinfarben-Fabriken"[3] daran interessiert wäre, ihn als Mitarbeiter zu gewinnen. Daraufhin reiste Stoll, der zu diesem Zeitpunkt am chemischen Institut der Universität München als Mitarbeiter des Nobelpreisträgers Richard Willstätter[4] tätig war, während der ersten Schweizerischen Mustermesse nach Basel, um weitere Einzelheiten seiner Anstellung zu klären und seinen Arbeitsplan in groben Zügen darzulegen. Dieser umfaßte eine praktische Anwendung der bei seinen Untersuchungen über Chlorophyll und Fermente im Willstätterschen Laboratorium ausgearbeiteten und bewährten Methoden auf Probleme in der Nährmittelchemie und der Pharmazie.

Am 20. April 1917 - die von der Firma Sandoz vergüteten Lohnerhöhungen und gegenüber dem Vorjahr erhöhten Gratifikationen beherrschten wegen ihrer Vorreiterfunktion gerade das Tagesgespräch in Basel - wurde der Arbeitsvertrag zwischen der "Chemischen Fabrik vormals Sandoz" und Arthur Stoll geschlossen. Dies erfolgte trotz einer Warnung seiner Freunde, die sich auf die vorherrschende Basler Meinung stützte, daß "man bei Geigy gut behandelt und schlecht bezahlt, bei der CIBA schlecht behandelt, aber gut bezahlt und bei Sandoz schlecht bezahlt und schlecht behandelt werde"[5]. Der ab dem 1. Oktober 1917 auf eine Dauer von drei Jahren ausgelegte Vertrag spiegelte die Hoffnungen wider, welche das Unternehmen dieser Anstellung beimaß. Stoll erhielt ein erstaunlich hohes Jahres-

---

1 Näheres zu Robert Gnehm: Schinz u. Wolfer (1926), 305-309. Schweizerische Bauzeitung (1926), 45 f.

2 Stoll, Arthur, Prof. Dr.; Chemiker,* 1887 Schinznach-Dorf, + 1971 Basel. Präsident der Sandoz AG von 1964 bis 1967. Näheres zu Arthur Stoll in: Sandoz bulletin (1986), 12 f.

3 Vgl. FA H-120.3, Unser Weg und Werk Nr.1 (1957).

4 Willstätter, Richard, Professor der Chemie; * 1872 Karlsruhe, + 1942 Lausanne. Nobelpreis für Chemie 1915 für seine "Untersuchungen der Farbstoffe im Pflanzenreich, vor allem des Chlorophylls". Näheres zu Willstätter: Vierteljahresschrift der Naturforschenden Gesellschaft zu Zürich LXXXVII (1942), Jahrg. 87, 528 ff.

5 Vgl. FA H-120.4, Interview Prof. Stoll am 9. August 1936.

gehalt von 8.000 Franken zugesichert[6]. Dazu kamen eine Provision von einem halben Prozent auf den Nettobetrag der Verkäufe derjenigen Produkte, deren Herstellung er regelmäßig leitete, und zwei Prozent für neue Produkte, deren Fabrikation das Resultat seiner Arbeiten war und deren Herstellverfahren als patentierbar anerkannt wurden: Als Minimaltantieme standen ihm 2.000 Franken für das erste Vertragsjahr sowie zusätzlich 1.000 Franken für jedes weitere Jahr zu. Der nachfolgende Dreijahresvertrag, der am 21. Juni 1920 unterzeichnet wurde, honorierte seine ersten Erfolge mit einer Steigerung der Minimaltantieme auf 6.000 Franken sowie zuzüglich weitere 1.000 Franken für jedes Vertragsjahr. Vor dem Eintritt in die Firma Sandoz war Arthur Stoll am Geburtstag des Königs von Bayern als Anerkennung seiner bei den Untersuchungen Willstätters über Chlorophyll und die Assimilation der Kohlensäure geleisteten Verdienste der Titel eines Königlich-Bayrischen Professors verliehen worden. Mit dieser Würdigung stellte er als erst dreißigjähriger Ausländer eine Ausnahme angesichts der Tatsache dar, daß eine Voraussetzung zur Erlangung dieser Auszeichnung ein Alter von 40 Jahren war[7].

Bei der Wahl der Arbeitsgebiete wollte Stoll die in jahrelanger Forschungsarbeit angeeignete Methodik auf technische Gebiete übertragen und weiterentwickeln. Hierbei mußte er die Rohstoffarmut der Schweiz in Betracht ziehen, die sich dem Unternehmen schon bei der Produktion von pharmazeutischen Großprodukten wie Antipyrin®, Saccharin und Veronal® in Zeiten eines Überangebotes unliebsam bemerkbar gemacht hatte. Stoll sprach von seinen Substanzen als "sogenannten Feinpräparaten, vergleichbar mit den Produkten der Feinmechanik. (...) Die Mengen, die fabriziert werden, bleiben, verglichen mit anderen chemischen Erzeugnissen nur gering, doch was man an ihnen bezahlt, ist eigentlich nicht ihr Gewicht, sondern ihre Wirksamkeit"[8]. Für ihn war "bei der Auswahl dieser neuen Arbeitsgebiete (...) eine möglichst ausgedehnte Anwendungsmöglichkeit, die einen umfangreichen Absatz erwarten läßt, massgebend"[9].

Mit der Gründung und der Leitung der Pharmazeutischen Abteilung betraut, begann Stoll mit der Einrichtung eines Labors und beschaffte knapp gewordene oder stellte gar nicht erhältliche Chemikalien, Lösungsmittel und Geräte nach und nach selbst her. So entstanden vier Laborplätze, für die er zwei Laboranten engagierte. Später wuchs der Personalbestand der Pharmazeutischen Abteilung noch um vier Chemiker.

---

6 Zum Vergleich: Aus einem im Bayerischen Hauptstaatsarchiv unter der Signatur MK 19415 verwahrten Akt des Kultusministeriums über das Chemische Laboratorium des Staates geht hervor, daß Stoll dort vom 1. April 1916 bis zum 30. September 1917 als erster Assistent von Prof. Dr. Richard Willstätter mit einem Jahresgehalt von 804,- Mark beschäftigt war. Der durchschnittliche Wechselkurs für das Jahr 1917 betrug 134,20 Mark für 100,- Schweizer Franken.

7 Vgl. FA H-211.3, Chlorophyll 1917-61.

8 Vgl. FA H-120.5, Kurze Mitteilung über den Arbeitsplan der pharmazeutischen Abteilung der Chemischen Fabrik vormals Sandoz. Bericht von Stoll an den Verwaltungsrat. 19. Dezember 1919.

9 Vgl. FA H-120.5, Stoll: Ueber die Entwicklung der pharmazeutischen Abteilung der Chemischen Fabrik vorm. Sandoz in Basel. 20. Mai 1922.

Die wissenschaftlichen Untersuchungen des chemisch-pharmazeutischen Laboratoriums hatten als Richtlinie zu beachten, daß zunächst von einer Bearbeitung völlig neuer Gebiete mit unsicherer Zukunft abzusehen war. Vielmehr sollten schon bestehende altbewährte Heilmittel durch die Entwicklung neuer patentfähiger Verfahren zu medizinisch einwandfreien Präparaten in sauberer und geschmackvoller Spezialitätenverpackung weiterentwickelt werden. Von dieser Vorgehensweise versprach sich die Firma eine Erhöhung der Gewinne, aber auch eine vorteilhafte Unterscheidung von bestehenden Produkten, damit diese als chemisch und medizinisch neuartig zu bezeichnen waren. Der Weg über die Spezialität wurde als die einzige Möglichkeit für alle neuen von der Firma Sandoz in den Handel gebrachten Substanzen erachtet, da man der Ansicht war, nur so den Markenschutz einer Erfindung richtig auszunützen[10]. So hoffte die Firma durch Anlehnung an Bewährtes Fehlschläge vermeiden zu können. Immerhin erkannte die Firmenleitung, daß für die kommerzielle Verwertung von neuen im Laboratorium gefundenen pharmazeutischen Präparaten eine gut ausgebaute Organisation für Propaganda und Vertrieb notwendig war. Die Werbung für Sandoz-Spezialitäten sollte sich nicht an das breite Publikum, sondern ausschließlich an die Ärzte richten: Diese hätten nur Vertrauen in Medikamente, wenn sie einen tatsächlichen Fortschritt gegenüber bestehenden und zudem eine große therapeutische Breite aufwiesen. Deshalb wollte man von der Einführung von "populären Mitteln" absehen. Dagegen erforderten die im freien Verkauf erhältlichen Arzneimittel, die Stoll ihrem Wert nach eigentlich als entbehrlich erachtete, bei ihrer Einführung beträchtliche Ausgaben. Er vermutete, daß die Kosten kaum zurückgehen dürften, wenn man den Verkauf auf derselben Höhe halten wolle: "Ausserdem ist der kommerzielle Erfolg selbst für sogenannte Schlager recht unsicher, da er weitgehend von dem schwer voraus zu sehenden Geschmack der breiten Masse und der Mode abhängig ist"[11].

1.2. Irrwege in der Pharmazeutischen Abteilung

Trotz dieser Einstellung brachte Sandoz Ende September 1923 das Matinal® auf den Markt, ein diätetisches Gebäck zur Verdauungsregelung bei Verstopfung. Stoll kommentierte diese Markteinführung mit den Worten: "Wir haben die Absicht, es zunächst nur durch Ärzte und Apotheker und je nach der Aufnahme unter dem Publikum, dann mehr

---

10 Vgl. FA H-120.5, Kurze Mitteilung über den Arbeitsplan der pharmazeutischen Abteilung der Chemischen Fabrik vormals Sandoz. Bericht von Stoll an den Verwaltungsrat. 19. Dezember 1919.

11 Vgl. FA H-120.5, Stoll: Über die Entwicklung der pharmazeutischen Abteilung der Chemischen Fabrik vormals Sandoz in Basel. 20. Mai 1922.

populär zu lancieren, um auch in der Richtung eines populären Mittels einen Versuch zu machen. Bis jetzt ist die Aufnahme des Präparates in der Öffentlichkeit günstig"[12]. Diese scheinbare Gesinnungsänderung etwa eineinhalb Jahre später ist vermutlich mit der Aussage eines Chemikers zu erklären, daß solche Präparate "...durch ihr grösseres Anwendungsgebiet die Basis der Rentabilität der pharmazeutischen Abteilung bilden sollen"[13]. Auch erhoffte sich Dr. Sonnenfeld durch den inzwischen wissenschaftlich profilierten Namen Sandoz eine leichtere Einführung dieser Präparate.

Matinal® war ein diätetisches Abführmittel von zweifelhaftem Wert. Die Basler Konditorei Singer stellte Bisquits her, die sie der Firma Sandoz lieferte. Dort wurden diese in Vaseline getaucht und danach zum Verkauf gebracht. Recht schnell nach der Einführung kritisierten verschiedene Ärzte und Apotheker, daß die abführende Wirkung des Matinal® nach längerem Gebrauch nachläßt, ja daß dieses sogar seine ganze Wirksamkeit einbüßt. Zur Kontrolle verglich Sandoz die Matinal®-Bisquits mit anderen abführend wirkenden Paraffinpräparaten und stellte fest, daß eine ungenügende Dosierung von Matinal® vorlag. Eine Erhöhung der zu verabreichenden Matinal®-Menge konnte aber dem Patienten nicht zugemutet werden. Zudem wäre es im Verhältnis zu den Konkurrenzpräparaten zu kostspielig gewesen. Auch ließ sich keine größere Menge Vaseline in dieses Präparat einarbeiten, ohne es ungenießbar zu machen[14]. Nachdem eine geplante Matinal®-Variante mit einem Zusatz von Phenolphthalein verworfen werden mußte, da dieser Zusatz nicht frei verkäuflich war[15], wurden klinische Untersuchungen mit zweierlei Versionen durchgeführt. Die eine enthielt einen Zusatz von einem Gramm Agar-Agar, die andere jeweils zur Hälfte normales sowie Leinsamenmehl[16]. Allerdings waren auch diese Zusammensetzungen nicht erfolgreich, denn das Produkt wurde bald aufgegeben. So fand man viele Jahre später im Werksareal auf einem Dachboden mehrere Kisten, welche mit diesem Bisquit-Laxans und der guajakolcarbonathaltigen Hustenschokolade[17] gefüllt waren[18].

---

12 Vgl. FA C-102, Kurze Mitteilung über die Entwicklung der Pharmaz. Abteilung der Chemischen Fabrik vormals Sandoz zu Händen des Verwaltungsrates der Gesellschaft, vorgetragen in der Sitzung vom 18. Dezember 1923.

13 Vgl. FA H-120.6, Sonnenfeld: Ausbau und Entwicklung der pharmazeutischen Abteilung. 20. Mai 1922.

14 Vgl. FA H-105, Schreiben von Prof. Rothlin an Prof. Stoll vom 28. Februar 1924, enthalten ist darin die Antwort von Prof. Stoll.

15 Vgl. FA H-105, Schreiben von Prof. Rothlin vom 12. März 1924.

16 Vgl. FA H-105, Schreiben von Prof. Rothlin vom 18. September 1924.

17 Davosin®.

18 Vgl. Riedl-Ehrenberg (1986), 76.

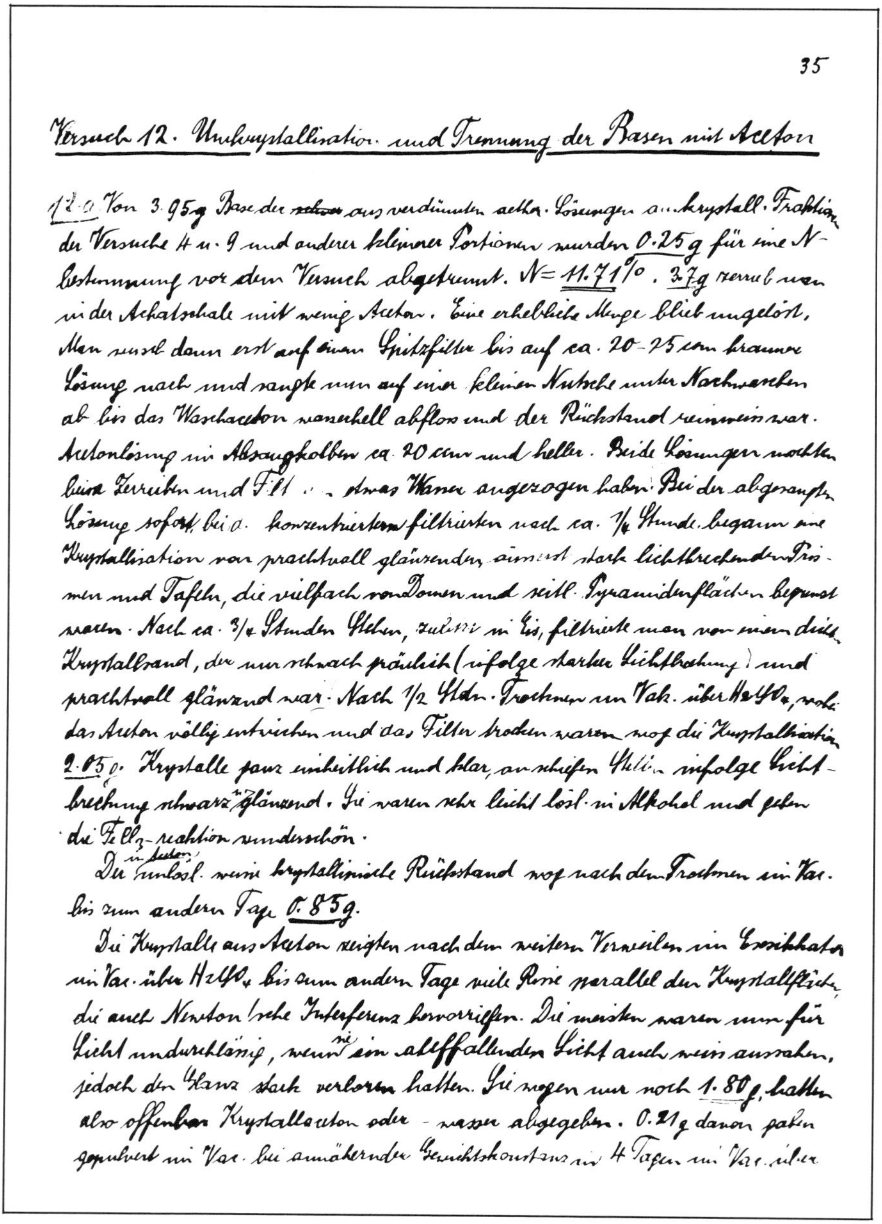

35

Versuch 12. Umkrystallisation und Trennung der Basen mit Aceton

12a. Von 3.95 g Base der ~~schon~~ aus verdünnten aether. Lösungen auskrystall. Fraktion der Versuche 4 u. 9 und anderer kleinerer Portionen wurden 0.25 g für eine N-Bestimmung vor dem Versuch abgetrennt. N = 11.71 %. 3.7 g zerrieb man in der Achatschale mit wenig Aceton. Eine erhebliche Menge blieb ungelöst. Man wusch dann erst auf einem Spitzfilter bis auf ca. 20–25 ccm braune Lösung nach und saugte nun auf einer kleinen Nutsche unter Nachwaschen ab bis das Waschaceton wasserhell abfloss und der Rückstand reinweiss war. Acetonlösung im Absaugkolben ca. 20 ccm und heller. Beide Lösungen mochten beim Zerreiben und Filtr... etwas Wasser angezogen haben. Bei der abgesaugten Lösung sofort, bei d. konzentrierteren filtrierten nach ca. 1/4 Stunde begann eine Krystallisation von prachtvoll glänzenden äusserst stark lichtbrechenden Prismen und Tafeln, die vielfach von Domen und seitl. Pyramidenflächen begrenzt waren. Nach ca. 3/4 Stunden Stehen, zuletzt in Eis, filtrierte man von einem dicken Krystallbrei, der nur schwach gräulich (infolge starker Lichtbrechung) und prachtvoll glänzend war. Nach 1/2 Std. Trocknen im Vak. über H_2SO_4, wobei das Aceton völlig entwichen und das Filter trocken waren, wog die Krystallisation 2.05 g. Krystalle ganz einheitlich und klar, an schiefen Stellen infolge Lichtbrechung schwarz glänzend. Sie waren sehr leicht lösl. in Alkohol und gaben die $FeCl_3$-reaktion wunderschön.

Der in Aceton unlösl. weisse krystallinische Rückstand wog nach dem Trocknen im Vac. bis zum andern Tage 0.85 g.

Die Krystalle aus Aceton zeigten nach dem weiteren Verweilen im Exsikkator im Vac. über H_2SO_4 bis zum andern Tage viele Risse parallel den Krystallflächen, die auch Newton'sche Interferenz hervorriefen. Die meisten waren nun für Licht undurchlässig, wenn sie im auffallenden Licht auch weiss aussahen, jedoch den Glanz stark verloren hatten. Sie wogen nur noch 1.80 g, hatten also offenbar Krystallaceton oder -wasser abgegeben. 0.21 g davon gaben gepulvert im Vac. bei annähernder Gewichtskonstanz in 4 Tagen im Vac. über

Laborjournal - Eintragung vom März 1918 von Prof. Dr. Arthur Stoll, Isolierung von Ergotamin

1.3. Der Beginn der Mutterkornforschung

Schon im Willstätterschen Laboratorium hatte Stoll mit hochempfindlichen Naturstoffen wie dem Chlorophyll gearbeitet, welches im Blatt durch seine Bindung an Eiweiß beständig ist und durch geringste chemische Einflüsse, selbst durch Luft, rasch verdirbt. Diese Erfahrungen kamen ihm bei der Untersuchung anderer leicht zersetzlicher Naturstoffe, wie sie in Heilpflanzen vorkommen können, zugute. Die Naturstoffbearbeitung war der maßgebliche Schlüssel zur erfolgreichen Gründung und dem kontinuierlichen Ausbau der Pharmazeutischen Abteilung bis in die heutige Zeit. Somit schuf Stoll bereits damals die Grundlage für einen Teil der heute existierenden Produktpalette, in der zum überwiegenden Teil Naturstoffe vertreten sind, die noch immer in der Medizin eine unersetzliche Rolle spielen.

Er ließ sich über sein Forschungsgebiet von dem Pharmakognosten Tschirch[19] beraten, der gerade eine Abhandlung über einhundert Jahre Mutterkornforschung veröffentlicht hatte. Er wies Stoll darauf hin, daß alle Forscher, die sich mit dem Mutterkorn befaßt hatten, unterschiedliche Ergebnisse erhalten hatten. Daher beschloß Stoll, sich dem Mutterkorn als erstem Forschungsgebiet zu widmen, um Licht in das Dunkel der bisherigen Mutterkornforschung zu bringen.

Im Dezember 1917 konnte er mit der Arbeit beginnen. Bereits am 8. Januar 1918 stellte sich das erste erfolgversprechende Ergebnis ein. Unter Anwendung neuartiger schonender Methoden[20] gelang Stoll die Entdeckung und Herstellung eines schön kristallisierten, bisher unbekannten Alkaloides[21], des Ergotamins[22], das den ersten einheitlichen, reinen Wirkstoff aus dem Mutterkorn aufzeigte[23]. Aus einem Kilogramm Droge wurden etwa ein bis zwei Gramm Wirkstoff gewonnen.

Im Jahr 1918 wurde die Basler Interessengemeinschaft zwischen Geigy, CIBA und Sandoz gegründet[24]. Nachdem man im Verwaltungsrat das Verhältnis der eigenen Pharmazeutischen Abteilung zur CIBA, die nun mit der Sandoz bei einigen Produkten in Konkurrenz stand, erörtert hatte, beschloß man, mit dem Ausbau der Pharmazeutischen Abteilung fortzufahren. Trotzdem wollte man diesen Punkt mit der Interessengemeinschaft klären, da

---

19 Tschirch, Alexander, Prof. Dr.; * 1856 Guben , + 1939 Bern, Schweizer Pharmazeut und Botaniker.

20 Vgl. FA D-201.36, Patente Ergotamin.

21 Vgl. FA D-201.31, Ergotamin-Patent.

22 Vgl. FA D-201.17, Patentschrift Patent Nr. 92840.

23 Vgl. FA D-201.33, Entwurf für die Anmeldung eines schweizerischen Patentes: Verfahren zur Darstellung von Ergotamin. Dr. Kussmaul, 1921.

24 Vgl. FA A-600.2, Vertrag betr. Interessensgemeinschaft zwischen der Gesellschaft für Chemische Industrie in Basel, der J.R. Geigy A.-G. und der Chemischen Fabrik vormals Sandoz, vom 7. September 1918.

diese nach Ansicht der Direktion vielleicht zu dem Standpunkt gelangen könnte, daß das Engagement von Sandoz im Arzneimittelgeschäft eine unnütze Spesenvermehrung darstelle. Schließlich fand man nach Rücksprache mit den Kollegialfirmen die Regelung, daß Geigy auf Pharmazeutika verzichtete und dafür CIBA und Sandoz ihre Interessengebiete abgrenzten, indem CIBA unter anderem die Hormone und Sandoz die Naturstoffe zugewiesen wurden.

Da die CIBA schon ein kleines pharmakologisches Laboratorium besaß, glaubte Sandoz auf eine solche Einrichtung verzichten zu können. Daher wurde das Ergotamin zur pharmakologischen Prüfung an die CIBA geschickt, die allerdings zum Schluß kam, daß es sich um eine unwirksame Substanz handle. Stoll, der an die Richtigkeit seiner Ergebnisse glaubte, ließ sich durch dieses Resultat nicht entmutigen, sondern prüfte persönlich im Labor der CIBA die dort durchgeführten pharmakologischen Versuche nach. So stellte er fest, daß der dafür zuständige Pharmakologe den Versuch zu früh abgebrochen hatte. Stoll beschloß, die pharmakologischen Versuche zunächst bei auswärtigen Versuchsanstalten durchführen zu lassen[25]. Als er aber erkannte, daß die Bearbeitung durch außenstehende Laboratorien nicht nur umständlich und zeitraubend war, sondern auch der Wahrung von Firmengeheimnissen zuwiderlief, forderte er Ende 1919 vom Verwaltungsrat eine eigene, wenn auch nur kleine pharmakologische Abteilung, die die fortlaufende Prüfung der chemischen Arbeit durch den Tierversuch gewährleisten sollte. Stoll argumentierte dem Verwaltungsrat gegenüber, dessen Hauptinteresse der Farbenproduktion als Hauptumsatzträger galt, mit den Worten: "Das tierphysiologisch-pharmakologische Versuchslaboratorium gehört zum chemisch-pharmazeutischen Fabrikbetrieb wie die Versuchsfärberei zur Farbenfabrik"[26]. Auch der Verwaltungsrat erkannte die Notwendigkeit von Stolls Anliegen und stimmte seinem Wunsch zu.

Ergotamin, der im Mutterkorn enthaltene Wirkstoff zur Uteruskontraktion, war als solcher wie auch in Form seines Tartrats unverändert haltbar. Das Tartrat zeichnete sich als zuverlässiges Medikament durch seine gute Löslichkeit aus und wurde 1921 unter dem Namen Gynergen® in den Handel eingeführt. Bevor es aber seinem späteren Ruf eines hervorragend geeigneten Medikamentes in der Geburtshilfe gerecht werden konnte, mußten viele Hindernisse überwunden werden. Auf einem Kongreß in Luzern gleich zu Beginn der Lancierung auf dem Markt, lehnten dieses erste Mutterkornpräparat viele der anwesenden Ärzte ab. Sie waren zu jener Zeit noch nicht gewohnt, mit derart hochwirksamen Substanzen in reiner Form sachgemäß umzugehen. Auch kritisierten Teile der Ärzteschaft die Farblosigkeit des Gynergen®, während bisher gebräuchliche Produkte eine

---

25 Vgl. FA H-120.4, Interview Prof. Stoll am 9. August 1963.

26 Vgl. FA H-120.5, Arbeitsplan Prof. Stoll, 1919.

dunkelbraune Farbe aufwiesen. Es blieb anfangs unerkannt, daß diese dunkle Färbung ein Zeichen für unwirksame oder schädliche Begleitstoffe war[27].

Da pharmazeutische Präparate erfahrungsgemäß eine sehr lange Einführungszeit erfordern, entschloß man sich, bereits im Handel befindliche Produkte herzustellen, um nicht allzu lange auf Verkäufe warten zu müssen. Stoll rechnete selbst für hochwertige und aussichtsreiche pharmazeutische Produkte mit einer Einführungszeit von drei Jahren, nach deren Ablauf die Spesen für Herstellung, Werbung und Vertrieb durch die erzielten Verkäufe gedeckt sein sollten. Die durch die Pharmazeutische Abteilung entstandenen Kosten sollten mit allgemeinen Präparaten, aber vor allem mit dem Einstieg ins Chlorophyll- und Alkaloidgeschäft, welches durch die bereits gewonnene Erfahrung der schonenden Extraktion einen rascheren Erfolg versprach als die pharmazeutischen Spezialitäten, ausgeglichen werden[28]. Vor Aufnahme der Alkaloidherstellung als finanzielle Stütze für die Pharmazeutische Abteilung zog man allerdings Erkundigungen über die zu erwartenden Umsatzzahlen bei den führenden Großhandelshäusern ein. Auch kam diesem Vorhaben zustatten, daß dieses Arbeitsgebiet von der Basler I.G. im großen Maßstab bisher nicht bearbeitet worden war. Von einer lohnenden Fabrikation auch unter ungünstigen Umständen konnte durch die Übertragung des neuen bei der Entdeckung des Ergotamins entwickelten Verfahrens auf die Produktion von Alkaloiden ausgegangen werden. Obwohl die technische Erfahrung auf dem Alkaloidgebiet schon auf eine hundertjährige Entwicklung zurückblicken konnte, ermöglichte das Stollsche Herstellungsverfahren die Anmeldung von zwei Haupt- und sechzehn Zusatzpatenten in der Schweiz sowie von vier in England und zwei in Amerika. Gegen die Anmeldung in Deutschland hatten die Firmen Merck, Boehringer und Knoll hartnäckigen Einspruch erhoben, der jedoch nach jahrelangem Streit beigelegt wurde[29].

Die Alkaloidfabrikation umfaßte zu Beginn neben Strychnin, Atropin, Pilocarpin, Yohimbin, Arecolin, Emetin, Eserin, Colchicin, Aconitin, Gelsemin, Veratrin und Lobelin, auch Nichtalkaloide wie Chlorophyll, Glucose, Galaktose sowie Insulin. Später folgten noch Codein, Thebain, Narkotin, Cotarmin, Papaverin sowie Morphin und seine Derivate[30].

---

27 Vgl. FA H-120.4, Interview Prof. Stoll, 25. August 1943.

28 Vgl. FA C-102, Protokoll zur Verwaltungsratssitzung vom 4. Juli 1921.

29 Vgl. FA C-102, Protokoll zur Verwaltungsratssitzung vom 4. Juli 1921.

30 Vgl. FA H-433.1, H-433.2, H-302.2, Stoll: Fabrikationsprogramm über Chlorophyll und Alkaloide für das erste halbe Jahr 1924. (29. Januar 1924).

Werbung für Felamin®, das erste Sandoz-Präparat, 1921

1.4. Weitere erfolgversprechende pharmazeutische Spezialitäten

Zu Beginn des Jahres 1921 wurde die erste Spezialität, das Felamin®, ein Mittel gegen Gallensteine, in den Handel gebracht[31]. Es handelte sich bei diesem Präparat um eine Mischung von natürlichen Gallensäuren und Hexamethylentetramin, das zur medikamentösen Behandlung von Gallensteinerkrankungen eingesetzt wurde. Die Gallensäuren wurden aus Rindergallen gewonnen, die von Schlachthöfen in Basel und Zürich bezogen wurden. Den natürlichen Gallensäuren wurde bei gleichbleibender Wirksamkeit von Boehringer Ingelheim bezogenes Acidum cholalicum purissimum zugesetzt, welches weniger als die Hälfte der natürlichen Gallensäuren kostete[32] und somit half, das Produkt kostengünstiger im Handel anzubieten[33]. Als nächste Neueinführung kam das erste Mutterkornpräparat, das Gynergen®, in den Handel, gefolgt von dem Expektorans und Sedativum Ipecopan®, das aus reinen Bestandteilen des Opiums und Ipecacuanhas im

31 Vgl. FA C-102, Verwaltungsratsprotokoll vom 4. Juli 1921.
32 Vgl. FA H-302.2, Stoll: Fabrikationsprogramm über Chlorophyll und Alkaloide für das erste halbe Jahr 1924. (29. Januar 1924).
33 Vgl. FA H-211.5, Felamin, 1919-21.

klinisch erprobten Mengenverhältnis in den galenischen Zubereitungsformen als Tabletten, Lösung oder Malzsirup zur Anwendung kam[34].

Im Jahre 1922, nachdem zuvor das Herstellungsverfahren einen patentrechtlichen Schutz erfahren hatte, wurde das erste reine Glykosid aus Scilla maritima, der Meerzwiebel, als Herzmittel mit dem Namen Scillaren® dem Arzt zur Verfügung gestellt. Diesem Scillaglykosid maß man in wissenschaftlichen Kreisen die gleiche Bedeutung wie den Mutterkornalkaloiden bei, weil es auf einem breiten Anwendungsgebiet eingesetzt werden konnte, besonders zur Dauertherapie bei chronischen Herzleiden. Deshalb versprach man sich von diesem Arzneimittel einen beachtlichen kommerziellen Erfolg. Das Scillaren-Sandoz® wurde in Tabletten, Tropflösung oder Ampullen angeboten [35].

In den darauffolgenden Jahren wollte man keine neuen Spezialitäten auf den Markt bringen. Aufgrund der bereits vorliegenden Arbeitsergebnisse wäre dies zwar ohne Anstrengung möglich gewesen, aber um die Werbungskosten der Pharmazeutischen Abteilung nicht allzu sehr zu erhöhen, sah man davon ab. Deshalb hatte man vor, die Zeit zu gründlicher chemischer, pharmakologischer oder bakteriologischer und klinischer Bearbeitung der wichtigsten Forschungsgebiete zu nutzen.

2. Das Auslandsgeschäft - eine Überlebensfrage

2.1. Grundlage der internationalen Ausrichtung

Infolge der Pariser Vorortverträge erhielten die Staatsgrenzen in Europa einen weiteren Zuwachs im Umfang von 20.000 km, wodurch eine Vielzahl neuer Zoll- und Handelsschranken zwischen Gebieten errichtet wurden, die bisher eine wirtschaftliche Einheit gebildet hatten. Weltweit schlossen sich die Grenzen für viele Produkte[36]. In Deutschland fiel der Anteil des Außenhandels am Volkseinkommen rapide ab[37]. Eine ähnliche Situation zeichnete sich in Großbritannien und Frankreich ab, auch wenn dieser Vorgang dort deutlich langsamer verlief. Mit dem sinkenden Anteil der europäischen Länder am Weltexport[38] setzte gleichzeitig der Aufstieg der überseeischen Industrieländer,

---

34 Vgl. FA H-211.7, Ipedrin, Ipecopan, 1925-53.

35 Vgl. FA H-211.12, Scillaren 1921-56, Handschriftliche Berichte und Vertragsnotizen Prof. Stoll.

36 Vgl. Landes (1973), 333 f.

37 Anteil des Außenhandels am Volkseinkommen in Deutschland = 1910 - 1913 = 33,6 %; 1925 -1928 = 29,5 %; 1935 - 1938 = 12,3 %.

38 Anteil Europas am Welthandelsumsatz: 1913 = 61,2 %; 1929 = 53,2 %.

vornehmlich der USA und Japans, ein[39]. So waren die Nachkriegsjahre durch einen auf der ganzen Welt herrschenden außenwirtschaftlichen Protektionismus und wachsenden Nationalismus als vermeintlichem Selbstschutz vor ausländischen Handelsoffensiven gekennzeichnet.

Als Folge eines breiten internationalen Kapitalzustromes und umfangreicher Modernisierungsmaßnahmen, vor allem in der Maschinenbau- und der chemisch-pharmazeutischen Industrie, erlebte die Schweiz im Zeitraum von 1920 bis 1925 einen raschen Konjunkturaufschwung. Die Zahl der ausländischen Erwerbstätigen stieg ebenfalls deutlich an. Der Exportanteil des schweizerischen Bruttosozialproduktes lag Mitte der zwanziger Jahre ungefähr bei 22 %[40].

Bis Ende 1921 setzte die Sandoz Pharmazeutika fast ausschließlich auf dem Schweizer Markt ab. Durch die uneingeschränkte Einfuhr fremder pharmazeutischer Produkte, vorwiegend aus dem untervalutarischen Ausland, erfuhren die zahlreichen Produkte aus der schweizerischen Fertigung starke Konkurrenz. Schon zu jener Zeit war die Einführung neuer Präparate in der Schweiz durch die Krankenkassen wesentlich erschwert. Etwa 75 % der Bevölkerung in Basel war Mitglied in Krankenkassen, welche pharmazeutische Spezialitäten erst in ihre Arzneimittelliste aufnahmen, wenn sich diese in der Therapie etliche Jahre bewährt hatten und in billigen Packungen im Handel verfügbar waren. Ungünstig wirkte sich aus, daß eine stattliche Anzahl von Kriegsgewinnlern ihre finanziellen Mittel zur Gründung von Produktionsstätten von mehr oder weniger seriösen Pharmazeutika verwendet hatten und den zuvor gut gehenden Spezialitätenhandel verdarben. Daher ging man in einigen Ländern von staatlicher und ärztlicher Seite dazu über, Arzneimittelprüfstellen einzurichten, um der Flut unwirksamer, pseudopharmazeutischer Präparate besser entgegenzutreten.

Der in der Schweiz erzielte Absatz war natürlich für die Existenz der Pharmazeutischen Abteilung nicht ausreichend, so daß das Auslandsgeschäft zu einer Überlebensfrage wurde. Deshalb wandte sich die Sandoz in den folgenden Jahren stärker dem für pharmazeutische Spezialitäten aufnahmefähigen Ausland zu. Zielstrebig schritt der Ausbau der Pharmazeutischen Abteilung fort. In England, Deutschland, Italien und Spanien waren Ende 1921 bereits Vertriebsorganisationen für pharmazeutische Produkte gegründet worden; mit Frankreich waren Verhandlungen im Gange[41].

Um größere Kosten zu vermeiden, wurden die vorhandenen Einrichtungen der bestehenden Farbstoffvertretungen in Paris, Bradford und Mailand beansprucht und ergänzt. Wo Sandoz keine Farbstoffvertretungen unterhielt, wurde die Leitung der wissenschaftli-

39 Vgl. Ploetz (1984), 413 f.

40 Vgl. Ploetz (1989), 201.

41 Vgl. FA C-102, Verwaltungsratsprotokoll vom 2. Dezember 1921.

chen Marktbearbeitung zum Teil einheimischen Fachleuten wie Ärzten oder Apothekern übertragen, welche anhand genauer Anweisungen der Basler Zentrale den Ausbau des nötigen Verwaltungapparates besorgten. Mit dem eigentlichen Vertrieb, also Versand und Inkasso, wurden gut eingeführte Spezialitäten-Großhandelsfirmen beauftragt. Dem Nachteil, daß diese sich nicht ausschließlich mit dem Vertrieb der eigenen Präparate befaßten, stand der Vorteil gegenüber, daß keine Kapitalinvestition nötig war, da diese Art der Abwicklung eine Arbeit auf Rabattbasis einschloß. Deshalb erlaubte diese Vorgehensweise eine Bearbeitung vieler Länder mit einem recht bescheidenen Kapitaleinsatz und somit auch eine Verhinderung der Etablierung ausländischer Nachahmungsprodukte. Man sah darin weiterhin auch eine gute Möglichkeit, sich günstig lokale Geschäftserfahrungen anzueignen, die sich durch systematische Besuche der Verkaufsstellen vertiefen ließen. Die Vertragsgestaltung mit den Großhandelsfirmen in den einzelnen Ländern berücksichtigte die Möglichkeit einer kurzfristigen Änderung der bestehenden Verhältnisse, so daß diese Länder im Bedarfsfalle recht schnell von einer eigenen eventuell neu gegründeten Tochtergesellschaft bearbeitet werden konnten.

Für Italien wurde eine kleine unter der Leitung eines Arztes stehende Werbeabteilung für pharmazeutische Spezialitäten an die dort bereits bestehende Farbstoffvertriebsorganisation angegliedert. Sie sollte ihre Arbeit zu Beginn des Jahres 1922 mit der Einführung von Gynergen® aufnehmen. Ebenso ging man in Spanien vor, wo ein Vertrauensmann und ein Großist in Madrid die Einführung besorgten und die Marktbearbeitung vom Stammhaus in Basel aus geleitet wurde. In England wurden Felamin®, Ipecopan® und Gynergen®, dort allerdings unter dem Namen Femergin®, durch die im Jahre 1911 in Bradford gegründete erste Tochtergesellschaft des Sandoz-Konzerns unter Zuhilfenahme eines Reisenden, der die Londoner Ärzte besuchte, eingeführt. Die englische Ärzteschaft galt zu jener Zeit als sehr konservativ, da sie nur schwer zur Mitarbeit an wissenschaftlichen Studien zu neuen Präparaten mit anschließenden Veröffentlichungen zu bewegen war. Man war sich auch bewußt, daß die wissenschaftliche Spezialitäteneinführung in England bei den damals herrschenden hohen Preisen für Inserate einen längeren Zeitraum benötigen würde.

Das für Spezialitäten nach Ansicht von Stoll günstigste Abnehmerland Frankreich setzte der Einfuhr vollständig abgepackter Präparate unüberwindbare Schranken entgegen. Das französische Gesetz sah vor, daß die Ware unter Aufsicht eines französischen Apothekers

I. Klasse[42] im Land selbst dosiert und abgepackt werden mußte. Außerdem sollte die Ware in bezug auf Aufmachung und Herkunft absolut französisch aussehen, um das empfindliche französische Nationalgefühl nicht zu verletzen[43]. Deshalb wurde die günstige Gelegenheit eines Ankaufs der Geigerschen Fabrik in St. Louis ausgenützt, um dort für Frankreich die Ware zu konditionieren und abzupacken. Später wurden auch Spanien und Südamerika, die mit Frankreich in enger Verbindung standen, von hier aus mit Medikamenten versorgt. Unter Mithilfe der mit Sandoz in einem Vertragsverhältnis stehenden "Usines des Pharmaciens de France" mit Sitz in Paris sollten die Spezialitäten durch die eigene, schon entsprechend ausgebaute Farbstoffagentur von Paris aus propagiert und vertrieben werden. Dem französischen Betrieb wurde die Belieferung vor allem von Frankreich, Belgien, Spanien, Rumänien, dem Nahen Osten sowie aufgrund der französischen medizinisch-wissenschaftlichen Beziehungen auch Südamerika zugewiesen.

2.2. Erste pharmazeutische Produktionsstätte in Deutschland

Trotz der schlechten Währungsverhältnisse in Deutschland und der Gewißheit, dort in nächster Zeit keine großen Gewinne in Schweizer Franken realisieren zu können, erschien eine Ausdehnung auf den deutschen Markt sehr lohnenswert. Die deutschen Universitätskliniken leisteten eine gründliche und durch ihre Untersuchungen und Publikationen in chemisch-pharmazeutischer Richtung sehr fortschrittliche und wertvolle Arbeit. Dies wiederum stellte eine nützliche Vorarbeit für eine später geplante Einführung neuer Spezialitäten in solchen Ländern dar, die mit Deutschland in enger wissenschaftlicher Zusammenarbeit standen, was damals vor allem für die östlichen Staaten und Japan zutraf. Da man der beachtlichen deutschen Konkurrenz diesen Absatzmarkt nicht überlassen wollte, traf man den Entschluß zur Errichtung der ersten pharmazeutischen Produktionsstätte im Ausland. Auch dem Absatz von Sandoz-Produkten in anderen Staa-

42 In Frankreich und Deutschland gab es die Unterteilung der Apothekerschaft in Apotheker I. und II. Klasse. Unter König Friedrich Wilhelm I. von Preußen (* 1688 Berlin, + 1740 Potsdam) wurde im Medizinaledikt von 1725 festgelegt, daß die Provinzen eigene Medizinalbehörden, die Collegia medica, erhielten. Das bereits zuvor von seinem Großvater, Kurfürst Friedrich Wilhelm I. von Brandenburg, gegründete Collegium medicum in Berlin wurde die höchste Medizinalbehörde im damaligen Preußen. Dort konnte der Apotheker nach einer wissenschaftlichen Ausbildung eine Approbation als Apotheker I. Klasse erlangen, die Voraussetzung für eine Niederlassung in größeren Städten des Königreichs war. Die Provinz-Collegii medici examinierten zu Apothekern II. Klasse, denen die Niederlassung außerhalb der größeren Städte erlaubt war. Die Zweiteilung der Apothekerschaft wurde bis 1859 aufrecht erhalten.

43 Vgl. FA H-120.5, A. Stoll, Ueber die Entwicklung der pharmazeutischen Abteilung der Chemischen Fabrik vorm. Sandoz in Basel. 20. Mai 1922.

ten hätte das Nichtbeachten des deutschen Marktes Schaden zugefügt. Somit versorgte man, ermöglicht durch die billige und einfache Produktion in der Nürnberger Vertretung, zusätzlich zum deutschen Arzneimittelmarkt auch noch Rußland, die Balkanstaaten und die Tschechoslowakei. Dort wurde als erstes Präparat das Felamin® am internationalen Gallensteinzentrum in Karlsbad-Marienbad eingeführt. Deutschland bildete eine Ausnahme gegenüber den anderen Ländern, in denen die Firma Sandoz vertreten war, da die Fabrikation, der wissenschaftliche Außendienst und der Vertrieb an einer Stelle vereinigt waren[44].

Durch diese Art der Verteilung, dem Beginn der internationalen Arbeitsteilung bei Sandoz, war eine billigere Arbeitsweise möglich. Desweiteren konnte man den jeweiligen Verhältnissen entsprechend die Produktion von einer Stelle zur anderen umlagern, was zur Verringerung der Transportspesen und der Zollabgaben führte, aber auch die umständlichen Ein- und Ausfuhrformalitäten vereinfachte. Gleichzeitig konnte auf diese Weise der in einzelnen Ländern vorherrschenden nationalen Empfindlichkeit entgegengetreten werden, indem Sandoz die ausländische Herkunft nicht betonte.

Trotz der Bestrebungen zur Internationalisierung sollte die Herstellung der Reinsubstanzen, wie Alkaloide und Glykoside, nach patentierten Verfahren möglichst lange dem Basler Werk vorbehalten bleiben. Die für die Fabrikation von verkaufsfertigen Spezialitäten erforderlichen wirksamen Substanzen sollten in reiner, konzentriertester Form in Basel erfolgen und danach von dort aus in die einzelnen Staaten geliefert werden. Die Basler Fabrikationsstätte sollte aber auch weiterhin für die Belieferung der Schweiz, England, Holland, Italien und später den überseeischen Ländern mit Ausnahme von Südamerika zuständig sein.

Im Jahr 1923 folgte die Markteinführung von Bellafolin® und Insulin-Sandoz®. Mit dem Belladonna-Reinpräparat Bellafolin® hoffte man, an der zu dieser Zeit aufgekommenen Atropin- und Belladonna-Behandlung in der inneren Medizin zu partizipieren[45]. Stoll verkündete: "Trotz der großen Anwendung von Belladonna hat ein zuverlässiges reines Präparat, wie es im Bellafolin nun vorliegt, im Arzneischatz bisher noch gefehlt. Das Präparat ist sehr wirksam, die einfache Dosis beträgt nur 1/4 mg, der Herstellungspreis ist daher niedrig, die Kalkulation gestaltet sich günstig"[46].

Nachdem die amerikanischen Insulinerfolge bei Diabetes mellitus bekannt geworden waren, hielt es Stoll aus Prestigegründen für nötig, ein eigenes Insulinpräparat herzustellen, das dem amerikanischen in Reinheit und Wirkung zumindest ebenbürtig war. Die

44 Vgl. FA H-211.5, Felamin, 1919-21.

45 Vgl. FA H-211.1, Belladonna, Bellafolin, 1923.

46 Vgl. FA C-102, Stoll, Kurze Mitteilung über die Entwicklung der Pharmaz. Abteilung der Chemischen Fabrik vormals Sandoz zu Händen des Verwaltungsrates der Gesellschaft, vorgetragen von Prof. Stoll in der Sitzung vom 18. Dezember 1923.

Produktion fiel allerdings wegen des geringen Anfalles von Pankreasdrüsen aus dem Basler Schlachthof eher bescheiden aus[47].

Ende 1923 war eine der Zielsetzungen der Pharmazeutischen Abteilung die Vergrößerung der Spezialitätenpalette ohne größere Erhöhung der Organisationskosten, um bessere Umsätze erzielen zu können.

Nach Ablauf des Geschäftsjahres 1924 wies die Pharmazeutische Abteilung trotz der hohen Aufwendungen, die für das pharmakologische und chemische Laboratorium zu begleichen waren, einen Gewinn von 27.000 Franken auf. Damit konnte diese Abteilung zum ersten Mal seit ihrer Gründung für die eigenen Kosten aufkommen[48].

2.3. Einführung weiterer Spezialitäten auf den internationalen Märkten

Im Jahr 1924 wurde das Lobelin-Sandoz® der Ärzteschaft vorgestellt. Dieses Arzneimittel enthielt natürliches, kristallisiertes L-Lobelinhydrochlorid, das Hauptalkaloid der Lobelia inflata (L), welches 1921 erstmals in den Sandoz-Laboratorien gewonnen wurde. In den Handel kam es als Lobelin® "stark" in einer Dosierung von 10 mg, erkenntlich durch ein rotes Etikett sowie als Lobelin® "schwach" mit 3 mg und weißem Etikett. Es wurde als sogenanntes "Atemanalgetikum" und gegen Allergien eingesetzt. Weiterhin wurde das Lobelin® als diagnostisches Hilfsmittel zur Bestimmung der Blutumlaufzeit genutzt[49].

Durch den damals in Mitteleuropa stark verbreiteten Gebrauch von Knoblauch dank der Laienpropaganda von Naturheilkundigen entwickelte sich das Knoblauchpräparat Allisatin® recht rasch. Als Indikationsgebiet des im Jahre 1925 eingeführten Produkts wurden Verdauungsstörungen und arteriosklerotische Beschwerden genannt. Selbst Albert Schweitzer war von der guten Wirkung des Allisatin® in den Tropen so begeistert, daß er dies Stoll in einem längeren Brief mitteilte. Allerdings war dieses Produkt trotz der erzielten Umsatzsteigerungen nicht unproblematisch. 1932 berichtete Stoll, daß die Abwehrmaßnahmen in Patent- und Markenrechtsfragen große Anstrengungen erforderten. Aber nicht nur beim Allisatin® war die Sandoz mit dem Problem der Nachahmerprodukte konfrontiert[50].

Das Calcium-Sandoz®, das 1927 auf dem Markt lanciert wurde und das in den folgenden Jahren zum umsatzstärksten Arzneimittel des Unternehmens wurde, blieb von den

---

47 Vgl. FA H-211.6, Insulin, Protamin-Insulin, 1923-50, 1974.
48 Vgl. FA C-102, Verwaltungsratsprotokoll vom 30. April 1925.
49 Vgl. FA H-211.7, Lobelin / Lobelia, 1923-55.
50 Vgl. FA H-211.1, Allisatin, Alliumpräparate, 1924-49.

Problemen mit Nachahmern nicht verschont. Der Inhaltsstoff Calciumgluconat war schon seit Jahrzehnten bekannt. Jedoch war die medizinische Verwendung des Präparates an ein billigeres Produktionsverfahren gebunden, das Sandoz zusammen mit der Herstellung einer Injektionslösung schützen ließ. Natürlich erkannten auch die Konkurrenzfirmen schnell die große Bedeutung des Calcium-Sandoz®. In Italien, in dem man keine pharmazeutischen Verfahren patentieren konnte, existierten 1932 mehr als dreißig Nachahmungen, teilweise sogar von sehr namhaften Unternehmen. Trotzdem war Italien 1932 das beste Absatzgebiet für Calcium-Sandoz®. Das Vertrauen der italienischen Ärzte in das Herstellungsverfahren dieses Sandoz-Originalproduktes drückte sich im monatlichen Verbrauch von 100.000 Ampullen zu 2, 5 und 10 ml aus. In Italien wurde zu Beginn des Jahres 1934 der Zoll auf Calcium-Sandoz®-Pulver erhöht. Dieser betrug ein Vielfaches des Einstandspreises und machte eine weitere Einfuhr unrentabel. Um trotzdem den Verkauf von Calcium-Sandoz®-Sirup und Calcium-Sandoz®-Pulver in Italien nicht einstellen zu müssen und somit durch die weitere Marktpräsenz die Patienten mit diesen Präparaten versorgen zu können, begann Sandoz auf Antrag von Stoll in Mailand mit dem Bau einer einfachen Einrichtung zur Herstellung von Calciumgluconat.

Mit Sandoptal®, einem Barbitursäurederivat, betrat Sandoz 1927 erstmals das Gebiet der synthetischen Arzneimittel. Trotz hoher Wirksamkeit konnte es sich in der Folgezeit nicht richtig durchsetzen. Neben dem von Merck und Bayer unter dem gemeinsamen Warenzeichen Veronal® vertriebenen Barbitursäurederivat[51], das schon 1903 von Emil Fischer dargestellt und von Joseph von Mering[52] als Hypnotikum geprüft worden war, waren zahlreiche weitere Barbiturate, wie auch das ebenfalls von Merck und Bayer gut eingeführte Luminal®[53], eine Erfindung von Heinrich Hörlein[54] um 1912, seit längerem im Handel, weshalb es sich recht schwierig gestaltete, gegen diese etablierten Mitbewerber Fuß zu fassen[55].

Mehr Glück hatte man im selben Jahr mit der Bereitung eines Kombinationspräparates aus Sandoptal®, Pyramidon und Koffein, dem Optalidon®. Trotz der hier ebenfalls schon auf dem Markt vorhandenen großen Zahl an umsatzstarken Schmerzmitteln, wenn auch nicht von derselben Zusammensetzung, konnten mit diesem Medikament besonders bei Zahnärzten große Erfolge erzielt werden[56].

---

51 Diethylbarbitursäure.

52 Mering, Joseph von, Dr.; * 1849, + 1908. Pharmakologe und Kliniker, ab 1890 in der Leitung der Poliklinik in Halle.

53 Phenobarbital.

54 Hörlein, Heinrich, Dr.; deutscher Chemiker, * 1882, + 1958, Professor der Chemie, Vorstandsmitglied der Bayer AG, Leverkusen.

55 Vgl. FA H-205.15, Veronal / Luminal.

56 Vgl. FA H-211.11, Optalidon / Sandoptal, 1927-54.

Das in der zeitlichen Abfolge folgende Präparat war der 1929 entwickelte Panthesin®-Balsam, eine anästhesierende und entzündungshemmende Salbe gegen Rheumatismus und Sonnenbrand, zu deren Entwicklung Karl Spiro[57] die Anregung gab[58].

Sandoz Firmenareal 1930

57 Spiro, Karl, Dr.; Schweizer Pharmakologe, Professor am Bürgerspital Basel, von 1920 bis 1937 Konsulententätigkeit für Sandoz.

58 Vgl. FA H-211.8, Panthesin Salbe / Supracain, 1925-47, 1950-52.

IV. VON 1929 BIS 1949

1. Auswirkungen der Weltwirtschaftskrise

1.1. Die Weltwirtschaftskrise und der Zusammenbruch des internationalen Wirtschaftssystems

Das dritte Jahrzehnt des 20. Jahrhunderts fand am 25. Oktober 1929 durch den "Schwarzen Freitag" an der New Yorker Börse einen dramatischen Abschluß, der die Weltwirtschaftskrise einleitete. Der Verlauf sowie die wirtschaftlichen, sozialen und politischen Folgen der Weltwirtschaftskrise prägten nachhaltig das folgende Jahrzehnt von 1929 bis 1939.

Im Zuge der Weltwirtschaftskrise erreichten die Bankenzusammenbrüche 1931 ihren internationalen Höhepunkt[1]. Am 21. September 1931 löste die Bank von England das Pfund Sterling vom Goldstandard. Dies bedeutete das Ende der Epoche einer liberalen Finanzpolitik, die von der Londoner City bis dahin wesentlich mitgestaltet worden war. Als Reaktion wurde eine Welle von Währungsabwertungen eingeleitet. Als am 19. April 1933 die USA die Aufgabe des Goldstandards verkündeten, zerfielen die weltumfassenden Währungs- und Wirtschaftssysteme vollständig in mehrere, nur noch wenig miteinander verknüpfte Subsysteme. Eine Unterteilung erfolgte von nun an in die Vereinigten Staaten mit Kanada und einigen südamerikanischen Ländern, die Sowjetunion als isoliertes System, die Sterling-Zone mit ihrem System der Präferenzzölle und in den Yen-Block, der durch die militärische Expansion Japans[2] in China erzwungen wurde. Ein zusätzliches Subsystem bildeten die Länder des ehemaligen Goldblocks, der unter der Führung von Frankreich stand. Der Goldblock scheiterte im Jahre 1935, da Frankreich Devisenkontrollen einführte und Belgien bereits zuvor seine Währung um 28 % abgewertet hatte. Schließlich strebten faschistische Regime in Europa unter weitgehender Ignorierung der Regeln des internationalen Verkehrs jeweils eine eigene binnenwirtschaftliche Lösung an. Die Schwierigkeiten der internationalen Wirtschaft blieben bis Kriegsbeginn bestehen.

---

1 11. Mai 1931: Zusammenbruch der Österreichischen Creditanstalt; 13. Juli 1931: Zusammenbruch der Darmstädter und Nationalbank.

2 Japan fiel am 18. Februar 1931 in die Mandschurei ein und gründete dort einen wirtschaftlichen und politisch abhängigen Vasallenstaat namens Mandschuko. 1937 begann der japanisch-chinesische Krieg.

Die schwierige wirtschaftliche Lage hatte im Jahre 1929 noch keinen Einfluß auf den Schweizer Binnenmarkt. Gerade die Industrien, im speziellen die Maschinenbau- und die chemisch-pharmazeutische Industrie, die während der Zwanziger Jahre das größte Wachstum aufgewiesen hatten, waren von der Krise am wenigsten betroffen. Die schweizerische Wirtschaft bekam die Auswirkungen dieser Krise erst 1931 und vor allem 1932 zu spüren, also mit einer Verspätung von etlichen Monaten gegenüber den meisten anderen Industriestaaten[3]. Doch die junge Pharmazeutische Abteilung der Sandoz bewies eine außergewöhnliche Widerstandskraft. Hatte sich das Geschäft mit pharmazeutischen Spezialitäten von 1929 bis 1931 sehr zufriedenstellend entwickelt, so ergab sich nach dem zweiten Quartal 1932 ein Rückgang des Umsatzes um 0,4 % gegenüber dem Vorjahr. Hierfür ausschlaggebend waren notwendig gewordene Preissenkungen und Schwierigkeiten im internationalen Verkehr, die auf eine abnehmende Kaufkraft zurückgingen. Nachdem Stoll diese Situation gegen Ende 1932 erkannt hatte, leitete er Sparmaßnahmen vorwiegend auf den Gebieten der Werbung und Beratung ein, um einer weiteren Abwärtsentwicklung entgegenzutreten. Nach dem dritten Quartal konnte er dort Einsparungen in Höhe von 110.000 Schweizer Franken gegenüber den budgetierten Ausgaben vorweisen. Schließlich stagnierte der Jahresumsatz 1932 bei 7.096.000 Franken mit 100.000 Franken entsprechend 1,5 % über dem Vorjahresniveau. So waren die Sparmaßnahmen dafür verantwortlich, daß der Reingewinn des Spezialitätengeschäftes keine Verminderung erlitt. Die Anzahl verkaufter Packungen konnte dagegen auf 3.511.000 im Vergleich zu 3.229.000 im Jahr 1931 gesteigert werden, was einer Zunahme von 8,7 % entsprach. Allerdings betrug der Kursverlust 1932 etwa 300.000 Franken[4]. Die Auswirkungen der Weltwirtschaftskrise waren für Sandoz somit eher geringfügig.

Die Filialen in Frankreich und Brasilien konnten trotz der Weltwirtschaftskrise ein geringes Wachstum aufweisen. Die Umsatzeinbußen hingegen entfielen im wesentlichen auf Deutschland und die Tschechoslowakei[5].

Hauptsächlich bei Ipecopan® (verursacht durch ein verschärftes Betäubungsmittelgesetz), Felamin®, Scillaren® und Gynergen® war ein Rückgang der Verkäufe zu verzeichnen. Hingegen konnten sich Calcium®, Allisatin®, Belladenal® und Optalidon® gegenüber dem vorangegangenen Jahr im Verkauf verbessern[6].

---

3 Vgl. Bergier (1990), 271 f.
4 Vgl. FA C-102, Verwaltungsratsprotokoll vom 2. Juni 1933.
5 Vgl. FA C-102, Verwaltungsratsprotokoll vom 11. April 1933.
6 Vgl. FA C-102, Verwaltungsratsprotokoll vom 6. September 1932.

Aus der Tatsache, daß die neueren Produkte einen erhöhten Absatz aufwiesen, zog Stoll den Schluß, daß zur Aufrechterhaltung und zur kontinuierlichen Steigerung des Geschäftsganges neue Spezialitäten unbedingt erforderlich waren. Diesem Marktbedürfnis tat er 1933 zunächst mit der Einführung des Calcibronat® Genüge. Das Sedativum bestand aus einer Kombination von Calcium und Brom. Bereits 1935 konnte dieses Kombinationspräparat Verkaufserlöse von 500.000 Franken für sich verbuchen. Als zweites 1933 eingeführtes Präparat wurde das Digilanid®, ein Digitalispräparat, der Ärzteschaft zur Verfügung gestellt. Auch diese Neueinführung erreichte 1935 bereits ein Verkaufsergebnis von 257.000 Franken. Gerne hätte Stoll noch weitere Präparate in diesem Jahr auf den Markt gebracht. Vor dem Verwaltungsrat äußerte er sich dahingehend: "Das Tempo der Einführung wird nicht durch die chemischen Erfindungen bestimmt, sondern durch die Möglichkeit der Einführung durch den bestehenden Propagandaapparat"[7]. 1934 wurden Bellergal® und Chinin-Calcium-Sandoz® auf dem Markt lanciert. Bellergal® konnte bereits ein Jahr später einen Umsatz von 553.000 Franken aufweisen. Dieser Betrag konnte ansonsten erst nach einer vier- bis sechsjährigen Produktwerbung erzielt werden[8].

Im Spätherbst des Jahres 1935 erfolgte bereits die nächste Markteinführung, nämlich die des Raphabil®. Ein Dragée dieses Medikamentes enthielt die Wirkstoffe des ausgepreßten Saftes von fünf Gramm Raphanus sativus niger, also des Rettichs, und als eine die Cholerese spezifisch unterstützende Substanz wurden 0.15 g Dehydrocholsäure zugesetzt. Als Indikationen wurden schwacher Gallenfluß, Neigung zur Bildung von Gallensteinen, Erschwerung der Fettverdauung, Spannungs-, Völlegefühl und Verstopfung genannt. Somit bildete das Raphabil® eine ideale Ergänzung zum bereits seit Jahren erfolgreich eingeführten Felamin®.

In der folgenden Zeit entwickelten sich die sinkenden Valuten zu einem ernsthaften Problem. Oft war es unmöglich, diese durch Preiserhöhungen auszugleichen. In den USA war im dritten Quartal 1934 ein Umsatzrückgang in Schweizer Franken von 27,6 % zu verzeichnen, während dies in Dollar einer Zunahme von 26,4 % entsprach. Aber neben den Währungsschwierigkeiten traten noch andere Restriktionen und Hemmnisse im internationalen Geschäft auf. In der Tschechoslowakei war die Abnahme des Umsatzes durch behördliche Einschränkungen zugunsten einheimischer Produkte bedingt.

Auch die Entwicklung der deutschen Handelspolitik und der Devisenbestimmungen beinhaltete eine weitere Drosselung des Exportes auf den für die Sandoz bedeutendsten Markt an Pharmazeutika.

7 Vgl. FA C-102, Verwaltungsratsprotokoll vom 2. Juni 1933.
8 Vgl. FA C-102, Verwaltungsratsprotokoll vom 25. März 1936.

1.2. Ungebrochener Umsatz trotz der Krisenjahre

Trotz diesen ungünstigen Rahmenbedingungen, die zu einem rückläufigen Umsatz im Pharmabereich bei der Firma CIBA führten[9], gelang Sandoz 1934 eine erhebliche Steigerung des Absatzes an pharmazeutischen Spezialitäten gegenüber dem Vorjahr um 14 %[10]. Aber auch in den darauffolgenden Jahren entwickelte sich der Spezialitätenverkauf weiterhin positiv.

Die konsequente Vorgehensweise der kontinuierlichen Einführung neuer Präparate und deren intensive Marktbearbeitung blieben natürlich trotz widriger Bedingungen nicht ohne Einfluß auf die Ertragskraft der Pharmazeutischen Abteilung. 1935 konnte eine erneute Steigerung gegenüber dem Vorjahr um 22,5 % verzeichnet werden. Stolz über die positive Entwicklung der Pharmazeutischen Abteilung spiegelt sich im damaligen Verwaltungsratsprotokoll wider, in dem folgender Vergleich[11] mit der Kollegialfirma CIBA angestellt wird: "Unser heutiges pharmazeutisches Geschäft stellt bereits 55 % des CIBA-Geschäfts dar"[12].

Eine Abwertung des Schweizer Frankens um 30 %, die der Bund ungeachtet der Opposition der schweizerischen Nationalbank anordnete[13], stimulierte zwar den Export, konnte aber den weiteren Währungsverfall in gewissen Ländern schwerlich ausgleichen.

Trotz den auf dem deutschen Markt herrschenden Kontingentierungsschwierigkeiten, die eine die Abwertung der deutschen Währung ausgleichende Preiserhöhung für Basler Lieferungen nach Nürnberg nicht erlaubten, verlief die Gesamtentwicklung des Verkaufs von pharmazeutischen Spezialitäten dort sehr zufriedenstellend. Deutschland entfaltete sich mit rund 30 % Anteil am Gesamtumsatz zum wichtigsten Abnehmer für Pharmazeutika; der Handel in diesem Land wies eine Umsatzsteigerung von 3,9 Millionen Franken auf 5,8 Millionen Franken entsprechend 47,7 % im Jahr 1937 auf[14].

Auch im darauffolgenden Jahr konnte der Umsatz an pharmazeutischen Spezialitäten gegenüber 1937 um 13,5 % gesteigert werden und erreichte ungefähr die Hälfte des Farbenumsatzes, während alle anderen Geschäftsfelder der Sandoz Umsatzeinbußen erlitten. Das Verwaltungsratsprotokoll honoriert diesen Umstand mit den Worten: "Die erfreuliche Krisenfestigkeit der pharmazeutischen Abteilung kommt uns in dieser schwierigen

---

9 Der Pharmaumsatz der CIBA belief sich 1934 auf 18,3 Millionen Schweizer Franken. Im Vorjahr erzielte die CIBA 18,7 Millionen Schweizer Franken.

10 Vgl. FA C-102, Verwaltungsratssitzung vom 11. April 1935.

11 Der Pharmaumsatz der CIBA belief sich 1935 auf 20,7 Millionen Schweizer Franken.

12 Vgl. FA C-102, Verwaltungsratsprotokoll vom 25. März 1936.

13 Vgl. SBG (1987), 174; Ploetz (1989), 202.

14 Vgl. FA C-102, Verwaltungsratsprotokoll vom 22. März 1938.

Situation sehr zustatten"[15]. In den nachfolgenden Jahren sind ähnliche Formulierungen immer wieder in den Niederschriften zu den Verwaltungsratssitzungen enthalten. Auch erwähnt das Verwaltungsratsprotokoll erneut:"... ist unser pharmazeutisches Geschäft viel bedeutender als jenes der Ciba und wir weisen 1938 2/3 des Ciba-Umsatzes[16] auf"[17].

1938 entfiel allein die Hälfte der Umsatzerhöhung an pharmazeutischen Produkten auf Deutschland. In Nürnberg wurde ein Ergebnis von 4.173.000 Reichsmark erzielt. Allerdings bereitete die Versorgung der Nürnberger Filiale Schwierigkeiten, da die Einfuhrmöglichkeiten angesichts der Absatzsteigerung in Deutschland beschränkt waren.

2. Europäische Kriegsjahre

2.1. Präventivmaßnahmen

Nicht nur die Versorgungslage von Deutschland, dem nach wie vor weitaus größten Abnehmerland für pharmazeutische Spezialitäten, sondern auch die damit einhergehende Abhängigkeit des Geschäftsganges von der weiteren Entwicklung in diesem Nachbarland, beunruhigte die Firmenleitung in Basel. Deshalb wurden für den Fall einer deutschen Krise besondere Anstrengungen in Nord-, Mittel- und Südamerika, in Indien und anderen Ländern seit 1938 unternommen, um mit einer Verbreiterung der Absatzbasis einen eventuellen Wegfall des deutschen Marktes auffangen zu können. Unterstützung fand diese Strategie 1938 durch die Einführung von drei neuen Präparaten: Dem Strophosid®, Cedilanid® und Ipedrin®-Sirup.

15 Vgl. FA C-102, Verwaltungsratsprotokoll vom 5. Juli 1938.

16 Der Umsatz an Pharmazeutika erreichte bei der CIBA 1938 die Summe von 32,7 Millionen Schweizer Franken. Vgl. FA C-102, Verwaltungsratsprotokoll vom 24. März 1939.

17 Vgl. FA C-102, Verwaltungsratsprotokoll vom 24. März 1939.

In der Folgezeit befaßte sich die Geschäftsleitung der ab März 1939 in "Sandoz A.G."[18] umbenannten Firma immer intensiver mit der drohenden Kriegsgefahr in Europa und traf vorbereitende Maßnahmen für den Krisenfall, die anläßlich der Verwaltungsratssitzung am 20. April 1939 dort besprochen wurden. Es wurde beschlossen, daß zu den in London bereits hinterlegten zwei Millionen Goldfranken eine weitere Million Golddollar nach Kanada geschafft werden sollte, um im Kriegsfall die Aufrechterhaltung der auswärtigen Fabrikationsstätten gewährleisten zu können. Schon zuvor war man übereingekommen, sämtliche firmeneigene Verfahren in den Safes einer Bank in Fribourg zu deponieren, so daß gegebenenfalls die in Basel liegenden Exemplare verbrannt werden konnten.

Stoll bemerkte in dieser Sitzung, daß die Pharmazeutische Abteilung im Krisenfall noch ungünstiger dastehen würde als die anderen Abteilungen. Denn bisher war es Firmenpolitik der Sandoz gewesen, möglichst lange in Basel zu fabrizieren und eine Verlagerung der Fabrikationen nur in absolut notwendigen Fällen vorzunehmen. Aus diesem Grund besaß die Pharmazeutische Abteilung bis dahin nur wenige im Ausland gelegene Produktionsbetriebe[19].

Die Sandoz hielt daher verstärkt Umschau nach neuen Produktionsmöglichkeiten und Standorten. Die Schweiz war nicht direkt am Krieg beteiligt, so daß ihre Produktionsanlagen nicht zerstört wurden und die wirtschaftlichen Strukturen relativ intakt blieben. Andererseits wurde ihre Wirtschaft stark beeinflußt, da der Zugang zu den Rohstoff- und Absatzmärkten durch die Lage inmitten des Kriegsschauplatzes Europa stark behindert war und infolge der schwerwiegenden Versorgungsmängel kriegswirtschaftliche Eingriffe nötig wurden[20].

---

18 Der Artikel 2 der Schluss- und Übergangsbestimmungen zum schweizerischen Obligationenrecht vom 16. Dezember 1936 schrieb den Aktiengesellschaften vor, ihre Statuten, soweit sie den neuen gesetzlichen Bestimmungen nicht entsprachen, binnen einer Frist von fünf Jahren dem neuen Recht anzupassen. Während dieser Frist unterstanden sie noch dem bisherigen Recht, soweit ihre Statuten dem neuen Recht widersprachen; dies galt aber nur, sofern dadurch keine zwingenden Bestimmungen des neuen Gesetzes berührt wurden. Diese zwingenden Bestimmungen sind mit Inkrafttreten des Gesetzes am 1. Juli 1937 wirksam geworden.
Im Rahmen der Angleichung der Sandoz-Statuten an das neue Recht begnügte man sich nicht mit einer blossen Anpassung, sondern benutzte die Gelegenheit, um Erleichterungen, die das neue Gesetz bot, auszunutzen und die Statuten, die letztmals 1928 revidiert worden waren, in allen Teilen den Bedürfnissen anzupassen.
Schon seit langem bestand der Wunsch zu einer Vereinfachung der Firmenbezeichnung. Im Wissen um den Bekanntheitsgrad der Gesellschaft erschien der Hinweis, daß es sich um ein Unternehmen der chemischen Branche handelt, nicht mehr nötig. Da andererseits das Obligationenrecht 950 die Aufnahme von Personennamen zuließ, sofern die Bezeichnung als Aktiengesellschaft beigefügt wird, war es gegeben, die Firma einfach "Sandoz A.G." zu benennen. Diese Namensänderung wurde mit den übrigen Statutenänderungen an der außerordentlichen Generalversammlung vom 24. März 1939 genehmigt.

19 Vgl. FA C-102, Verwaltungsratsprotokoll vom 24. April 1939.

20 Vgl. Siegenthaler (1987), 499 f.

2.2. Kriegsbedingte Auswirkungen

Die Umsatzverteilung bei den pharmazeutischen Produkten zeigte bei Kriegsbeginn, daß die alliierten Länder als Absatzmarkt mit 14 % beteiligt waren, das British Empire mit 8 % und Frankreich einschließlich Kolonien mit 6 %, während im großdeutschen Raum 39 % und in den neutralen Staaten[21] 47 % der Ware verkauft worden war[22].

Gleich zu Kriegsbeginn hatte die Firma in Fribourg eine Liegenschaft gekauft, um dort Ware für ungefähr einen Jahresbedarf einzulagern[23], da man damit rechnete, daß im Notfall eine Evakuierung[24] von Ware aus dem grenznahen Basel nicht mehr möglich sein würde. Der Verwaltungsrat[25] beschloß in Anwendung des schweizerischen Bundesratsbeschlusses vom 30. Oktober 1939 über die Sitzverlegung von juristischen Personen und Handelsgesellschaften in Kriegszeiten am 14. Februar 1940 auf schriftlichem Weg einstimmig, den Sitz der Gesellschaft nach Fribourg/Schweiz zu verlegen[26]. Der französische Produktionsbetrieb im grenznahen Elsaß wurde 1939 nach Orléans in eine von der Firma angekaufte, leerstehende Fabrik evakuiert, die noch speziell auf die großtechnischen Bedürfnisse umgebaut und eingerichtet werden mußte. Obwohl dieser Fabrikationsbetrieb als Dauereinrichtung auch nach dem Krieg gedacht war, kam wegen des Zeitmangels die Errichtung einer neuen Fabrikationsanlage nicht in Frage.

Aber nicht nur die Firmenleitung der Sandoz leitete Vorsorgemaßnahmen für einen möglicherweise bevorstehenden Kriegsfall ein, sondern auch die Schweizer Regierung. Diese verlangte 1939 von Sandoz vorerst die Einlagerung von pharmazeutischen Produkten im Wert von 360.000 Franken für den Militärbedarf in Flüelen. Man gab der Firma desweiteren zu verstehen, daß sie voraussichtlich Ware für mindestens einen Jahresbedarf nach der Innerschweiz zu bringen hätte.

Trotz dieser ungünstigen Rahmenbedingungen konnte die Pharmazeutische Abteilung 1939 eine Steigerung gegenüber dem Vorjahr um 17,6 % auf 23,8 Millionen Franken vorweisen.

Das Folgejahr 1940 brachte weltweit neue Handelshemmnisse. Autarkiebestrebungen in Spanien ließen es notwendig erscheinen, Pharmazeutika teilweise in diesem Land herzustellen. Da dort Produktionsstätten mit ausländischer Aktienmehrheit untersagt

21 Einschließlich der USA.
22 Vgl. FA C-102, Verwaltungsratsprotokoll vom 6. Oktober 1939.
23 Vgl. FA A-346.15, Lagerung in Fribourg (Jahresbedarf der Schweiz, 11.9.1939).
24 Vgl. FA A-346.3, Evakuierung Fribourg, 1939-40. Akten.
25 Vgl. FA C-102, Verwaltungsratsprotokoll vom 28. Mai 1940.
26 Vgl. FA A-346.30, Sitzverlegung nach Fribourg. Vgl. FA C-504.6, Handelsregistereintragungen. Sitzverlegung der Firma nach Fribourg. Korrespondenz 1939-1945.

waren, die nicht von Grund auf fabrizierten, sondern nur konfektionierten, plante man die Übernahme einer spanischen Fabrik.

1940 zeigten nun die kriegsbedingten Widrigkeiten und Restriktionen ihre Auswirkungen auf die Umsatzerlöse. Die Absatzzunahme in den Vereinigten Staaten wurde durch den Ausfall von Polen als Abnehmer zahlenmäßig ausgeglichen. Auch Ausfälle in Frankreich, Belgien, Rumänien und Britisch Indien sowie Umsatzrückgänge in England waren in jenem Jahr zu verzeichnen, denen beträchtliche Umsatzsteigerungen in Italien, Bulgarien, der Türkei und China gegenüberstanden. Daneben hatten aber auch die Märkte in USA, Kanada sowie Kolumbien, Peru und Mexiko eine Steigerung erfahren, während sie in Argentinien und Brasilien stagnierten. Somit zeigte die 1938 vorsorglich begonnene vermehrte Bearbeitung von Staaten des amerikanischen Kontinents und von Nichtkriegsgebieten zur eventuellen Kompensation von Umsatzausfällen bereits 1940 erste Auswirkungen. Da 1940 noch 50 % des Umsatzes an Pharmazeutika in Deutschland und Italien erbracht wurden, maß man weiterhin der Bearbeitung von Nichtkriegsgebieten erhöhte Bedeutung bei[27].

Während die Koronartherapeutika zu einer Steigerung des Gesamtumsatzes führten, waren die Erlöse der Calcium- und der Mutterkornpräparate gegenüber dem Vorjahresniveau rückläufig. Einen erhöhten Absatz der zur Mutterkorngruppe gehörenden Arzneimittel verhinderte der Rohmaterialmangel. Im speziellen war davon das Bellergal® betroffen. Durch propagandistische Vorbereitungen und grundlegende Versuche zur Erschließung neuer Indikationen versuchte man für Calcium-Sandoz® und Chinin-Calcium® neue Märkte zu erschließen. Ungünstig wirkte sich aus, daß die Verkaufspreise der pharmazeutischen Spezialitäten den erhöhten Einstandsaufwendungen bedingt durch die behördliche Regulierung nur mit Mühe folgen konnten. Ferner war der Neueinführung von Präparaten hinderlich, daß die Ärzte durch die Kriegsfolgen überlastet waren und aus diesem Grund für Neuerungen wenig Zeit fanden[28]. Deshalb wurde eine Reihe in den Sandoz-Laboratorien erfundener und entwickelter Präparate auf dem Weltmarkt noch nicht eingeführt. Man hoffte, daß diese Präparate nach dem Krieg wertvolle neue Positionen schaffen würden[29].

Allerdings war für die Umsatzabnahme von 2,5 % gegenüber dem Vorjahr auch mitbestimmend, daß wegen den 1939 erfolgten Angstkäufen die Umsätze in diesem Jahr zu Lasten des darauffolgenden abnormal hoch ausfielen. Aus dem Umsatz, nach Weltteilen untergliedert, ging hervor, daß die Erlöse gerade in den Erdteilen, die vom Krieg betroffen

27 Vgl. FA C-102, Verwaltungsratsprotokoll vom 16. Juli 1940.
28 Vgl. FA C-102, Verwaltungsratsprotokoll vom 24. September 1940.
29 Vgl. FA C-102, Verwaltungsratsprotokoll vom 4. April 1941.

waren, abnahmen. An der Spitze stand der Umsatz in Europa mit einem Rückgang von 950.000 Franken, während derjenige in Amerika um 820.000 Franken zugenommen hatte.

Doch schon das darauffolgende Jahr leitete die Wende ein. Das Jahr 1941 brachte die immense Umsatzerhöhung von über einem Drittel bei nahezu allen pharmazeutischen Spezialitäten. Nach wie vor stand Deutschland als Absatzmarkt für die Firma in jenem Jahr an erster Stelle, in dem Pharmazeutika im Wert von 14,251 Millionen Franken verkauft werden konnten. In großem Abstand folgten die USA, die für die ersten zehn Monate einen Umsatz von 2,372 Millionen Franken verbuchen konnten. An dritter Stelle stand Italien mit einem Jahresumsatz von 2,438 Millionen Franken sowie auf dem vierten Platz der Heimatmarkt Schweiz mit 1,749 Millionen Franken. Bei der Rangfolge, gegliedert nach der Umsatzverteilung bei den Präparaten, konnte die Gruppe der Calciumspezialitäten[30] mit 9,395 Millionen Franken die erste Stelle für sich beanspruchen, dicht gefolgt von der Gruppe der Mutterkornpräparate[31]. Den nächsten Rang belegte das Optalidon® mit 3,906 Millionen Franken. Die Belladonna-Gruppe[32] mit 2,645 Millionen Franken sowie die Gruppe der Herzglykoside[33] mit 2,099 Millionen Franken nahmen die nachfolgenden Plätze ein. Neu auf dem Markt wurde 1941 das Laxativum Pursennid® eingeführt, das gereinigte Senna-Glykoside in Form ihrer Calciumsalze enthielt. Das Pursennid® war eine der seltenen Neueinführungen während des Zweiten Weltkrieges.

2.3. Jubiläum im Krieg

Mitten in den Kriegswirren des Jahres 1942 konnte die Pharmazeutische Abteilung voller Stolz ihr 25-jähriges Jubiläum feiern[34]. Dies nahm Sandoz zum Anlaß, eine eidgenössische Stiftung zur Förderung und Koordinierung der medizinisch-biologischen Wissenschaften ins Leben zu rufen und diese mit einem Kapital von einer halben Million Franken auszustatten. Für das Jubiläumsjahr 1942 merkte man in einer Verwaltungsratssitzung lobend an, "...dass von allen Abteilungen das pharmazeutische Spezialitätengeschäft das krisenfesteste ist"[35]. Mit den erhöhten Umsatzerlösen ging natürlich auch eine deutlich gesteigerte Produktion an pharmazeutischen Produkten einher. Die Zahl der abgefüllten Ampullen erreichte 1942 13,5 Millionen Stück, wogegen im Durchschnitt in den Jahren

30 Calcium-Sandoz®, Calcibronat®, Calgluchin®.
31 Bellergal®, Gynergen®, Neo-Gynergen®.
32 Bellafolin®, Belladenal®.
33 Cedilanid®, Digilanid®, Scillaren®, Strophosid®.
34 Vgl. FA A-122.1, Pharma. 25 Jahre pharmazeutische Abteilung, 1942.
35 Vgl. FA C-102, Verwaltungsratsprotokoll vom 8. April 1943.

1937 bis 1939 nur 11,5 Millionen Ampullen fabriziert worden waren. Ebenfalls nahm die Zahl der fertigen Verkaufspackungen gegenüber dem Durchschnitt der Jahre 1937 bis 1939 von 3,8 Millionen auf 5,0 Millionen Stück im Jahr 1942 zu.

Die Kriegsjahre waren geprägt durch Umsatzrekorde, auch das Jahr 1943 brachte erneut eine beträchtliche Umsatzsteigerung. Ein Drittel des Gesamtumsatzes wurde immer noch von Deutschland bestritten. Mit weitem Abstand folgte Italien und danach die USA. Die vierte Stelle nahm die Schweiz ein, gefolgt von Frankreich und Spanien.

Eine Umsatzaufstellung nach Präparaten ergab folgende Reihenfolge:

1. Calcium-Sandoz®
2. Bellergal®
3. Optalidon®
4. Calcibronat®
5. Belladenal®
6. Gynergen®
7. Bellafolin®
8. Scillaren®
9. Digilanid®
10. Felamin®
11. Allisatin®
12. Ipedrin®
13. Ipecopan®

Im Jahr 1944 überflügelte die Ausfuhr von pharmazeutischen Präparaten nach Übersee erstmals jene nach Europa. In diesem Jahr wurde das Partergin®, ein oral zu applizierendes Mittel zur Förderung der Geburtswehen mit dem Inhaltsstoff Methylergobasin, eingeführt[36]. Das letzte Kriegsjahr brachte auf dem pharmazeutischen Tätigkeitsfeld trotz des Ausfalles einiger wichtiger Absatzgebiete ein Umsatzresultat von 45 Millionen Franken.

Nachdem sich der Verkauf an pharmazeutischen Spezialitäten in Deutschland infolge des militärischen Zusammenbruchs auf 2,3 Millionen Franken verringert hatte - er betrug 1943 noch 14,0 Millionen Franken - nahmen nun die USA mit 6,0 Millionen Franken Umsatz die Stelle des Hauptabnehmerlandes ein. Der Erfolg in Italien mit 5,5 Millionen Franken war zum größten Teil auf die im vierten Quartal 1945 erfolgte Erhöhung der Verkaufspreise auf das zehnfache des Vorkriegsniveaus zurückzuführen.

Von den einzelnen Produkten trug Calcium-Sandoz® mit 18,0 Millionen Franken den größten Anteil zum Gesamtergebnis bei. Der allgemeine Glasmangel, vorwiegend an hochwertigem Ampullenglas, erschwerte die sofortige Deckung des großen Bedarfs an Calcium-Sandoz®-Ampullen. Ungefähr die Hälfte der Calcium-Sandoz®-Umsätze erreichte Bellergal® mit 8,0 Millionen Franken. Die Verkäufe an Gynergen® schlugen mit 6,0 Millionen, die von Calcibronat® mit 5,0 Millionen und die von Optalidon® mit

[36] Vgl. FA C-102, Verwaltungsratsprotokoll vom 22. Juni 1944.

4,5 Millionen Franken zu Buche. Die Gruppe der Belladonnapräparate mit Belladenal® und Bellafolin® erzielte 6,0 Millionen, die der Herzglykoside 3,0 Millionen Franken. 1945 wurde ein intravenös und intramuskulär injizierbares Eisenpräparat mit dem Namen Ferro-Calcium-Sandoz® neu auf dem Markt eingeführt[37].

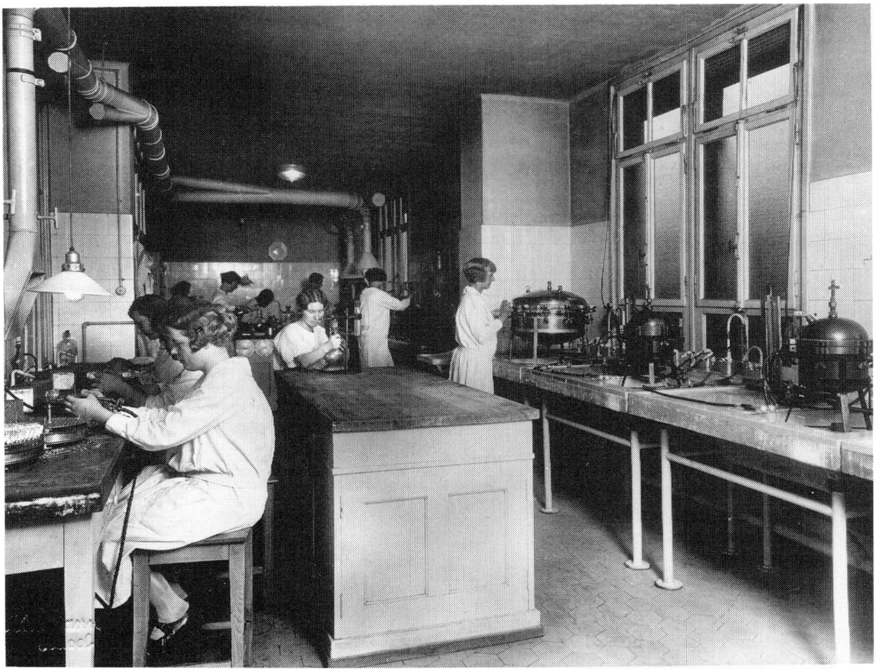

Ampullenstation, 30er Jahre

[37] Vgl. FA C-102, Verwaltungsratsprotokoll vom 12. März 1946.

3. Erstes Nachkriegsgeschäft

3.1. Die Situation in der Schweiz

Wesentlich gefördert durch ihre freiheitliche Staatsordnung entwickelte sich die Schweiz im internationalen Vergleich gut. Da sie in keine kriegerische Auseinandersetzung verwickelt worden war, blieb der Produktionsapparat unversehrt. In Deutschland, dem wichtigsten Konkurrenzland vor dem Zweiten Weltkrieg, waren die Produktionsstrukturen weitgehend zerstört. Aus diesem Grund wurden dort nach dem Krieg im Zuge des Wiederaufbaus modernste Produktionsanlagen montiert, während sich diese neuen technischen Errungenschaften in der Schweiz über einen allmählichen Ersatz im Rahmen des üblichen Abschreibungsverlaufes durchsetzen mußten. In bescheidenem Ausmaß wurden staatliche Eingriffe während der Nachkriegszeit in die wirtschaftlichen Abläufe vorgenommen. Diese beruhten großteils auf Kooperationen zwischen den staatlichen und den privaten Organisationen. So war die Schweiz nach dem Krieg gegenüber anderen Ländern in einer vorteilhaften wirtschaftlichen Ausgangslage[38].

Gleichwohl erfolgte die wirtschaftliche Entwicklung in der Schweiz nicht gleichmäßig, denn sie war durch erhebliche Abweichungen vom längerfristigen Wachstumstrend gekennzeichnet. Die Schwankungen der realen Aktivität und der Beschäftigung waren häufig auf Veränderungen in der ausländischen Nachfrage nach schweizerischen Gütern zurückzuführen[39]. Dagegen wirkte sich der Einfluß der Geldpolitik auf die konjunkturellen Bewegungen in der Güterproduktion und der Beschäftigung weniger aus[40]. Das erste Vierteljahrhundert nach dem Zweiten Weltkrieg brachte nicht nur der Schweiz, sondern der gesamten westlichen Welt einen immensen wirtschaftlichen Aufschwung.

Die Industrieländer hatten nach der großen Depression der dreißiger Jahre erkannt, daß sie mit dem Abschotten der heimischen Wirtschaft von Importen die inländische Beschäftigung nur kurzfristig stützen konnten. Dadurch wurde beim Handelspartner ein Nachfrageausfall und damit eine Verschlechterung der Wirtschaftslage verursacht, die wiederum zu einem Nachlassen der Käufe aus anderen Staaten führte. Diese Länder litten nun ihrerseits unter einem Beschäftigungsrückgang. Diesen Protektionismus wollte man nach dem Zweiten Weltkrieg vermeiden und gründete deshalb in den nachfolgenden Jahrzehnten eine Reihe von internationalen Wirtschaftsorganisationen. Für die wirtschaftliche Entwicklung der Schweiz in der Nachkriegszeit wichtige Organisationen

---

38 Vgl. SBG (1987), 14.
39 Vgl. Wasserfallen (1985).
40 Vgl. SBG (1987), 18 ff.

waren das 1947 abgeschlossene "Allgemeine Zoll- und Handelsabkommen" (GATT)[41], dem die Schweiz erst ab 1966 als Mitglied angehörte[42], sowie die "Organisation für europäische wirtschaftliche Zusammenarbeit"[43]. Die Schweiz unterzeichnete am 16. April 1948 in Paris mit sechzehn weiteren Staaten das Abkommen zur Gründung der OEEC. Ihre Aufgabe bestand zunächst zur Hauptsache in der Verteilung und Nutzung der amerikanischen Wirtschafts- und Finanzhilfe für den Wiederaufbau[44]. Die Mitgliedsstaaten verpflichteten sich zur Durchführung eines Wiederaufbauprogrammes und sollten die gemeinsamen Ziele, nämlich die Steigerung der Erzeugung, die Modernisierung des Produktionsapparates, die Liberalisierung der innereuropäischen Wirtschaftsbeziehungen, die Konvertierbarkeit der Währungen sowie die Herbeiführung und Aufrechterhaltung eines hohen Beschäftigungsgrades bei einer inneren und äußeren Währungsstabilität anstreben[45].

Die internationale Währungsordnung befand sich bei Kriegsende in einem desolaten Zustand. Eine schrittweise Liberalisierung des internationalen Zahlungsverkehrs und die Rückkehr zu einer freien Konvertibilität der westlichen Währungen war das vordringliche Ziel der internationalen Währungspolitik. Bereits im Juli 1944 wurde hierfür mit dem Abkommen von Bretton Woods (USA), das ein Währungssystem fester Wechselkurse vorsah, die Basis gelegt. Der Internationale Währungsfonds (IWF) sollte kurzfristige Zahlungsbilanzen überbrücken. Bei Auftreten eines längerfristigen, fundamentalen Ungleichgewichts waren mit gewissen Einschränkungen Paritätsanpassungen zugelassen. Mit einer derartigen beschränkten Flexibilität hoffte man, eine stabile und dauerhafte Währung ordnung geschaffen zu haben. Der amerikanische Dollar wurde zur tragenden Stütze des Systems von Bretton Woods, da Transaktionen vorwiegend in amerikanischer Währung abgewickelt wurden. Zudem steuerte die USA den Löwenanteil zur Alimentierung des IWF mit Gold und Dollars bei. Der Wiederaufbau des durch den Krieg zerstörten Europas führte zu einem weltweiten Mangel an US-Dollar, der aber bis Mitte der fünfziger Jahre dank des amerikanischen Zahlungsbilanzdefizites, der Unterstützung durch den Marshallplan sowie der Abwertungswelle im Jahr 1949 bereinigt werden konnte. Zwar war die europäische Bilanz der laufenden Transaktionen einigermaßen im Gleichgewicht, doch die Zentralbanken erachteten ihre Bestände an Währungsreserven als zu gering, um den Übergang zur vollen Konvertibilität zu wagen. Deshalb wurde im November 1950 mit Hilfe von Marshallplan-Geldern und unter Beteiligung der Schweiz die Europäische

---

41 General Agreement on Tariffs and Trade.

42 Vgl. Kapitel V.

43 Organisation for European Economic Cooperation (OEEC), vgl. Kapitel V.

44 Marshallplan.

45 Vgl. Deutsche Bundesbank (1986), 121f.; vgl. SBG (1987), 78; vgl. Deutsche Bank (1986), 249; vgl. Ploetz (1989), 203; vgl. Ploetz (1985), 330.

Zahlungsunion (EZU)[46] ins Leben gerufen. Innerhalb von nur acht Jahren gelang es den der EZU assoziierten Ländern, den internationalen Zahlungsverkehr stufenweise zu liberalisieren. Nach der französischen Währungsreform Ende 1958 war das gesetzte Ziel der vollen Konvertibilität der wichtigsten europäischen Währungen zum Dollar erreicht. Die EZU wurde vereinbarungsgemäß aufgelöst und am 27. Dezember 1958 durch das Europäische Währungsabkommen ersetzt. Mit diesem führten die wichtigsten Mitgliedsstaaten der OEEC die freie Austauschbarkeit ihrer Valuten gegenüber dem Dollar für Devisenausländer, zumindest für den laufenden Zahlungsverkehr, ein[47].

3.2. Schwierige Versorgungslage

Die Versorgungslage der Sandoz vor allem mit Roh- und Packmaterial spitzte sich unmittelbar nach dem Zweiten Weltkrieg noch weiter zu. Konnte während des Krieges noch von großen Vorräten an hochwertigen Vorkriegswaren gezehrt werden, so war das Unternehmen nun gezwungen, mit spärlich gelieferten Waren von minderer Güte vorlieb zu nehmen, was die Expansion der Produktion stark behinderte. Besonders problematisch war die Versorgung mit Glasampullen. Nach dem Ausfall der Jenaer Glaswerke infolge der Besetzung Thüringens durch die sowjetische Armee, die Ampullenglas bester Qualität für Injektionslösungen hergestellt hatten, wurde es notwendig, sich der wenigen noch verbliebenen Zuliefererquellen zu bedienen. Dies zwang das Unternehmen, Ampullen aus weit entfernten Lieferländern wie Mexiko zu beziehen, die den gewohnten Qualitätsansprüchen bei weitem nicht entsprechen konnten, was wiederum einen erheblichen Verlust beim Verarbeitungsprozeß bedeutete. Da die Firma Sandoz weiterhin dem Leitspruch folgte, sich auf keinerlei Konzessionen bei der Qualität ihrer pharmazeutischen Injektionspräparate einzulassen, stellte die Verarbeitung schlechter und unreiner Gläser an das eigene Personal stark gesteigerte Anforderungen bei der Kontrolle und der Ausschußbeurteilung[48]. Solche logistischen und produktionstechnischen Probleme erschwerten die Nachkriegslage mit ihren politischen Import- und Devisenrestriktionen zusätzlich.

46 Vgl. Kapitel V.
47 Vgl. Deutsche Bundesbank (1986), 1ff.; vgl. Deutsche Bank (1986), 144.
48 Vgl. FA C-722, Generalversammlung 1946.

In vielen Absatzgebieten beherrschte inzwischen die Devisenbewirtschaftung den Außenhandel fast völlig[49]. Nicht die Nachfrage nach meist dringend benötigten Medikamenten war für die Zuteilung von Kontingenten maßgebend, sondern allein der Umstand, ob durch die Einfuhr ausländischer Produkte und deren Verwendung in der einheimischen Industrie wiederum die landeseigene Ausfuhr zur Devisenbeschaffung gesteigert werden konnte. Noch während des Zweiten Weltkrieges und in den ersten Nachkriegsjahren erfuhren im Interesse der Volksgesundheit Arzneimittel erhöhte Priorität bei der Bewilligung von Importkonzessionen. Doch Ende der vierziger Jahre verweigerten etliche Staaten oft sogar für lebenswichtige Spezialpräparate die Zuteilung von Einfuhrgenehmigungen. Für eine exportorientierte schweizerische Firma wie die Sandoz, deren Produktion im Jahre 1948 zu 90 % im Ausland seine Abnehmer fand, konnte eine weitere Verschärfung dieser Marktbedingungen eine bedrohliche Rückwirkung auf den Warenabsatz haben.

1948 wie auch in den nachfolgenden Jahren hatte die Geschäftsleitung mit Kontingentierungsmaßnahmen in etlichen Ländern zu kämpfen. Die Regierungen der einzelnen Staaten bestimmten, welche Importe erfolgen durften und welche nicht. Die auswärtige Kundschaft besaß kein Kapital oder zumindest kein konvertierbares Geld. Deshalb wurde vor allem in devisenschwachen Absatzgebieten immer mehr die Auffassung laut, daß ausschließlich Rohstoffe eingeführt werden sollten. Die weitere Verarbeitung und die Abpackung sollte die einheimische Industrie besorgen[50]. Sandoz konnte somit, bedingt durch die weltweit herrschenden Restriktionen, nur darauf bedacht sein, die überall zu knappen Importkontingente so gut wie möglich auszunutzen. In vielen Ländern erwuchs unter dem staatlichen Druck kein Interesse für Qualitätsware, sondern man behalf sich notgedrungen mit billigeren oder inländischen Produkten[51]. Gerade die Einfuhr von Bellergal® war in manchen kapitalschwachen Ländern von diesem Umstand betroffen. Doch entgegen dieser Tendenz blieb die Firmenleitung ihrer Philosophie treu, nur qualitativ hochwertige und folglich auch teurere pharmazeutische Spezialartikel herzustellen. Deswegen bemühte sich die Firma Zusatzkontingente auszuhandeln, die aber oft niedrigere Preise bedingten, womit natürlich auch Ertragsminderung einherging.

Unmittelbar nach Ende des Zweiten Weltkrieges hatte der Sandoz-Konzern die Errichtung und den Ausbau von Fabrikationsanlagen stark forciert. Angesichts einer mächtigen, leistungsstarken Konkurrenz, die nach dem Krieg in kurzer Zeit erwuchs, sowie der steigenden Kosten, insbesondere der Löhne und Gehälter, sah sich Sandoz immer mehr auf rationelle Fabrikationsmethoden angewiesen. Die Verbesserung der Apparaturen und der laufende Ersatz kostenintensiver manueller Tätigkeiten durch maschinelle Fer-

---

49 Vgl. FA C-722, Generalversammlung 1949.
50 Vgl. FA C-102, Verwaltungsratsprotokoll vom 9. Dezember 1948.
51 Vgl. FA C-102, Verwaltungsratsprotokoll vom 11. März 1949.

tigungsverfahren erforderte kontinuierliche Investitionen in neue Einrichtungen und in die entsprechenden Bauten.

3.3. Verkaufsentwicklung

Im Jahr 1946 wurde vorläufig zuerst in der Schweiz und in den USA das Dihydroergotamin®, ein Präparat, das hauptsächlich zur Bekämpfung der Migräne, aber auch in der Geburtshilfe eingesetzt wurde, eingeführt. Ebenfalls kam in diesem Jahr das Methergin®, ein Uterotonikum, auf den Markt.

In der Nachkriegszeit setzte sich die stete Aufwärtsbewegung der Umsätze fort. Die Spezialitäten erzielten 1947 einen Umsatz von 66,7 Millionen Franken gegenüber 52,6 Millionen Franken im Jahr zuvor, was einer Steigerung von 26,8 % entsprach[52].

Sandoz versuchte dem weltweiten Preisdruck durch die vermehrte internationale Einreichung von Patenten gegenzusteuern. Ende 1948 konnte die Gesamtfirma einen Bestand von insgesamt 672 Patenten in 28 Ländern aufweisen, wobei die Pharmazeutische Abteilung daran mit 261 Patenten Anteil hatte. Darunter befand sich auch das Patent für das 1948 neu eingeführte Mesantoin® zur Behandlung der Epilepsie, dessen Umsatz sich bereits im ersten Jahr der Marktpräsenz sehr zufriedenstellend entwickelte. Auch von dem im März des darauffolgenden Jahres vorläufig zuerst in der Schweiz neu vorgestellten Mutterkornpräparat Hydergin®[53], das bei den Indikationen Hypertonie, periphere Kreislaufstörungen und Angina pectoris eingesetzt wurde, versprach man sich eine gewinnträchtige Bereicherung der Produktpalette. Eine beachtliche Anzahl von Anfragen aus zahlreichen Ländern nach diesem Präparat lag bereits vor, was auf umfangreiche Verkäufe im Ausland hoffen ließ, sobald die klinischen Einführungsarbeiten auch in anderen Staaten als der Schweiz beendet waren. Es stellte sich aber die Frage, ob die bisherigen Mutterkornkulturen die immer größer werdende Nachfrage befriedigen könnten. Wegen einer Trockenperiode war das Hauptbezugsland Portugal 1949 als Lieferant für dieses Ausgangsmaterial ausgefallen. Durch Mutterkornkulturen[54] in der Schweiz[55] sowie einer weiterhin immensen Lagerhaltung wollte man sich Lieferengpässen bis zu einem gewissen Grad entziehen. Auch bezweifelte man, daß die Kapazität der technischen Einrichtungen einem derartigen Ansturm von Bestellungen gewachsen wäre. Aus diesem Grunde führte

---

52 Vgl. FA C-102, Verwaltungsratsprotokoll vom 5. März 1948.
53 Vgl. Kapitel VII.
54 Vgl. FA H-202.15, Mutterkornzüchtung, 1948.
55 Vgl. FA H-202.18, Mutterkornanbau im Simmental.

man das Dihydroergotamin® nur in wenigen Ländern ein, obwohl in den USA und der Schweiz damit glänzende Verkaufsergebnisse erzielt worden waren. Ebenfalls erfolgversprechend war das in den USA unter dem Namen Cafergot® vertriebene Kombinationspräparat aus Ergotamintartrat und Coffein. Obwohl es erst im April 1949 und vorab nur auf dem US-amerikanischen Markt lanciert wurde, erreichte die New Yorker Filiale bereits im Juni desselben Jahres einen Umsatz von umgerechnet 313.000 Schweizer Franken. Dies bedeutete, daß der Monatskonsum an Cafergot® in den Vereingten Staaten einem Kilogramm Ergotamin entsprach.

Durch einen einstweiligen Verzicht auf die geplante Einführung dieses Medikamentes im angrenzenden Kanada sowie durch Unterlassung von unterstützenden Bewerbungsmaßnahmen wurde der Rohstoffknappheit Rechnung getragen[56]. Zum Vergleich sei angemerkt, daß man noch in den zwanziger Jahren bei Sandoz mit sechs Kilogramm Ergotamin pro Jahr zur Herstellung des damals einzigen Mutterkornpräparates Gynergen® auskam. 1949 hingegen konnten einhundert Kilogramm Ergotamin, die aus 50 Tonnen Mutterkorn extrahiert wurden, der wachsenden Nachfrage nicht mehr genügen.

Als zweites neu propagiertes Präparat sollte sich im zweiten Quartal 1949 das Eisenpräparat Ferronicum® gegen eine starke, etablierte Konkurrenz durchsetzen. Das vermehrte Auftreten von Konkurrenz- und Ersatzpräparaten zeichnete das Nachkriegsgeschäft aus. Davon blieben auch die Arzneimittel der Sandoz wie beispielsweise das Calcium-Sandoz® nicht unbetroffen. Die Gruppe der Sulfonamide, deren erster Vertreter 1935 unter dem Namen Prontosil®[57] von Bayer Eingang in die Therapie fand[58], sowie die der Penicilline, die nach der Entdeckung des Londoner Bakteriologen Alexander Fleming[59] im Jahr 1928 seit 1942 dem Arzt als Medikament zur Verfügung standen[60], hatten die Calcium-Therapie aus der Behandlung der Infektionskrankheiten verdrängt. Ein weiteres Hauptgebiet der Calcium-Therapie, nämlich die Behandlung von Allergien, wurde durch die H_1-Antihistaminika, die erstmals 1942 mit dem Antergan®[61] in den Handel gelangten, übernommen[62]. Trotzdem konnte sich Calcium-Sandoz® mit weiter steigenden Verkäufen

56 Vgl. FA C-102, Verwaltungsratsprotokoll vom 15. September 1949.

57 Inhaltsstoff des Prontosil® ist Sulfamidochrysoidin. Diese Azoverbindung wurde von den deutschen Chemikern Josef Klarer und Fritz Mietzsch synthetisiert. Gerhard Domagk, Professor der Medizin und Direktor der Farbenfabrik Bayer, gelang 1932 der Nachweis der antibakteriellen Wirksamkeit, wofür er 1939 den Nobelpreis für Medizin erhielt.

58 Vgl. Schneider (1985), 265; sowie Auterhof, Knabe (1983), 523 f.; Schumack (1984), 482 und Schipperges (1990), 127.

59 Fleming, Alexander Sir; * 1881 Lochfield/Schottland, + 1955 London.

60 Vgl. Schneider (1985), 24.

61 Antergan® . Die ersten synthetischen Substanzen mit Antihistaminwirkung sind von Fourneau und Bovet 1933 dargestellt worden. Diese besaßen aber für die Therapie noch eine zu hohe Toxizität. 1942 wurde dann von Halpern das erste therapeutisch verwendbare H_1-Antihistaminikum, das Antergan®, hergestellt.

62 Vgl. Schunack, Mayer, Haake (1984), 392.

als umsatzstärkste, pharmazeutische Spezialität innerhalb des Konzerns behaupten. Die Bestellungen für Ampullen dieses Präparates überstiegen 1949 zeitweise die Produktionsmöglichkeiten. Im gleichen Maße nahmen die Umsätze des ebenfalls zu den Calcium-Präparaten gehörenden Calcibronat® zu, das damals in einzelnen Ländern in größerem Ausmaß gekauft wurde als das Calcium-Sandoz®. Geringere Umsätze konnten für Calgluchin®, eine Kombination von Calcium und Chinin, verbucht werden[63].

3.4. Wiedererstarken der Konkurrenz

Das Jahr 1949 war durch das Ende der Nachkriegs-Hochkonjunktur und das Wiedereinsetzen des Konkurrenzkampfes gekennzeichnet. Das Wiedererstarken der ausländischen Konkurrenz beeinträchtigte den schweizerischen Export durch das Hinzutreten protektionistischer Maßnahmen ungünstig. Die Mehrzahl der Absatzgebiete war noch nicht zum freien Geldverkehr zurückgekehrt. Infolge der unregelmäßig erfolgenden Kontingentierungen und Devisenbewilligungen, die nunmehr in den meisten Ländern durchgeführt wurden, konnte der Export nur stoßweise erfolgen und der Verkauf mußte deshalb immer wieder gedrosselt werden.

Darüberhinaus hatte die im Herbst 1949[64] stattgefundene Abwertung des englischen Pfundes nicht nur nachhaltigen Einfluß auf die Währungen anderer Staaten, sondern zeigte auch auf die Erlöse der Sandoz erhebliche Auswirkungen. Denn nach Großbritannien und den mit der englischen Valuta verbundenen Kolonien und Protektoraten folgten auch andere Staaten wie die Niederlande und die skandinavischen Länder, da sie sich an das englische Pfund angelehnt hatten, mit einer Abwertung.

Innerhalb des englischen Währungsbereiches hatten somit 37 Staaten ihre Währungen um fast ein Drittel[65] abgewertet. Im Bereich des französischen Franςs erfolgte eine Devaluation um 22,3 % in insgesamt fünf Ländern. Der belgische Franς wurde in seinem Geltungsgebiet um 12,4 % abgewertet. Portugal mit seinem Kolonialgebiet folgte mit einer Abwertung von 13,0 % und Deutschland mit 20,6 %. Gegenüber etwa 60 Ländern, die ihre Valuten abwerteten, bildeten der US-Dollar und der Schweizer Franken, als kontrollierte Währung die italienische Lira, eine ganze Anzahl von mittel- und südamerikanischen Währungen sowie die der Ostblockstaaten Ausnahmeerscheinungen. Ungefähr 40 % des

---

63 Vgl. FA C-102, Verwaltungsratsprotokoll vom 30. März 1949.
64 Am 18. September 1949.
65 Genau: 30,5 %.

Umsatzes an pharmazeutischen Produkten der Sandoz wurde im Jahr 1949 in den Abwertungsländern erzielt.

Im Verhältnis zu den anderen Departements des Konzerns zeigte sich die Pharmazeutische Abteilung wiederum weniger anfällig gegenüber den gravierenden Auswirkungen der Währungsabwertungen. Trotz der hohen Nachfrage nach Sandoz-Pharmazeutika sah sich die Firmenleitung aus Rücksichtnahme auf die Kaufkraft der einzelnen Abnehmerstaaten außerstande, die durch die Abwertung erlittenen Einbußen vollständig der ausländischen Kundschaft zu belasten.

Vervollständigt wurden die protektionistischen Maßnahmen durch neue Zolltarife von seiten der wichtigsten Abnehmerländer, namentlich vor allem Frankreich, Belgien und Italien, welche die schweizerische Exportindustrie erheblich belasteten[66].

Trotz dieser Exportschwierigkeiten in Europa waren die Umsätze gerade hier am meisten gestiegen, da Deutschland wieder sehr stark als Käufer der schon vor dem Zweiten Weltkrieg bestens anerkannten und eingeführten Spezialpräparate auftrat. Produktion und Absatz der Nürnberger Filiale zeigten eine kontinuierliche Steigerung. Von der Zunahme des Verkaufs an pharmazeutischen Produkten, der 1949 etwa 16 Millionen Franken betrug, entfiel der größte Anteil mit über einem Drittel auf das deutsche Absatzgebiet. Deutschland konnte somit wieder nach den USA und dicht gefolgt von Spanien auf Platz zwei der absatzstärksten Tochtergesellschaften des Konzerns rücken.

Im Exportgeschäft wiesen 1949 insgesamt 47 Länder eine Umsatzzunahme auf. In einzelnen Ländern wie Polen, der Tschechoslowakei, Bulgarien und Jugoslawien, in denen die Einfuhr pharmazeutischer Erzeugnisse ausschließlich in den Händen des Staates lag, konnten nur bescheidene Umsätze erzielt werden. Vor allem machten sich dort Autarkiebestrebungen bemerkbar. Es wurden teilweise nationale Heilmittelindustrien errichtet, deren Ersatzerzeugnisse dem hochwertigen Qualitätsstandard der Sandoz unterlegen waren und darum durch diverse Maßnahmen wie Zoll- und Importrestriktionen geschützt werden mußten.

Der Umsatzrückgang in der südafrikanischen Union, Schweden, Türkei, Iran, Irak, Australien, Argentinien, Kolumbien und verschiedenen kleineren Absatzgebieten ließ sich einzig auf devisentechnische Schwierigkeiten zurückführen.

---

66 Vgl. FA C-102, Verwaltungsratsprotokoll vom 2. März 1950.

Sandoz Firmenareal, Luftaufnahme um 1950

V. DAS ENTSTEHEN EINER WELTFIRMA

1. Phase der Expansion

1.1. Neue Handelsvereinbarungen

Die Europäische Zahlungsunion wurde am 1. November 1950 durch ein Abkommen der OEEC, der neben der Schweiz noch weitere 16 europäische Staaten angehörten, gegründet. Der Zweck war die Schaffung eines multilateralen Verrechnungs- und Kreditsystems zur Erleichterung des grenzüberschreitenden Zahlungsverkehrs. Als Agent diente die 1930 als Aktiengesellschaft ursprünglich zur Abwicklung der von Deutschland zu leistenden Reparationszahlungen gegründete Bank für Internationalen Zahlungsverkehr (BIZ) mit Sitz in Basel[1]. Vor allem dem Handel mit Pharmazeutika, der liberalisiert wurde, kam die EZU sehr zustatten. Im englischen Torquay wurde 1951 im Rahmen des GATT[2] ein internationales Abkommen über die Zollsätze getroffen, das gewisse Zollzugeständnisse vor allem bei Mangelprodukten, die in den betreffenden Ländern nicht oder nur in ungenügenden Mengen erzeugt wurden, zum Inhalt hatte. Für den Handel mit pharmazeutischen Produkten bildete dieses Abkommen eher ein Hemmnis. Dieser neue Zolltarif sah beispielsweise in Deutschland für pharmazeutische Spezialitäten eine Abgabe in Höhe von 18 % gegenüber zuvor 3 % des Warenwertes vor[3].

Trotz neuer Handelsvereinbarungen standen der Verkaufsentwicklung der Pharmazeutika in etlichen Ländern immer noch staatliche Eingriffe und Devisenschwierigkeiten entgegen. Vor allem in den südamerikanischen Absatzgebieten, besonders in Argentinien, stieß man vermehrt auf wachsende Schwierigkeiten bei der Einfuhr verkaufsfertiger Spezialitäten, da die dortige Regierung die Firma Sandoz zur Konfektionierung in Argentinien bewegen wollte. In Indien und Portugal bewirkte die Verteuerung der pharmazeutischen Produkte infolge der Abwertung der einheimischen Währungen eine erhebliche Verminderung des Absatzes, speziell von Calcium-Sandoz®. Vor allem in Spanien und Schweden mußte man dazu übergehen, Erzeugnisse aus der französischen oder italienischen Spezialitätenfabrikation zur Deckung der Nachfrage heranzuziehen, da Importlizenzen für schweizerische Produkte nur ungenügend oder gar nicht erhältlich waren.

Zu Beginn des Jahres 1950 und bis zum Ausbruch des Koreakonfliktes waren die Rohstoffpreise stark rückläufig. Einige Monate nach Ausbruch des Krieges in Korea im

---

1 Vgl. Außenwirtschaftsalphabet (1985), 57f., 144, 249.
2 Vgl. Deutsche Bundesbank (1986), 111.
3 Vgl. FA C-102, Verwaltungsratsprotokoll vom 22. August 1951.

Juni 1950 wandelte sich der Käufer- zu einem Verkäufermarkt, wovon die Pharmazeutische Abteilung aber kaum betroffen war.

Große Sorgen bereitete erneut die Sicherstellung des Bedarfs an ergotaminhaltigen Präparaten. Obwohl die Anbaufläche für Mutterkorn in der Schweiz vergrößert worden war, fiel die Ernte, bedingt durch eine ungünstige Wetterlage, nur geringfügig besser aus als die des vorangegangenen Jahres. Somit mußte das Ausgangsmaterial wesentlich teurer eingekauft werden, was wiederum dazu führte, daß durch die ungünstige Beeinflussung der Einstandspreise die Preise für die pharmazeutischen Fertigprodukte erhöht werden mußten. Um die Verknappung zu mildern und die Versorgung der Märkte gleichermaßen aufrechtzuerhalten, mußte neben einer Rationalisierung auf die im Ausland vorsorglich angelegten Lager an verkaufsfertigen Spezialitäten zurückgegriffen werden.

Auf dem Gebiet der Calcium-Präparate wurde die Konkurrenzsituation immer schärfer. Nur der Qualität der Injektionspräparate war es zu danken, daß sich trotz zusätzlicher unvermeidbarer Preisnachlässe die erzielten Umsätze einigermaßen halten konnten[4]. Man erkannte, daß es für das seit 1927 im Handel befindliche Calcium-Sandoz®, das sich nun im Stadium der Überreife befand, dringend einer Lebenszyklusmaßnahme bedurfte. Deshalb wurden zur Markterweiterung zusätzliche Produktvarianten von Calcium-Sandoz® in den Handel gebracht, damit die Kundschaft nicht andere Produkte oder Substitutionsprodukte kaufte. So kamen im Oktober 1950 eine Calcium-Schokolade mit Vitamin C und D und im Dezember 1950 Calcium-Ampullen mit Vitamin C auf den Markt[5].

An erster Stelle der Länderumsätze standen 1950 immer noch die USA mit 14,7 Millionen Franken und einer Zunahme gegenüber dem Vorjahr von 2,4 Millionen Franken, gefolgt von Deutschland mit 12 Millionen Franken und einer Steigerung von ebenfalls 2,4 Millionen Franken im Vergleich zum Vorjahr.

Zu den Schwierigkeiten in den vorangegangenen Jahren gesellten sich 1951 in fast allen Ländern inflatorische Erscheinungen, die sich auch bei der Sandoz in einer Erhöhung der Löhne niederschlugen. Die stark gestiegene Produktionskapazität des Auslandes und die viel niedrigeren Lohnkosten vornehmlich in Deutschland, Frankreich und England führten bei einer dort wieder erstarkenden Konkurrenz international zu Preiskämpfen. Für Deutschland brachten die Zahlungskrisen vom Oktober 1950 und Februar 1951 lange Perioden ungenügender oder fehlender Einfuhrmöglichkeiten. Die Situation besserte sich aufgrund eines Zollabkommens[6].

---

4 Vgl. FA C-102, Verwaltungsratsprotokoll vom 7. März 1951.
5 Vgl. FA C-102, Verwaltungsratsprotokoll vom 14. Dezember 1950.
6 Vgl. FA C-102, Verwaltungsratsprotokoll vom 6. März 1952.

Auch der Import von Fertigarzneimitteln gestaltete sich in vielen Absatzgebieten immer schwieriger. Auf Drängen der einheimischen Arzneimittelfabriken ließen sich die jeweiligen Behörden überreden, unter dem Vorwand des Devisenmangels oder durch Einführung prohibitiver Zölle den Import hochwertiger ausländischer Spezialitäten zu erschweren oder ganz zu verhindern. Um in diesen Ländern nicht vollständig auf die Geschäfte mit Pharmazeutika verzichten zu müssen, entschloß sich die Direktion der Sandoz, dort zumindest eine Teilfabrikation durchzuführen. In Mexiko beispielsweise mußte die Firma rasch eine pharmazeutische Fabrikationsabteilung errichten. In Argentinien, Chile und Indien wurde ebenfalls aufgrund dieses behördlichen Drucks die Fabrikation vorerst von Tabletten, Lösungen und Sirupen sowie die Konfektionierung aufgenommen. Von der Erstellung einer eigenen Anlage wurde einstweilig abgesehen. In Argentinien und Brasilien vereinbarte die Firmenleitung mit der Firma "Squibb"[7], in Indien mit der CIBA und in Chile mit der Firma "Abbott"[8], Sandoz-Präparate auf Lohnbasis in deren bereits vorhandenen Fabrikationsanlagen herzustellen[9].

Die Verkaufszahlen der pharmazeutischen Spezialitäten überschritten 1951 erstmals die Hundertmillionengrenze. Bis zu diesem Meilenstein in der Umsatzentwicklung erfuhr die Aufwärtsbewegung nur zwei Mal eine vorübergehende Unterbrechung, nämlich im Jahr 1940 durch den Ausfall von Frankreich und im Jahre 1944 durch den Ausfall von Deutschland als Absatzmarkt, bedingt durch kriegerische Ereignisse. Dies wurde sehr rasch durch die Entwicklung von anderen Verkaufsgebieten aufgefangen. Von den 1951 erzielten Verkäufen in Höhe von etwa 118,8 Millionen Franken entfielen rund 16,6 Millionen Franken, entsprechend 14 %, auf Präparate, die vor mehr als 25 Jahren, also bis zum Jahr 1926, eingeführt worden waren. 72,5 Millionen Franken, entsprechend 61 % des Umsatzes, konnte mit Produkten erzielt werden, die in der Zeit von 1927 bis 1934 in den Handel gebracht worden waren. 29,7 Millionen oder 25 % der Verkäufe erhielt man durch pharmazeutische Spezialitäten, die im Zeitraum von 1935 bis 1951 lanciert wurden.

---

7 Die Firma "Squibb" wurde 1858 in Brooklyn durch den Pharmazeuten und Arzt Dr. Eduard Robinson Squibb (1819 - 1900) gegründet. Während der letzten Jahre seines Lebens überließ der Firmengründer seinen Söhnen Charles (1857 - 1942) und Dr. Eduard (1853 - 1929) die Leitung der Firma, was sich in der Namensänderung in "E. R. Squibb & Sons" zeigte.

8 "The Abbott Alkaloidal Co." wurde 1900 durch den amerikanischen Arzt Dr. Wallace Calvin Abbott in Ravenswood in der Nähe von Chicago gegründet. Diese Firma fand 1914 Aufnahme in den "Abbott Laboratories".

9 Vgl. FA C-102, Verwaltungsratsprotokoll vom 7. Juni 1951.

Erster Secale (Mutterkorn-)Extraktor, 1920

1.2. Mutterkornpräparate

Während vor dem Zweiten Weltkrieg die Calcium-Produkte mit einem Anteil von ungefähr 36,5 % die umsatzstärkste Gruppe des Spezialitätensortimentes darstellten, hatten 1951 die Mutterkornpräparate mit fast 40 % Anteil am Gesamtumsatz den weitaus höchsten Rang eingenommen. Die Calcium-Produkte folgten 1951 immer noch an zweiter Stelle mit 23,5 %. Doch das Interesse an den Mutterkornpräparaten der Sandoz stieg weiterhin. Obwohl die Ernte 1951 an in der Schweiz hergestelltem, ergotaminhaltigem Mutterkorn erstaunlich gut ausgefallen war, konnte trotzdem auf die Rationierung von Bellergal® und Cafergot® nicht verzichtet werden, was dazu führte, daß man nicht alle Verkaufsmöglichkeiten ausnützen konnte. Die anfallende Produktion mußte zuerst in die Gebiete verschickt werden, deren Vorräte erschöpft oder bei denen Einfuhrschwierigkeiten zu befürchten waren. Ferner erlaubte die ungenügende Versorgungssituation keine Aufnahme von Verkaufsförderungsmaßnahmen in den großen Absatzgebieten USA und Deutschland. Man erhöhte deshalb 1952 die Mutterkornanbaufläche von 670 Hektar im Jahr 1951 auf 960 Hektar und hielt Ausschau nach sonstigen Bezugsquellen[10].

Die Ernte von ergotaminhaltigem Mutterkorn fiel 1952 reichlich aus. Für das Jahr 1953 war eine erneute Steigerung der Anbaufläche auf über 1.000 Hektar vorgesehen. Der beträchtliche Ertragsausfall von 1950 war in seinen Auswirkungen bis ins erste Halbjahr 1952 spürbar. Die relativ gute Ernte im Jahr 1951 konnte die entstandenen Lücken nur knapp decken. Im Jahr 1952, nach einer langen Unterbrechung, konnte somit die Werbung für Bellergal® wieder aufgenommen werden. Ebenfalls konnte das Cafergot®, das bislang nur in den USA und Kanada zum Verkauf angeboten wurde, jetzt auch auf einer breiten Basis offeriert und propagiert werden.

Der Umsatz aller Abteilungen der Sandoz betrug 1952 313,1 Millionen Franken gegenüber 317,1 Millionen im Vorjahr. Der Verkaufsbericht über das Jahr 1952 erklärt den relativ geringen Rückgang um vier Millionen Franken damit, "dass die pharmazeutischen Produkte mit einer Verkaufszunahme von 14,6 Millionen die Ausfälle bei den andern Abteilungen - darunter Farben mit 17,3 Millionen - weitgehend auffangen konnten"[11]. Das Jahresergebnis der Pharmazeutischen Abteilung erreichte 133,4 Millionen Franken und erlangte mit 42,6 % erstmals seit der Gründung den stärksten prozentualen Anteil an den Gesamtverkäufen[12]. Doch die pharmazeutischen Spezialitäten, die mittlerweile in annähernd einhundert Ländern Absatz fanden, nahmen nicht nur vom Umsatz gesehen die Spitzenposition innerhalb des Konzerns ein, sondern auch renditemäßig. 1952 wurde

---

10 Vgl. FA C-102, Verwaltungsratsprotokoll vom 6. März 1952.
11 FA C-102, Verwaltungsratsprotokoll vom 5. März 1953.
12 Vgl. FA C-102, Verwaltungsratsprotokoll vom 5. März 1953.

der größte Anteil dieser Verkäufe, nämlich 97,5 Millionen Franken oder 77 % des Umsatzes, über 17 Filialen abgewickelt.

Die Verkaufssteigerung bei den Mutterkornpräparaten entfiel zu ungefähr 60 % auf Hydergin® und zu 25 % auf Bellergal®. Auch die getroffenen Maßnahmen zur Belebung des Handels mit Calcium-Produkten spiegelten sich in den Umsatzmeldungen wieder. Der Umsatz von Calcium-Sandoz®-Ampullen mit Vitamin C verachtfachte sich gegenüber dem Vorjahr. Der Verkaufsbericht des Jahres 1952 honorierte dies mit den Worten: "Durch die Nachfrage nach diesem Produkt und die erfreuliche Steigerung bei Calcibronat wurde der Rückgang von Calcium-Sandoz mehr als ausgeglichen"[13]. Mit Rücksicht auf die nun beschränkten Fabrikationsmöglichkeiten konnte eine einheitliche Verkaufsförderung noch nicht aufgenommen werden.

An der Umsatzsteigerung der Gruppe Analgetika, Sedativa und Hypnotika war das Optalidon® mit knappen 72 % gegenüber dem Vorjahr führend beteiligt. Der Verkauf von Insulin wurde 1952 aus Gründen mangelnder Nachfrage eingestellt. Dafür wurden zwei neue Kombinationspräparate in das Produktsortiment aufgenommen. Es handelte sich um das Schlaf- und Beruhigungsmittel Plexonal®[14] und das in den USA neu in den Handel gebrachte schmerzstillende Mittel Fiorinal®. Um das Hydergin® einem erweiterten Abnehmerkreis zuzuführen, wurden 1952 für dieses Produkt Sublingualtabletten neu in den Verkehr gebracht.

1.3. Vordringen der Pharmazeutischen Abteilung

Auch das Jahr 1953 brachte für die Pharmazeutische Abteilung wiederum ein Rekordergebnis mit einem Umsatz von 140,5 Millionen Schweizer Franken, was eine Steigerung von 11,5 % gegenüber dem Vorjahr bedeutete. Nicht nur hinsichtlich des erzielten Umsatzes nahm diese Abteilung den ersten Rang verglichen mit den anderen Geschäftsfeldern ein, sondern auch mit deutlichem Abstand bei der Ertragsintensität.

An erster Stelle in der Umsatzrangliste der Sandoz-Filialen standen weiterhin die USA, deren Verkäufe 1953 19,3 Millionen Franken umfaßten und somit eine Steigerung um 11,1 % gegenüber dem Vorjahr aufwiesen. Jedoch wurden die Verkaufsmöglichkeiten dort noch nicht voll ausgeschöpft, was anhand eines Vergleichs des Umsatzes in den verschiedenen Tochtergesellschaften sichtbar wurde. So verglich man die Umsatzzahlen der ein-

[13] Vgl. FA C-102, Verwaltungsratsprotokoll vom 5. März 1953.
[14] Vgl. FA H-211.9, Plexonal 1951-54.

zelnen beworbenen Ärzte und stellte fest, daß sich 1953 die Verhältniszahl in der Schweiz auf 830 Franken belief, in Frankreich auf 600 Franken, in der Türkei auf 880 Franken und in Venezuela sogar auf 1.950 Franken, während die Vereinigten Staaten von Amerika sich mit 240 Franken an einer der letzten Stellen in der Rangliste befanden. Eine Verbesserung wollte man durch einen Ausbau der dortigen Organisation erreichen. Eine durchgreifende Reorganisation des Fabrikationsbetriebes in East Hanover, New Jersey, führte bereits zu ansehnlichen Einsparungen. Die Abteilung für wissenschaftliche Information in New York erfuhr personelle Veränderungen. Sie erhielt Personal aus Basel für die dortige Stabsabteilung.

Desweiteren wurde Yves Dunant[15], der damalige Direktor der "Laboratoires Sandoz S.à.r.l.", Paris und spätere Präsident des Verwaltungsrates der "Sandoz AG" Basel, für ungefähr ein Jahr nach den USA beordert, um dort seine Erfahrungen zur Verfügung zu stellen und seinerseits beizutragen, die Organisation effizient zu gestalten.

An zweiter Stelle stand Frankreich, das fast die in den USA erzielten Umsätze mit 19 Millionen Schweizer Franken, entsprechend einer Steigerung um 15,2 % im Verhältnis zum Vorjahr, erreichte. Hinsichtlich der 1953 erzielten Verkaufssteigerungen überflügelte Frankreich alle anderen Länder des Sandoz-Konzerns. Das Plus entfiel in erster Linie auf Optalidon® und die Mutterkornpräparate, gefolgt vom Cedilanid®. Doch auch das Frankreichgeschäft gestaltete sich nicht reibungslos. Dort mußten einerseits Kompensationsgeschäfte durchgeführt werden, die mit hohen Prämien belastet waren, und andererseits mußte zur Entlastung der Importquote Sandoptal®-Substanz im Inland bezogen werden.

Den dritten Platz nahm Westdeutschland mit einem Umsatzergebnis von 15,4 Millionen Franken ein. Hier konnte eine eher bescheidene Verkaufszunahme von 1,7 % gegenüber 1952 erlangt werden. Dies war durch die überaus leistungsfähige deutsche Pharmaindustrie bedingt, die auch auf dem angestammten Spezialgebiet der Sandoz dieser stark Konkurrenz machte. Deshalb belief sich der Umsatz für den einzelnen von Sandoz beworbenen deutschen Arzt im Jahr 1953 auf 285 Franken.

In der Reihenfolge der Länder erschien Italien an vierter Stelle mit Verkäufen in Höhe von 12,7 Millionen Franken und einer Steigerungsrate von 14,9 %. Diese Erhöhung ging hauptsächlich auf das Konto von Calcium-Sandoz® mit Vitamin, Hydergin® und Cedilanid®.

Auf dem fünften Rang folgte Brasilien mit 5,9 Millionen Franken und einer Steigerung von nur 1,8 %. Die Stagnation im Verkauf war auf Rationalisierungsmaßnahmen zurück-

---

15 Dunant, Yves, Dr.; Chemiker, * 1912 Emmen bei Luzern. 1969 Delegierter des Verwaltungsrates der Sandoz A.G., 1976 -1985 Präsident des Verwaltungsrates.

zuführen, die eingeleitet wurden, um eine vorzeitige Erschöpfung der Lagerbestände in Brasilien zu verhindern. Im gesamten Jahr 1953 konnten vom Stammhaus in Basel keine Ausgangsmaterialien nach Brasilien zur weiteren Verarbeitung durch die Firma Squibb in Sao Paulo exportiert werden.

Auf dem sechsten Platz reihte sich die Schweiz mit Verkäufen in Höhe von 5,5 Millionen Franken ein, was einer Zunahme von 3,9 % gleichkam. Diese langsame Aufwärtsentwicklung wurde mit den bereits ausgeschöpften Verkaufsmöglichkeiten begründet. Der günstige Versorgungszustand mit Ergotamin ermöglichte die Einführung von Cafergot®-Dragées im Februar 1953 in der Schweiz. Der Einstieg ins Geschäft mit Antiallergika erfolgte im Juni 1953 mit der Neueinführung von Sandosten® und Sandosten + Calcium®, die vorläufig nur in der Schweiz in den Handel gebracht wurden.

Auf den siebten Rang rückte 1953 Indien mit Verkäufen von 5,3 Millionen Franken. Die Steigerung gegenüber dem Vorjahr betrug 13,8 % und wurde speziell mit Calcium-Sandoz® plus Vitamin und den Mutterkornpräparaten erzielt. Einer möglichen weiteren Umsatzzunahme standen eine Reihe von Maßnahmen der nationalistischen Regierung Indiens entgegen. Um die Einfuhrquote zu sichern, wurde Sandoz von den indischen Behörden genötigt, Calciumgluconat in Indien zu fabrizieren. Desweiteren erließ die Regierung Vorschriften, die eine Einschränkung von europäischem Personal zugunsten indischer Staatsbürger zum Inhalt hatten.

Die folgende achte Stelle beanspruchte Spanien mit einem Verkaufserlös von fünf Millionen Franken im Jahr 1953 und einer Zunahme von 13,8 % im Vergleich zum Vorjahr. Die Verkaufsentwicklung in Spanien war durch Versorgungsschwierigkeiten, die durch behördliche Regelungen hervorgerufen wurden, stark behindert. Die vorhandene Nachfrage konnte in diesem Absatzgebiet nicht ganz befriedigt werden. Durch den Bezug von 76 Tonnen spanischen Mutterkornes konnte Sandoz 1953 zusätzliche Einfuhrkontingente erlangen. Allerdings war diese Transaktion mit erheblichen Kosten und Schwierigkeiten verbunden, die eine zukünftige Wiederholung nicht ratsam erscheinen ließen, zumal man mit Drogen iberischer Provenienz für längere Zeit ausreichend versorgt war.

Den neunten Platz nahm Belgien mit einem Zuwachs von 1,6 % auf insgesamt 4,7 Millionen Schweizer Franken ein. Die geringe Gewinnspanne hatte ihren Grund in einer von der belgischen Behörde im Frühjahr 1953 auferlegten Preissenkung um 18 %. Die dortige Organisation wurde durch die Umwandlung der Firma "Sorg" in eine im Sandoz-Besitz befindliche Aktiengesellschaft gefestigt und ausgebaut.

England belegte den zehnten Rang mit 4,2 Millionen Franken und einer immensen Zunahme von 25,4 % im Vergleich zu den Umsatzerlösen des vorangegangenen Jahres. Auf den beworbenen englischen Arzt entfiel 1953 nur ein Umsatz von 130 Franken.

Neu eingeführt wurden im Jahr 1953 in der Gruppe der Herzglykoside das Acetyl-Digitoxin®. Ein weiteres neues Produkt im Bestand der pharmazeutischen Spezialitäten stellte das Puroverin® dar, ein aus den kristallisierten Reinalkaloiden Protoveratrin A und Protoveratrin B bestehendes Präparat. Als Hauptindikationsgebiete nannte man Hypertonie und Schwangerschaftstoxikose[16]. Zusätzlich wurden Ipecopan®-Dragées eingeführt.

1954 war ein Jahr der Mengenkonjunktur, jedoch mit einem durch die wiedererstarkte deutsche Konkurrenz und den Abwehr- und Expansionskampf der übrigen Länder verursachten erhöhten Preisdruck. Die Pharmazeutische Abteilung der Sandoz konnte in diesem Jahr zum ersten Mal seit ihrer Gründung Verkäufe in der Höhe von mehr als 150 Millionen Schweizer Franken realisieren.

An der Umsatzentwicklung hatten die Mutterkornpräparate den wesentlichsten Anteil mit 42,2 % des Gesamtumsatzes. Allein 44,6 % dieser Verkäufe entfiel auf Bellergal®. Die Verkäufe der Mutterkornprodukte hatten sich seit 1946 vervierfacht und seit 1949 verdoppelt. Die Gruppe der Hypnotika, Sedativa und Analgetika erzielte 22 % des Gesamtverkaufs. Hier stand das Optalidon® an erster Stelle, auf das 59 % der Verkäufe dieser Gruppe entfielen. Die Calcium- und Eisenpräparate partizipierten mit 20 % an den Gesamtverkäufen. Die Geschäftsleitung stellte fest, daß der Umsatzanteil der ursprünglichen reinen Calciumpräparate, die lange Jahre die Spitzenposition eingenommen hatten, auf 35,6 % zurückging und von Calcibronat® überrundet wurde[17], das einen Anteil von 38,8 % erzielte. Diese Umsatzeinbußen wurden ausgeglichen durch die Produktgruppe Calcium mit Vitamin, deren Positionierung auf dem Markt erst im Jahr 1950 erfolgte und die bereits 1954 mit 21,3 % an den Verkäufen dieser Gruppe beteiligt war. Bei den Herzglykosiden war das führende Produkt weiterhin mit 70 % Umsatzanteil das Cedilanid®.

Im Jahr 1954 hatten die pharmazeutischen Produktionsbetriebe in Basel infolge stärkerer Verlagerung ins Ausland ihr Personal stark reduziert. Die Verlagerung war bedingt durch die aus den vorhergegangenen Jahren schon bekannten Schwierigkeiten mit Einfuhrbeschränkungen, Devisenrestriktionen und Zöllen, auch das gestiegene schweizerische Preisniveau spielte eine Rolle.

Im Jahr 1955 machte sich der Wettbewerb verstärkt geltend. Dieser hatte neben dem Rückgang der Verkaufserlöse für einige Produkte, vor allem bedingt durch die zunehmend auf dem Markt auftretende Nachahmerkonkurrenz auf dem Gebiet der Mutterkornpräpa-

---

16 Vgl. FA C-102, Verwaltungsratsprotokoll vom 4. März 1954.
17 Vgl. FA C-102, Verwaltungsratsprotokoll vom 9. März 1954.

rate, Preiskonzessionen und vermehrten Werbeaufwand zur Folge. Aber der Nachfrage von Seiten der Ärzteschaft nach neuen und innovativen Produkten wollte man durch die Schaffung neuer Kombinationspräparate Rechnung tragen.

Einbußen waren in den Verkäufen einiger südamerikanischer Staaten, vor allem Kolumbien und Brasilien, zu verzeichnen. Als Folge des in diesem Jahr niedrigen Kaffeepreises führten diese Länder Importrestriktionen ein. Auch wirkte sich in Süd- und Mittelamerika wie in Osteuropa ein zunehmender Devisenmangel nachteilig auf die Verkaufsergebnisse aus. In Argentinien konnte den Importhindernissen, die dort 40 % Umsatzeinbuße nach sich zogen, durch die Gründung einer Tochtergesellschaft gegen Ende 1955 erfolgreich entgegengewirkt werden.

Im Jahr 1955 bestanden in 49 Ländern, die zusammen 64 Millionen Franken entsprechend 75 % des Umsatzes der Pharmazeutischen Abteilung darstellten, keinerlei Import- oder Devisenbeschränkungen. In 33 Ländern, in denen ein Gesamtumsatz von zehn Millionen oder 11 % des Umsatzes erzielt wurden, herrschten Einfuhr-, aber keine Devisenrestriktionen. In weiteren dreizehn Ländern mit einem Umsatz von sieben Millionen Schweizer Franken, die einem achtprozentigen Anteil entsprachen, bestanden ungenügende Importzuteilungen. Ein Verkaufserlös von zusammen fünf Millionen Franken oder sechs Prozent wurde in zwölf Staaten erreicht, die zeitweilig ungenügende Importzuteilungen aufwiesen[18].

Vorerst nur in Frankreich kam ein Mittel gegen die Reisekrankheit, das Scambellin®, neu in den Handel. Für den Markt der Vereinigten Staaten wurde eine neue Form des Belladenal®, die Belladenal Space Tablets®, geschaffen, die sich durch eine verlängerte Wirkungsdauer, bedingt durch eine neuartige Galenik, auszeichneten. Sie wurde zur Eröffnung neuer Absatzmöglichkeiten entwickelt und eingeführt. Für das Herzmittel Acetyl-Digitoxin® wurde 1955 die Kurzbezeichnung Acylanid® eingeführt. Jedoch stellte die wichtigste Neueinführung das Syntocinon® dar. Mit dem Syntocinon® gelangte das erste Produkt auf den Markt, das in dem mit großem Aufwand von der Sandoz errichteten Laboratorium, das sich mit dem Gebiet Peptid- und Eiweißforschung befaßte, entwickelt worden war. Der Eintritt in das völlig neuartige Gebiet der Synthese von Hormonen wurde von der Direktion folgendermaßen kommentiert: "In der technischen Herstellung und Einführung in die Therapie eines solchen total-synthetisch hergestellten Präparates, das aus 9 Aminosäuren gebildet wird, besitzt Sandoz auf der ganzen Welt die Priorität"[19]. Es war nun möglich, dieses synthetisch hergestellte Hypophysenhinterlappenhormon mit dem Namen Oxytocin rein und in beliebigen Mengen rationell herzustellen. Schon seit langem

---

18 Vgl. FA C-102, Beilage 5 zum Verwaltungsratsprotokoll vom 21. September 1956.

19 Vgl. FA C-102, Beilage zum Verwaltungsratsprotokoll vom 8. März 1956.

wurde es als Naturprodukt, häufig in nicht ganz reinem Zustand und in nur begrenzt zur Verfügung stehenden Menge als Mittel zur Geburtseinleitung verwendet.

Doch wollte man bei Sandoz das angestammte Gebiet trotz dieser neuen Erfolge und des weiteren Ausbaues der rein synthetischen Forschung nicht reduzieren. Im Jahr 1955 beschäftigten sich zehn Forschungschemiker, also rund ein Drittel aller angestellten Chemiker, mit Aufgaben der reinen Synthese, wobei man klar erkannte, daß für die gesamte Forschung der Sandoz diese Richtung zunehmend an Bedeutung gewinnen würde[20].

1.4. Wirtschaftspolitischer Hintergrund

Im Jahr 1956 - einhundert Jahre zuvor war William Henry Perkins die industrielle Herstellung des ersten synthetischen Farbstoffes aus Derivaten des Steinkohlenteers gelungen und Sandoz konnte bereits auf eine siebzigjährige Firmengeschichte zurückblicken - nahm trotz erheblicher Spannungen in der Weltpolitik die Liberalisierung des Handels und des Zahlungsverkehrs in Europa weiterhin zu. Dessen ungeachtet hatte sich jedoch der staatliche Protektionismus hartnäckig behauptet. Nicht nur Zollschranken, Zollwertzuschläge, Einfuhr- und Devisenkontingente, sondern auch fiskalische Eingriffe und selbst der Formalismus einiger Gesundheitsbehörden wurden in etlichen Ländern dazu benutzt, Importe, für die eine lebhafte Nachfrage bestand, möglichst zu unterbinden. Trotz dieser Einfuhrschwierigkeiten und der damit erforderlichen Verlagerung von Fabrikationszweigen ins Ausland konnte die Basler Produktion gesteigert werden, weil Sandoz einerseits die Ausweitung des pharmazeutischen Weltgeschäftes und andererseits die vermehrte Lagerhaltung der firmeneigenen Auslandsorganisationen und der Kunden intensivierte.

Aber auch mit patentrechtlichen Schwierigkeiten, vor allem in Italien, wurde die Pharmadivision konfrontiert. Dort wurde bereits seit einigen Jahren die Frage diskutiert, ob Artikel 14 des italienischen Patentgesetzes aus dem Jahr 1939, der die Patentierung von Verfahren zur Gewinnung von Arzneimitteln ausschloß, verfassungsgemäß sei. Ende 1956 erachtete der italienische Verfassungsgerichtshof diese Gesetzesbestimmung als verfassungskonform, so daß in den nachfolgenden Jahren in diesem Staat auf dem Heilmittelgebiet keinerlei Patentschutz bestand. Das Geschäft mit Nachahmerpräparaten nahm nach dieser Entscheidung kräftig zu[21].

---

20 Vgl. FA C-102, Beilage 1a zum Verwaltungsratsprotokoll vom 21. September 1956.
21 Vgl. FA C-835.1, Geschäftsbericht 1956.

Auch 1956 hatte die Pharmazeutische Abteilung mit 11,2 % Umsatzsteigerung gegenüber dem Vorjahr die anderen Sparten überrundet, wobei vorwiegend in der zweiten Jahreshälfte die Nachfrage nach den pharmazeutischen Spezialitäten deutlich gestiegen war. Dadurch wurde die Produktion stark beansprucht und es mußten wegen der meist kurzfristig eingegangenen Aufträge rasch und durchgreifend Betriebsumstellungen erfolgen. Neben Einstellungen von zusätzlichem Personal versuchte man sich durch Forcierung der bereits schon in fortgeschrittenem Stadium befindlichen Rationalisierung und Mechanisierung der fabrikatorischen Vorgänge auch auf kurzfristige Bestelleingänge einzustellen. Entsprechend dem erhöhten Absatz an pharmazeutischen Spezialitäten war auch die Produktion der Reinstoffe angestiegen. In der damals ältesten Betriebsanlage des Konzerns, dem noch aus dem Jahr 1926 stammenden Calcium-Betrieb, wurden 1955 insgesamt 208,1 Tonnen Calcium-Salze hergestellt, wogegen 195,0 Tonnen verbraucht wurden. Im darauffolgenden Jahr stand einer Produktion von 258,7 Tonnen ein Bedarf von 278,6 Tonnen gegenüber, der nur durch den Zugriff auf das bestehende Lager gedeckt werden konnte. Ähnlich sah es in den anderen, moderner ausgestatteten Produktionsanlagen aus. 1955 konnte die Fabrikation von Barbitursäurederivaten mit 9,6 Tonnen den Jahresverbrauch von 9,3 Tonnen noch decken. Aber schon ein Jahr später reichte trotz einer Steigerung auf 11,4 Tonnen die Herstellungsmenge nicht aus, die benötigten 19,7 Tonnen auszugleichen. Auch beim Pursennid® konnte die Produktionsmenge, die 1955 noch 1.013,4 Tonnen gegenüber einem Verbrauch von 967,7 Tonnen betrug, im Jahr 1956 mit 1.247,7 Tonnen dem Bedarf von 1.581,0 Tonnen ohne die Einbeziehung der Lagervorräte nicht mehr gerecht werden.

Mit insgesamt 21,56 Millionen hergestellten Packungen allein im Herstellungsbetrieb in Basel wurde ein neuer Rekord erreicht. Dies entsprach einem Anteil an der weltweiten Fertigpackungsfabrikation von 29,1 %. Die Zuwachsraten des Basler Produktionsvolumens lagen je nach galenischer Zubereitung zwischen 12,0 % bei den Tabletten und Dragées und 77,1 % bei den Sirupen[22].

Die mikroanalytische Abteilung führte mit 10.225 Analysen etwa ein Fünftel mehr Untersuchungen für die Forschung durch als im Vorjahr. Die Anfertigung von UV- und IR-Spektren in der spektralanalytischen Abteilung erhöhten sich gegenüber dem Vorjahr auf nahezu die dreifache Menge. Deshalb wurde in der Forschungsabteilung der Personalbestand um fünf auf insgesamt fünfunddreißig Chemiker erhöht. Die Verkaufs- und Vertriebsorganisation erfuhr gleichzeitig eine Anpassung an die erhöhten Verkäufe durch systematischen Ausbau. Dieser erfolgte vorwiegend durch die Anstellung einer größeren Anzahl von qualifizierten Mitarbeitern.

---

22 Vgl. FA C-102, Beilage 1 zum Verwaltungsratsprotokoll vom 6. März 1957.

Das Produktsortiment erfuhr im August 1956 in den USA und Mitte September 1956 in der Schweiz eine Bereicherung durch die Einführung des Belladenal retard®.

Auch 1957 bedurfte es erheblicher Anstrengungen, damit die Produktion mit der erneut gestiegenen Nachfrage Schritt halten und die Ausführung der Aufträge ohne Verzögerung gewährleistet werden konnte. Des öfteren bildeten sich Engpässe vor allem in den galenischen Betrieben. Das hohe Niveau der produzierten Calciumsalze des Vorjahres wurde nochmals um 35 % übertroffen und erreichte mit einer Herstellungsmenge von 348 Tonnen die Kapazitätsgrenze der damaligen Produktionsanlage. Die gleiche Lage ergab sich bei der Herstellung von Sandosten®. Diese Anlage war bereits im Vorjahr mit ungefähr 2,2 Tonnen maximal ausgelastet gewesen. Man hatte allerdings einen Bedarf von genau 2.864 Kilogramm, den man nur zu Lasten der noch bestehenden Vorräte befriedigen konnte. Diese hohe Produktionsauslastung machte nochmals Personaleinstellungen erforderlich. Die Anzahl der Beschäftigten in der Produktion nahm um ein Viertel zu.

Aber nicht nur die Produktionsbetriebe, sondern auch die End- und Zwischenlager sahen sich mit Kapazitätsschwierigkeiten konfrontiert. Eingedenk der Situation einiger Jahre zuvor, als die aus dem Mutterkorn gewonnenen Ausgangsstoffe nur in ungenügender Menge erhältlich waren und somit die Lieferbereitschaft stark beeinträchtigt gewesen war, legte man größere Lager an. Trotz der damit verbundenen hohen Kosten wollte man die ständige Versorgung des Patienten mit diesen Medikamenten garantieren. Die Vorräte an Ergotamintartrat in jedem Stadium der Verarbeitung von der Rohware bis zum Fertigprodukt beliefen sich 1957 auf 2.143,5 Kilogramm. Wenn man den Bedarf des Jahres 1957 von 257,8 Kilogramm zugrundelegt, so würde dieser Lagerbestand für die kommenden acht Jahre ausgereicht haben. Die Vorräte an Hydergin®-Komponenten in jedem Verarbeitungsstadium beliefen sich, basierend auf dem Ergocristin, das damals den geringsten Lageranteil der drei im Hydergin® enthaltenen Inhaltsstoffe aufwies, unter Zugrundelegung des Bedarfs von 1957 auf elf weitere Jahre.

Eine Umsatzsteigerung um 14,3 % auf 203,6 Millionen Franken konnte die Pharmazeutische Abteilung in jenem Jahr verzeichnen. Das umsatzstärkste Präparat war 1957 das Bellergal® mit etwa 31,2 Millionen Franken, was einem Anteil am Gesamtumsatz der Abteilung von 15,6 % entsprach. Die nächstfolgenden Produkte waren Optalidon® mit 26,8 Millionen Schweizer Franken, Cedilanid® mit 19,4, Calcibronat® mit 14,1, Cafergot® mit 11,1, Calcium-Sandoz® mit 9,8, Calcium Sandoz + Vitamin® mit 9,6, Hydergin® mit 8,8, Belladenal® mit 8,3 und auf dem zehnten Platz lag das Gynergen® mit 7,8 Millionen Schweizer Franken[23].

---

23 Vgl. FA C-102, Verwaltungsprotokoll vom 7. März 1958.

Die Mutterkornprodukte hielten immer noch mit großem Abstand den ersten Rang mit einem Anteil von 37 % am Gesamtumsatz, gefolgt von der Gruppe der Sedativa, Hypnotika und Analgetika, die 23,5 % vom Gesamtumsatz für sich verbuchen konnten. Den dritten Platz hatten die Calcium- und Eisenpräparate inne, die mit 17,7 % an den Gesamterlösen partizipierten.

Einige dieser Produktgruppen erhielten sinnvolle Ergänzungen. Im März 1957 konnte das Präparat PH 203® dem Handel neu zur Verfügung gestellt werden. Hierbei handelte es sich um Mischampullen der Sandoz-Präparate Panthesin® und Hydergin®, die für das Einsatzgebiet der Thrombose- und Embolieprophylaxe geschaffen wurden. Im April 1957 gelangten die Calcibronat + Vitamin B1®-Ampullen und das Sandosten-Calcium® als Sirup auf den Markt. Im nächstfolgenden Monat konnte das Sandosten-Spray®, eine Kombination des Produktes Sandosten® mit Calcium und Ephedrin zur Lokalbehandlung des allergischen Schnupfens, neu eingeführt werden. Im Juli 1957 konnte das zuvor nur in Frankreich lancierte Scambellin® nun in Form von Tabletten und Suppositorien auch in anderen Ländern den Patienten zur Verfügung gestellt werden.

1958 kam es zu einer verringerten Nachfrage nach pharmazeutischen Präparaten der Sandoz und folglich nur zu einer dreiprozentigen Verkaufssteigerung. Dieses Jahr war durch einige Faktoren geprägt, die sich negativ auf das Verkaufsgeschäft auswirkten: z. B. die Geldentwertung in den Abnehmerländern Frankreich, Brasilien, Chile, Kolumbien, Bolivien, Peru, Uruguay und Indochina. Allein für die vier erstgenannten Absatzgebiete bedingte die Kurssenkung eine Erlösminderung von etwa 7,5 Millionen Schweizer Franken. Aber auch die zunehmend verschärfte Konkurrenzsituation gerade bei den Hauptumsatzträgern hatte Einfluß auf das Umsatzergebnis. Man sah sich dadurch in zahlreichen Gebieten gezwungen, die Verkaufspreise von Bellergal®, Belladenal®, Hydergin®, Methergin®, Optalidon®, Pursennid®, den Präparaten der Calciumgruppe und sogar von Cedilanid® zu senken. Teilweise gelang es, die Erlösminderungen durch eine Belebung des quantitativen Umsatzes auszugleichen.

Infolge von Importschwierigkeiten konnten Lagerstätten nur mangelhaft ausgestattet werden. Die Devisenrestriktionen in der Türkei, in Südostasien[24] und in einigen südamerikanischen Staaten hatten eine normale Versorgung dieser Gebiete zunehmend beeinträchtigt.

Einschneidende Kreditrestriktionen machten es dem Zwischenhandel unmöglich, Lagervorräte in normalem Ausmaß wieder zu ergänzen. Dies war 1958 besonders in Griechenland, Ekuador und Bolivien der Fall. Durch politische Ereignisse wurde das Geschäft mit den Nahoststaaten, aber auch mit Indonesien, Venezuela und Kuba gehemmt.

---

24 In Indien, Pakistan, Indonesien, Burma und den Philippinen.

Im Rahmen der "Vereinten Nationen" (UN) erarbeitete eine Internationale Konferenz über Handel und Entwicklung auf Vorkonferenzen in London und Genf sowie auf der Hauptkonferenz in Havanna[25] die sogenannte Havanna-Charta, die auch die Schaffung einer internationalen Handelsorganisation vorsah. Wegen der schwerfälligen Ratifizierungsverfahren wurden bereits auf der Genfer Vorkonferenz Gespräche über Zollsenkungen geführt. Damit sollte der handelspolitische Teil der "Havanna-Charta" vorweg in Kraft gesetzt werden. Insgesamt dreiundzwanzig Länder unterzeichneten im Herbst 1947[26] ein Protokoll über die vorläufige Anwendung des "Allgemeinen Zoll- und Handelsabkommens", das Anfang Januar 1948[27] in Kraft trat. Da das GATT in die geplante "Internationale Handelsorganisation" (ITO), die dem Wiederaufbau und der Integration der Weltwirtschaft auf handelspolitischem Gebiet dienen sollte, eingegliedert werden sollte, wurde es nicht institutionell abgesichert. Nach dem Scheitern der "Havanna-Charta" wurde das GATT - eine Ratifizierung scheiterte 1950 am Widerstand des amerikanischen Kongresses - zu einer Dauereinrichtung, die auch heute noch de jure nur vorläufig angewandt wird[28]. Das GATT zielt mittels Ausweitung des Welthandels auf die Hebung des Lebensstandards und die Sicherung der Vollbeschäftigung in den Mitgliedsstaaten. Dieses soll durch den Abbau der Zölle und anderer Handelsschranken sowie durch die Beseitigung der Diskriminierung im internationalen Handel erreicht werden. Dazu sieht das GATT in gewissen Abständen Verhandlungen vor, in denen sich in der Regel bei jedem Produkt nur das Hauptlieferland und das Hauptabnehmerland gegenüberstehen. Nach der unbedingten Meistbegünstigungsklausel[29] werden dann sämtliche Verhandlungsergebnisse unverzüglich und bedingungslos auf alle anderen Mitgliedsstaaten des GATT ausgedehnt.

Ende 1958[30] trat die Schweiz als vorläufiges Mitglied dem "Allgemeinen Zoll- und Handelsabkommen" bei; Mitte 1959[31] genehmigte das eidgenössische Parlament den im Hinblick auf den provisorischen GATT-Beitritt der Schweiz umfassend revidierten schweizerischen Zolltarif. Vollmitglied wurde die Schweiz erst im Frühjahr 1966[32].

Sandoz erhoffte sich natürlich durch den provisorischen GATT-Beitritt der Schweiz Handelserleichterungen, da den Mitgliedsländern neben etlichen anderen Regelungen mengenmäßige Einfuhrbeschränkungen sowie die Verschärfung bestehender und die Einführung neuer Handelsbeschränkungen verboten waren.

---

25 Die Hauptkonferenz in Havanna tagte vom 21. November 1947 bis 24. März 1948.
26 Am 30. Oktober 1947.
27 Am 1. Januar 1948.
28 Vgl. Deutsche Bundesbank (1986), 108 ff.
29 Vgl. Deutsche Bundesbank (1986), 110.
30 Am 22. November 1958.
31 Am 19. Juni 1959.
32 Am 1. April 1966.

Außer dem neuen Arzneimittel Melleril®, das im November 1958 zunächst nur in der Schweiz eingeführt wurde, und neben einem nur in den USA eingeführten Antacidum namens Bephan® wurden in diesem Jahr keine neuen pharmazeutischen Spezialitäten eingeführt. Melleril®, das als Tranquilizer und Neuroleptikum entwickelt worden war, beeinhaltet als Wirkstoff ein Phenothiazinderivat namens Thioridazin. Gleichzeitig mit dem Melleril® wurde dem Arzt unter der Bezeichnung Melleretten® ein zuverlässiges Psychorelaxans zur Verfügung gestellt, das bei psychosomatisch bedingten Störungen indiziert und im Prinzip nicht als eigenständiges Medikament zu werten ist, da es den selben Inhaltsstoff wie das Melleril®, allerdings in einer schwächeren Dosierung, aufweist. Durch diese Vorgehensweise konnte eine bessere Anpassung an die Bedürfnisse der inneren Medizin und der Pädiatrie erreicht werden. Der Entwicklungsbetrieb wurde besonders durch die Bereitstellung der notwendigen Mengen Thioridazin für das Melleril® stark in Anspruch genommen. Unter improvisierten Bedingungen konnte die Produktion allmählich erhöht werden. Sie konnte allerdings der Nachfrage trotz der Steigerung der monatlichen Herstellung von durchschnittlich 125 Kilogramm im Monat im Jahr 1958 auf 900 Kilogramm monatlich Ende 1959 nicht nachkommen. Da zur Herstellung dieser Verbindung dreizehn Arbeitsstufen notwendig waren, gestaltete sich die Synthese langwierig. Eine kontinuierliche Verfeinerung des Fabrikationsverfahrens half diesen Mißstand zu beheben.

Das umsatzstärkste Präparat war 1958 das Optalidon®, gefolgt von Bellergal®, Cedilanid®, Calcibronat®, Calcium-Sandoz®, Belladenal®, Calcium-Sandoz + Vitamin®, Cafergot®, Hydergin® und Fiorinal®.

Der Sandoz-Naturstoff-Forschung gelang 1958 innerhalb kurzer Zeit nicht nur die Reindarstellung und Strukturaufklärung, sondern auch die Synthese der wirksamen Bestandteile des mexikanischen Pilzes "Psilocybe mexicana Heim". Die hierbei neu gewonnenen Wirkstoffe Psilocybin und Psilocin gehören zu den Psychopharmaka. Beide sind strukturell mit dem Neurotransmitter Serotonin verwandt und erwiesen sich nicht nur in der experimentellen Psychiatrie, sondern auch als medikamentöses Hilfsmittel in der Psychoanalyse und der Psychotherapie als wertvoll[33].

1959 galt das Hauptinteresse der Forschungsabteilung weiterhin solchen Stoffen, die in die große Gruppe von Verbindungen mit psychotroper Wirkung einzuordnen waren. Als Prototyp von Substanzen, die beim Studium von psychischen Störungen wertvolle Dienste leisteten, galt das schon seit längerem vom Sandoz-Chemiker Dr. Albert Hofmann entdeckte Lysergsäurediäthylamid (LSD), ein Derivat der im Mutterkorn vorkommenden Lysergsäure. Die Kliniken und Fachärzte erhielten dieses Präparat unter der Medikamentenbezeichnung Delysid®, wobei ein Dragée 0,025 mg und eine Ampulle zur oralen Ver-

33 Vgl. 75 Jahre Sandoz (1961), 45.

abreichung 0,1 mg D-Lysergsäurediäthylamidtartrat als Wirksubstanz enthielt. Es leistete gute Dienste als medikamentöses Adjuvans bei psychoanalytischen Behandlungsverfahren.

Ferner konnte aus dem Forschungsgebiet der vollsynthetischen Arzneistoffe mit der Entwicklung des Palerol®, einer Kombination aus Tropenzilium und Piperylon, dem Arzt ein Präparat mit Anwendungsmöglichkeiten in der Urologie, der Geburtshilfe und bei Störungen des Magen-Darmtraktes zur Verfügung gestellt werden. In diesem Präparat kam die sinnvolle Ergänzung der beiden in kombinierter Form vorliegenden Wirkstoffe zum Tragen, die sich auf die neurotrop-spasmolytische Wirkung des Tropenziliums und die schmerzstillenden, aber zugleich auch krampflösenden Eigenschaften des Piperylons gründeten.

Ein zunehmender Bedarf an Kardiaka veranlaßte Sandoz durch Reindarstellung herzwirksamer Glykoside - auf diesem Gebiet hatte die Firma bereits seit Jahrzehnten Pionierarbeit geleistet - mit weiteren Präparaten Eingang in das entsprechende Therapiegebiet zu erlangen. Neben dem bewährten Cedilanid® und den übrigen von Sandoz hergestellten Herzglykosiden wurden die beiden Digitalispräparate Digoxin® und Digitoxin® in den Handel gebracht.

Einer vermehrten Differenzierung der galenischen Formen, die eine laufende Anpassung an die individuellen Wünsche und Bedürfnisse des Arztes und des Patienten gewährleisten sollte, kam Sandoz durch die Neueinführung des Syntocinon-Sprays® nach. Dieses erlaubte die einfache intranasale Applikation des bei oraler Einnahme unwirksamen Hormons und stellte gegenüber der Ampullenform einen entscheidenden Fortschritt, nämlich die Umgehung der Injektion, dar.

2. Phase der Dynamik

2.1. Die Erforschung neuer Medikamente

Durch die intensive Erforschung der Pharmakodynamik der bisher von Sandoz in großer Zahl synthetisierten Phenothiazinverbindungen gelang es, einen Vertreter dieser Gruppe, das Thiethylperazin, als Antiemetikum und Antivertiginosum unter der Spezialitätenbezeichnung Torecan® zu entwickeln und gegen Ende 1960 neu einzuführen[34].

---

34 Vgl. FA H-211.28, Torecan, 1961.

Auf dem Arbeitsgebiet der Peptidforschung gelang einer Forschergruppe die Synthese und Konstitutionsaufklärung des Bradykinins. Die genaue Konstitution dieses Nonapeptids konnte durch die im Sandoz-Labor durchgeführte Synthese eines Peptides, das qualitativ und quantitativ die vollständige Wirksamkeit des natürlichen, aus dem Blut gewonnenen Bradykinins besaß, ermittelt werden. Ein nachträglich vollzogener Nachweis zeigte die Übereinstimmung der natürlichen mit der synthetischen Verbindung auf.

Trotz umfangreicher Forschungsarbeiten auf dem Gebiet der synthetischen Präparate hatte die Bearbeitung von Wirkstoffen aus höheren Pflanzen und Pilzen nach wie vor einen erheblichen Stellenwert. Aus zahlreichen experimentellen und klinischen Untersuchungen wurde ersichtlich, daß ein partialsynthetisch erhaltenes Derivat des Grundkörpers der im Mutterkorn enthaltenen Lysergsäure, nämlich das Methysergid, therapeutische Eigenschaften besonders bei Migräne und anderen vaskulär bedingten Kopfschmerzen entfaltete. Diese Verbindung, das Deseril®, wurde als erster klinisch verwertbarer Serotoninantagonist 1960 auf den Markt gebracht.

Auch im Bereich der Herzglykoside führte man intensive Forschungen weiter. Das Ergebnis dieser Anstrengungen war das Ende 1960 in der Schweiz eingeführte Strophanestin®, ein Strophantuspräparat, das eine schmerzlose intramuskuläre Applikation gestattete.

Das Jahr 1961 zeichnete sich durch eine Vielzahl von Entwicklungen und Einführungen von ausschließlich synthetischen oder partialsynthetischen Präparaten aus.

Außerdem gelang es nach jahrelangen Bemühungen auf dem traditionellen Forschungsgebiet der Mutterkornchemie erstmals, die Alkaloide des Ergotamintyps[35] zu synthetisieren. Die Geschäftsleitung erhoffte sich durch diese vorerst eher im wissenschaftlichen Bereich angesiedelte Entdeckung produktionsorientierte Entwicklungsmöglichkeiten.

Auf dem Gebiet der synthetischen Peptide konnte ein rationeller Syntheseweg für das Hypophysenhinterlappenhormon Vasopressin entwickelt werden. Unter der Bezeichnung Vasopressin-Sandoz® stand das Lypressin[36] dem Arzt als erstes vollsynthetisches Präparat zur Behandlung von Diabetes insipidus ab 1961 in reiner Form ohne Begleitstoffe zur Verfügung.

Zur Prophylaxe von Nachgeburtsblutungen wurde ein Präparat entwickelt, das unter dem Namen Syntometrin® Eingang in die Therapie fand.

Mit dem Darmantiseptikum Intestopan® wurde nun eine Wirkstoffkombination, die als patentierte Substanz das Brobenzoxaldin enthielt, eingeführt. In Studien, die vor allem in

---

35 Totalsynthese von Ergotamin 1961 durch die Sandoz-Forscher Albert Hofmann, Albert Frey und Hans Ott.

36 Lysin-Vasopressin.

tropischen Ländern durchgeführt worden waren, hatte dieses Präparat erfolgreich abgeschnitten[37].

Besonders bei emotionell verursachten Schlafstörungen konnte mit dem Medikament Sandoxal® dem Arzt ein wirksames Mittel für die Therapie empfohlen werden[38].

Desweiteren wurde zur Behandlung gewisser Anämieformen ein Cobalt-Kupfer-Eisen-Präparat unter dem Produktnamen CCF® vorerst nur auf dem indischen Markt lanciert.

Im Jahr 1962 wurden die schon zuvor nicht unerheblichen Investitionen für die Forschung der Pharmazeutischen Abteilung wesentlich erhöht. Sie sollten eine intensivere Bearbeitung der angestammten Gebiete sichern, neue Forschungsaufgaben fördern und den wachsenden Ansprüchen an die Entwicklung galenischer Zubereitungen Genüge leisten. Die pharmazeutischen Forschungsaktivitäten wurden gleichermaßen auf die Bearbeitung von Naturstoffen und Synthetika aufgeteilt.

Die 1962 erstmals auf den Markt gebrachten Arzneimittel waren wie die des Vorjahres fast ausnahmslos auf synthetischem Weg hergestellt. Anfang Januar wurde ein chemisch dem Oxytocin und dem Vasopressin nahestehendes Peptid mit spezifischem vasokonstriktorischem Effekt unter der Bezeichnung Octapressin® eingeführt. Dieses Medikament fand zur Erzeugung lokaler Blutleere bei speziellen chirurgischen Eingriffen Verwendung. Es folgte das Ponalid®, ein Medikament zur Bekämpfung von neuro-muskulären Störungen.

Mit dem Neutrolac® wurde ein wirksames Mittel gegen die Ulcusleiden und Hyperazidität entwickelt, in dem mineralische Antacida feinstdispers und homogen in Bestandteile der Milch eingearbeitet waren.

Ein Diätpräparat namens Bi-X-Cuits-Sandoz®, das lebenswichtige Vitamine, Mineralstoffe und Nährstoffe von genau eingestelltem, niedrigem Kaloriengehalt enthielt, wurde im Mai 1962 auf dem Markt lanciert.

Melleril® stand 1962, nachdem es erst drei Jahre im Handel war, an erster Stelle in der Liste der umsatzstärksten Sandoz-Präparate mit einer Verkaufszunahme von 44,3 % gegenüber dem Vorjahr, gefolgt von Bellergal®, dessen Verkäufe um ein Prozent abnahmen. Umsatzmäßig an dritter Stelle stand Optalidon® mit einer Steigerung von 8,5 %, gefolgt von Cedilanid® mit 3,5 % und auf Rang fünf Hydergin®, das trotz beträchtlichem Konkurrenzdruck immer noch einen beachtlichen Zuwachs von 18,3 % erzielen konnte.

Eine weitere Produktionsverlagerung ins Ausland und damit eine Entlastung der Basler Produktionsstätte erfolgte Ende 1962 mit der Fabrikationsaufnahme im neuen brasilianischen Werk in Resende. Außerdem konnte zu diesem Zeitpunkt in den neu erstellten For-

37 Vgl. FA H-211.23, Intestopan, 1961.
38 Vgl. FA H-211.26, Sandoxal, 1961.

schungslaboratorien in East Hanover im amerikanischen Staat New Jersey die Arbeit aufgenommen werden.

Sandoz konnte 1963 eine Umsatzsteigerung um ein Sechstel auf 431 Millionen Franken vorweisen[39]. Die Nachfrage nach den pharmazeutischen Produkten der Sandoz stieg vor allem in Nordamerika, in Europa sowie in den meisten asiatischen Ländern. Ungünstig auf den Absatz wirkten sich wie bereits in den vorangegangenen Jahren die Währungsentwertungen in Brasilien, Chile und Uruguay aus. Ferner nahm die Zahl der Absatzgebiete zu, in denen die Regierungen die Preisgestaltungen beeinflußten oder schon bestehende Preisvorschriften verschärften. Zudem waren in einigen Ländern Bestrebungen festzustellen, die Möglichkeit der Patentierung von Arzneimitteln abzuschaffen und Markennamen durch den Namen des chemischen Inhaltsstoffes zu ersetzen.

Der Erwerb der österreichischen Firma Biochemie Ges.m.b.H. im Dezember 1963 erlaubte Sandoz, in das Antibiotikageschäft einzusteigen[40].

In der Schweiz wurde im Februar und in Deutschland Anfang September 1963 ein Zytostatikum in zwei verschiedenen galenischen Zubereitungsformen, ein oral zu applizierende Präparat SP-G® und eine injizierbare Form mit der Bezeichnung SP-I®, in den Handel gebracht, welches aus Wirkstoffen der Podophyllum-Pflanze durch partialsynthetische Abwandlung erhalten wurde.

Als Diuretikum und Antihypertensivum gelangte die Wirksubstanz Clopamid unter dem Markennamen Brinaldix® in den Handel. Gleichfalls wurde das Medikament Sanredo®, ein Kombinationspräparat, das vorwiegend bei hartnäckiger Trigeminusneuralgie indiziert ist, im Jahr 1963 lanciert, ein weiteres Migränepräparat aus den Sandoz-Labors.

Im Oktober 1963 wurde aufgrund der guten Erfahrungen mit dem Spasmo-Analgetikum und Antipyretikum Piperylon bei Erkältungskrankheiten und Grippe die Kommerzialisierung dieses Präparates unter der Bezeichnung Theraflu® veranlaßt.

Im Rahmen von Lebenszyklusmaßnahmen für bestimmte Präparate, die sich schon seit geraumer Zeit im Sortiment befanden, und zur Abrundung der Produktprogramme wurden im Jahre 1963 etliche Produkte in den Handel gebracht. Im einzelnen waren dies im Januar 1963 das Fiorinal C® sowie ebenfalls im gleichen Monat das Calgluchin®.

Das Fiorinal C®, das zum herkömmlichen Fiorinal® als zusätzliche Komponente Codein enthielt, war ein Ergebnis der intensiv betriebenen Marktforschung und Ärztebefragung in den USA. Nach mehr als zehnjähriger Marktbearbeitung des Fiorinal® für die ausschließ-

39 Vgl. Grauert, Werner: Schweizer Großindustrie wieder mit imponierenden Erfolgen. In: Chemische Industrie, (1964), 285 ff.

40 Vgl. Kapitel VI.4.1.

liche Indikation "tension headache"[41] nahmen es die Patienten schnell als wirksames und allgemein anzuwendendes Schmerzmittel an. Dieser Markterfolg wurde nicht zuletzt durch die Erfahrung des in Motivationsstudien spezialisierten Leiters der Marktforschung in Hanover, New Jersey, ermöglicht, der die Einführungsmethoden kontinuierlich verfeinerte und auf die tatsächlichen Bedürfnisse des Arztes abstellte.

Im April 1963 folgte das Diätetikum Bi-X-Ettes® und im Mai das Sandosten + Calcium C®. Im September konnte das Calcium + Vitamin D® als weiteres Mittel der Gruppe der Calciumpräparate eingeführt werden, nachdem schon im Jahr zuvor die Calcium-Sandoz®-Brausetabletten mit dem Zusatz von Vitamin C ins Sortiment aufgenommen worden waren.

2.2. Zur führenden Rolle der Pharmazeutischen Abteilung

Innerhalb des Sandoz-Konzerns errang die Pharmasparte zunehmend die Führungsposition. Sie konnte 1964 die höchste Steigerungsquote aller Abteilungen vorweisen. Der Umsatz stieg um 21,8 % auf 525 Millionen Franken und machte damit die Hälfte des Konzernumsatzes aus.

Die Bemühungen um den lateinamerikanischen Markt konnten 1964 weiter forciert werden. Neben den bereits seit einem längeren Zeitraum etablierten Tochtergesellschaften in Argentinien, Uruguay, Venezuela und Mexiko zeugen die kurz hintereinander gegründeten Tochtergesellschaften in Chile, Kolumbien und Peru vom Interesse der Firma an diesem Absatzmarkt. Sandoz konnte sich trotz der regelmäßig auftretenden Geldentwertungen in diesen Ländern mit Erfolg halten, weil ihre Stützpunkte rechtzeitig zu Produktionsstätten ausgebaut worden waren. Dadurch konnten höhere Gewinne erwirtschaftet werden als bei reinen Konfektionierungs- und Vertriebsgesellschaften[42].

In Europa, das knapp die Hälfte der Umsätze erbracht hatte, konnte Sandoz seinen Anteil nicht ganz halten. Der Zuwachs der Exporte in die EFTA-Länder[43] lag etwas über dem in

---

41 Spannungskopfschmerz.

42 Vgl. Grauert, Werner; Vogel, Kristin: Produktion im Ausland - Rückgrat der Schweizer Großindustrie. In: Chemische Industrie, 17, (1965), 171.

43 European Free Trade Association (EFTA). Die EFTA wurde 1960 mit dem Ziel gegründet, die Handelsschranken zwischen den Mitgliedsländern im gewerblichen Bereich zu beseitigen und den Handel mit landwirtschaftlichen Erzeugnissen auszuweiten. Mitglieder der EFTA sind Finnland, Island, Norwegen, Österreich, Schweden und die Schweiz. Ende 1972 verließen die zwei Gründungsmitglieder Dänemark und Großbritannien die EFTA und schlossen sich der Europäischen Gemeinschaft (EG) an.

die Länder der EWG[44]. Überdurchschnittliche Erfolge konnten durch Exporte in die blockfreien europäischen Länder erzielt werden.

Demnach vereinigten 1965 die neun wichtigsten Länder und gleichzeitig die zehn wichtigsten Produkte etwa 73 % des Konzernumsatzes und rund 80 % des Zuwachses auf sich. Etwa die Hälfte des Melleril®-Umsatzes wurde in den USA erzielt, gefolgt von Japan, Frankreich, Kanada und Großbritannien.

Der Umsatz der Pharmazeutischen Abteilung im Jahr 1966 erreichte 736 Millionen Franken und lag damit um 16,6 % über dem des Vorjahres. Dieser positive Geschäftsverlauf bestätigte die erfolgreiche Anwendung der Marketingaktivitäten. Mit großer Genugtuung wurde deshalb auch in einem Verwaltungsratsprotokoll aus jener Zeit festgestellt: "Das 5-Jahresziel einer Umsatzverdoppelung wurde beinahe in 4 anstatt der vorgesehenen 5 Jahre erreicht"[45]. Hätte man dabei die Biochemie-Verkäufe mitberücksichtigt, so hätten sich die Umsätze weit mehr als verdoppelt.

Trotz des im Sinne einer Konsolidierung interpretierten positiven Geschäftsergebnisses wurde die Firma 1966 in Teilmärkten mit diversen Schwierigkeiten konfrontiert. Verschiedene Faktoren wirkten sich negativ auf die Umsatzzunahme aus: Eine Währungsabwertung in der Größenordnung von 36 % in Indien, der leichte Umsatzrückgang bei Deseril® infolge bekannt gewordener Nebenwirkungen sowie wider Erwarten ausgebliebene umfangreiche Käufe der Vertretung Sankyo[46] in Japan im Dezember 1966.

Das Jahr 1967 war für die Pharmazeutische Abteilung sehr ereignisreich. Im Januar erfolgte die Übernahme der Geschäftsführung der "Interpharma"[47], Anfang April vollzog sich ein Wechsel in der Direktion des Departements und im Oktober fand der Zusammenschluß mit der "Wander AG"[48] statt. Zudem wurde eine Veterinärabteilung errichtet und die Arbeiten für den anstehenden Fünfjahresplan, der sich mit der strategischen Ausrichtung der Firma über die nächsten Jahre befaßte, in Angriff genommen. Wegen dieser Ereignisse mußten neue administrative und organisatorische Aufgaben gelöst werden.

---

44 Europäische Währungsgemeinschaft (EWG). Die EWG, die durch den am 25. März 1957 in Rom unterzeichneten und am 1. Januar 1958 in Kraft getretenen EWG-Vertrag (EWGV) gegründet wurde, ist die wichtigste der drei Teilorganisationen (= 1. Europäische Gemeinschaft für Kohle und Stahl [EGKS, Montanunion]; 2. Europäische Wirtschaftgemeinschaft [EWG]; 3. Europäische Atomgemeinschaft [EAG, EURATOM]), aus der sich die Europäische Gemeinschaft zusammensetzt. Die Europäische Gemeinschaft hat es sich zur Aufgabe gemacht, einen gemeinsamen Markt zu schaffen und die Wirtschaftspolitik der Mitgliedsstaaten schrittweise zu harmonisieren.

45 Vgl. FA C-102, Verwaltungsratsprotokoll vom 17.März 1967.

46 Die japanische Firma Sankyo war als Kooperationspartner bis 1990 für den Vertrieb der Sandoz-Arzneimittel über die Großhandelskanäle zuständig.

47 "Interpharma" ist die Interessenvertretung der drei Basler Pharmaunternehmen Ciba-Geigy, Hoffmann-La Roche und Sandoz.

48 Vgl. Kapitel VI.4.3.

1967 stiegen die Pharmazeutikaverkäufe auf 796,3 Millionen Franken. Unter Zurechnung der anderen zum Konzern gehörenden Beteiligungen wie Biochemie, Alpine, Sanabo, pharmazeutische Chemikalien und dem Erlös aus Lohnfabrikationen, konnte ein Gesamtergebnis von 835,4 Millionen Franken erhalten werden.

Im Jahr 1967 wurde der Beschluß gefaßt, daß in Zukunft der Umsatz an Pharmazeutika sich aus den Sparten Sandoz, Wander, Biochemie, Sanabo und pharmazeutischen Chemikalien zusammensetzen sollte. Unter diesem Gesichtspunkt betrachtet, betrug der Pharma-Gesamtumsatz des Sandoz-Konzerns 1967 insgesamt 1,015 Milliarden Schweizer Franken. Somit überschritt Sandoz Pharma in jenem Jahr erstmals die Umsatzhürde von einer Milliarde Franken, was 51,3 % des Sandoz-Konzernumsatzes aller Abteilungen entsprach.

In Europa konnte 1967 mit 21,1 % wieder eine überdurchschnittliche Zunahme verzeichnet werden. Von der weltweiten Zunahme von 112,0 Millionen Franken nur an pharmazeutischen Präparaten wurden allein 76,0 Millionen Franken in Europa erzielt. Erneut war auch eine zunehmende Umsatzentwicklung in den wichtigsten Mittelmeerländern festzustellen. Hier wies Frankreich die weltweit absolut höchste Steigerung des Umsatzresultates auf. Hydergin® stand dort mit einem Umsatzanteil von 45 % nicht nur innerhalb des Sandoz-Konzerns an erster Stelle, sondern nahm auch den ersten Platz auf dem französischen Pharmamarkt ein. Die Aktivitäten der Firma blieben nicht nur auf die ertragreichen mitteleuropäischen Länder beschränkt, sondern auch andere Länder wurden in gleichem Maße beworben.

Parallel zur überdurchschnittlichen Umsatzsteigerung lief im nordischen Raum der Ausbau der skandinavischen Organisation. In Dänemark wurde eine Tochtergesellschaft gegründet.

Zur Intensivierung des Marktes im südostasiatischen Raum wurde ein Stützpunkt in Hongkong errichtet. In Indien sowie in einzelnen südamerikanischen Staaten wirkten sich wiederum Währungsabwertungen negativ aus.

Überdurchschnittlich hatten sich im Jahr 1967 Hydergin® mit einer Umsatzzunahme von 38,6 %, die Gruppe der Calcium-Sandoz®-Präparate mit 32,8 %, Dihydergot® mit 32,3 % sowie Torecan® mit 29,9 % gegenüber dem Vorjahr entwickelt. Hydergin® hatte als zweites Präparat des Sandoz-Konzerns nach dem Melleril®, das 175 Millionen Franken Umsatz erzielte, nun erstmals die Umsatzhürde von 100 Millionen Franken in jenem Jahr übersprungen. Aber auch andere Präparate des Pharmasortiments zeigten fast ausnahmslos äußerst positive Umsatzverläufe[49].

---

49 Vgl. FA C-102, Beilage Nr.4, 4 zum Verwaltungsratsprotokoll vom 21. März 1968.

Der Gesamtkonzern überschritt 1968 erstmals den Umsatz von zwei Milliarden Franken. An dem genauen Ergebnis von 2,194 Milliarden Franken partizipierte die Pharmazeutische Abteilung mit 1,151 Milliarden und konnte damit einen Zuwachs von 13,4 % gegenüber 1967 realisieren[50]. In Österreich und in Griechenland wurde das Geschäft mit pharmazeutischen Spezialitäten von Vertretungen auf Tochtergesellschaften übertragen. Auch 1968 konnten die bewährten Sandoz-Präparate wiederum Umsatzsteigerungen in der Größenordnung des Vorjahres erzielen. Allein auf die Produkte Hydergin® mit einem Zuwachs von 30,2 %, Dihydroergotamin (= DHE) mit 36,7 % und Melleril® mit 12,8 % entfiel mehr als die Hälfte der Gesamtsteigerung, nämlich genau 55,8 %[51]. Auch das Antiallergikum Tavegyl® konnte sich in den Ländern, in denen es nach und nach eingeführt wurde, schnell einen beträchtlichen Marktanteil erobern. Die Verkäufe der in dieser Indikationsgruppe fest im Markt implantierten Sandoz-Produkte, das Sandosten® und das Sandosten-Calcium®, wurden durch diese Produktvariation nicht negativ beeinflußt.

Der Pharma-Umsatz erreichte 1,334 Milliarden Schweizer Franken, was eine Steigerung gegenüber dem vergangenen Jahr von 15,9 % bedeutete. Die drei Hauptumsatzträger Melleril®, Hydergin® und DHE® konnten erneut ähnliche erfreuliche Zuwachsraten wie in den Vorjahren erzielen. Die Umsatzentwicklung in Europa wurde durch die Aufwertung der Deutschen Mark und die Abwertung des Französischen Franken beeinflußt. In den USA wurde man zunehmend mit dem Problem der verzögerten Einführung neuer Präparate durch verschärfte Vorschriften der "Federal Drug Administration" (FDA) konfrontiert. Im Nachbarland Kanada wurden die Verkäufe gebremst durch die Tatsache, daß die dortige Regierung die Herstellung von Generika förderte.

2.3. Einführung neuer Medikamente

1966 wurde das Macalvit®[52], das aus Calcium und Vitamin C besteht, auf den Markt gebracht. Je nachdem, in welcher Länder-Gruppe es eingeführt wurde, differierte die Zusammensetzung geringfügig.

Das Venentherapeutikum Sandoven®, dessen Dragées Dihydroergocristinmesilat, Rutosid und Äsculosid enthielten, sowie das Tavegyl®, ein Antihistaminikum mit Clemastinhy-

50 Vgl. FA C-835.1, Geschäftsbericht 1968, 6.

51 Vgl. FA C-102, Beilage Nr.2, 4, zum Verwaltungsratsprotokoll vom 19. März 1969.

52 Calcium + Vitamin C Brausetabletten heißen in Österreich, Italien, Schweden, Dänemark Macalvit®, in Finnland Porevit® C 1000, in der Schweiz Calcium + Vit. C®, in Belgien Ca-C 1000®, in Frankreich Ca-C 1000-Sandoz®, in Uruguay Calcium-C®.

drogenfumarat als Inhaltsstoff, wurden zunächst in Deutschland als Ersteinführungsland lanciert.

Mit der Einführung des Kombinationspräparates Tonopan® wurde ein weiteres Arzneimittel zur Behandlung vaskulärer Kopfschmerzen verfügbar.

Mit dem Eutergin®, einem Medikament zur Verbesserung der Leistungsfähigkeit des alternden Menschen, das von der Sandoz-Filiale "Salvoxyl"[53], die Sandoz Frankreich seit dem Vorjahr systematisch als zweite Vertriebsorganisation ausbaute, gefördert wurde, konnte ein weiteres geriatrisches Produkt in den Handel gebracht werden. Daneben standen 1967 zwei weitere vielversprechende neue Präparate zur Verfügung: Zum einen das Brinerdin®, eine Kombination blutdrucksenkender und diuretischer Wirksubstanzen, sowie das Lidanil®, ein Tranquillizer, der eine vorteilhafte Sortimentsergänzung auf dem Gebiet der Psychopharmaka bildete.

Zu einer Umsatzerhöhung führte im Jahr 1968 die Bereicherung des Wander-Sortiments durch das Kreislaufmittel Venotensor®. In einigen Ländern erfolgte 1969 die Neueinführung von Sandotussal®, einem Antitussivum, sowie von Imagotan®, das als Psychopharmakon eine Ergänzung zum Melleril® bildete.

An nationalen Produkten wurden 1969 das Grippemittel Paragesic® in England, das Sandoin®, ein Halsschmerzmittel, das Nitro-Sandolanid®, ein Herzglykosidpräparat mit den Inhaltsstoffen Acetyldigoxin und Pentaerythrityltetranitrat, und das Wallerox®, ein Geriatrikum, in Deutschland sowie in Indien das Antibiotikum Sandocycline® in den pharmazeutischen Handel gebracht.

---

53 Die französische Firma "Salvoxyl" wurde 1960 von der "Sandoz AG" übernommen. Ab dem Jahr 1967 vertrieb sie zusätzlich Präparate der "Wander AG". Später wurde deshalb der Firmenname in "Laboratories Salvoxyl-Wander S.à.r.l." geändert.

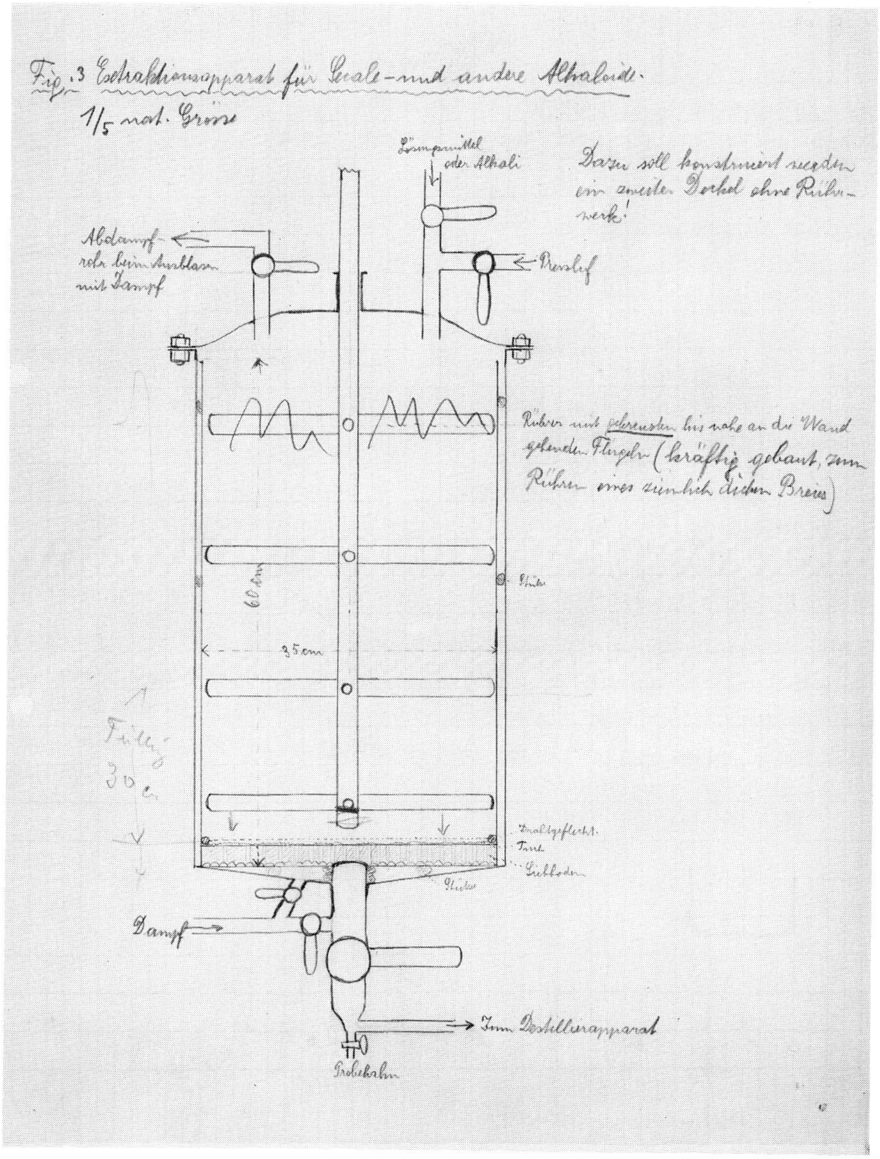

Handzeichnung von Prof. Dr. Arthur Stoll,
Extraktions-Apparat für Mutterkorn und andere Alkaloide, 1918

VI. DARSTELLUNG EINZELNER FIRMENBEREICHE

1. Forschung

Noch zu Beginn dieses Jahrhunderts bediente sich die chemisch-pharmazeutische Industrie fast ausschließlich der Ergebnisse der an den Hochschulen betriebenen wissenschaftlichen Forschung, denn nur dort wurde grundlegende Pionierarbeit geleistet. Auch die Anregung zu neuen Arzneimitteln erfolgte meist durch die Universitäten. Mit der Gründung der Pharmazeutischen Abteilung beschritt Sandoz für die damalige Zeit neue Wege, denn sämtliche Sandoz-Präparate entstanden auf der Grundlage eigener Forschung. Neben der zielgerichteten Forschung, die im Anschluß kommerziell genutzt werden sollte, wurde auch eine breitgefächerte Grundlagenforschung betrieben.

Es zeigte sich, daß solche wissenschaftlichen Forschungen den Ausgangspunkt für zahlreiche Folgeerfindungen und Weiterentwicklungen von großer Tragweite für das gesamte Unternehmen bildeten[1]. Als eines von vielen Beispielen sollen hierfür die Untersuchungen über das Blattgrün Chlorophyll dienen. Die Chlorophyllforschung bildete die Grundlage für alle Naturstoffuntersuchungen der Sandoz; auf diesem Arbeitsgebiet wurde seit der Gründung der Pharmazeutischen Abteilung auf der Basis der klassischen Untersuchungen Willstätters über Jahrzehnte hinweg immer wieder experimentell geforscht. Sandoz betrieb noch zu einer Zeit Chlorophyllgrundlagenforschung, als dieses Gebiet seinen kommerziellen Aspekt längst verloren hatte, und die Ära der synthetischen Arzneimittel angebrochen war. So fanden Anfang der vierziger Jahre Sandoz-Forscher heraus, daß der Farbstoff der grünen Pflanzen ähnlich wie der Blutfarbstoff in der lebenden Zelle an Eiweiß gebunden vorkommt und nur in Verbindung mit kolloidem Eiweiß seine fundamentale Funktion ausüben kann[2].

Die Ausführungen zu den zahlreichen Forschungsrichtungen der Sandoz sollen hier auf diejenigen Projekte beschränkt werden, die für die Entwicklung solcher Pharmaka ausschlaggebend waren, die sowohl aus der chemischen und pharmakologischen Grundlagenforschung hervorgegangen sind, als auch neue therapeutische Möglichkeiten erschlossen haben. Präparate, die auf bekannten Wirkstoffen basieren oder lediglich neue Kombinationen darstellen, werden daher nicht erwähnt, auch wenn sie vom Umsatz her betrachtet einen bedeutenden Platz einnehmen.

---

1 Vgl. Mensch (1975), 173; Schmookler (1966), 5ff., 196 f.
2 Vgl. FA H-211.3 Chlorophyll, 1917-61.

1.1. Die Mutterkornforschung

Im Stollschen Laboratoriumsjournal von Anfang März 1918 ist zu lesen: "Bei der abgesaugten Lösung sofort, bei der konzentrierten filtrierten nach ca. 1/4 Stunde, begann eine Kristallisation von prachtvollen, äußerst stark lichtbrechenden Prismen und Tafeln, die vielfach von Domen und seitlichen Pyramidenflächen begrenzt waren"[3].

Dies war die Geburtsstunde des Ergotamins, das sich mit zwei Molekülen Kristallaceton und zwei Molekülen Kristallwasser aus wasserhaltigem Aceton zum ersten Mal in reiner Form abschied. Noch hatte Stoll in seinem Labor beim Anblick der diamantglänzenden Kristalle kaum eine Vorstellung über die Tragweite seiner Entdeckung.

Stoll war sich bei der Gründung der Pharmazeutischen Abteilung bewußt, daß sich eine Firma auf dem pharmazeutischen Markt nur dann dauerhaft erfolgreich durchsetzen konnte, wenn sie sich nicht damit begnügte, Konkurrenzpräparate nachzuahmen. Stoll hatte somit die klare Zielsetzung, innovative Grundlagenforschung zu betreiben, um das Vertrauen der wissenschaftlich eingestellten Ärzte und der Apothekerschaft zu erlangen.

Aufgrund seiner langjährigen wissenschaftlichen Tätigkeit und der dadurch gewonnenen Erfahrung in der Erforschung des Chlorophylls und anderer empfindlicher, komplizierter Pflanzeninhaltsstoffe im Willstätterschen Laboratorium in Zürich, Berlin und München, widmete Stoll besonders den pharmazeutischen Pflanzendrogen seine Aufmerksamkeit. Zu jener Zeit wurde der Möglichkeit der Arzneimittelverarbeitung von Hormonen und tierischen Enzymen von forschenden Naturwissenschaftlern wenig Beachtung beigemessen. Im Gegensatz dazu waren jedoch von einer stattlichen Anzahl Drogen pflanzlicher Herkunft bereits seit längerem die Inhalts- und Wirkstoffe in reiner Form bekannt.

Eine Ausnahme bildete allerdings das Mutterkorn. Über Natur und chemische Beschaffenheit der Wirkstoffe herrschte noch Unklarheit. Man beschränkte sich im damaligen Deutschen Arzneibuch nur auf die makro- und mikroskopische Beschreibung dieser Droge; diese Tatsache gibt bereits Aufschluß über den damaligen Kenntnisstand[4].

Das Mutterkorn ist das Sklerotium von Claviceps purpurea (Fries.) Tulasne, einem zu den Ascomycetes gehörenden Pilz, der vorwiegend auf Roggenähren wächst.

Der französische Apotheker Tanret hatte bereits im Jahre 1875 in Paris aus dem Mutterkorn ein kristallisiertes Alkaloidpräparat gewonnen, das er Ergotaminin nannte[5]. Allerdings fand dieses Präparat nur Eingang in das französische Arzneibuch, nicht jedoch in

---

3 FA H-202.1, Auszug aus Laborjournal von Prof. Stoll über erstmalige Isolierung von Ergotamin, März 1918, 35.

4 Vgl. Deutsches Arzneibuch 5 (1910, Neudruck 1917), 453.

5 Ch. Tanret, Comptes rendus de l'Académie des Sciences (Paris) 81 (1875), 896 und 86 (1878), 888.

die ärztliche Therapie. Auch später aus dem Mutterkorn isolierte Alkaloidpräparate wie das Hydroergotinin des Apothekers Kraft[6] in Brugg, Aargau/Schweiz, und das Ergotoxin der beiden englischen Chemiker Barger und Carr[7] wurden nicht zur Therapie verwendet. Sie hatten zwar eine bestimmte physiologische Wirksamkeit, erwiesen sich aber im Tierversuch als krampfauslösend und enttäuschten bei der Anwendung am Menschen.

Die zu Beginn der von Stoll eingeleiteten Untersuchungen einzig bekannte Anwendung des Mutterkorns lag in der Geburtshilfe. Das Mittel wirkte kontrahierend auf die glatte Muskulatur des Uterus und verhinderte so postpartale Blutungen. Je nach Herkunft, Alter, Art der Aufbewahrung der Droge und auch nach Zubereitungsweise der Extrakte schwankte der Gehalt an Wirkstoffen des Mutterkorns erheblich.

Stoll traf im Herbst 1917 den schon zu seiner Zeit weltbekannten Professor der Pharmakognosie Alexander Tschirch in Bern. Dieser bestätigte Stoll im gemeinsamen Gespräch wie auch schon in seiner kurz zuvor erschienenen Abhandlung "100 Jahre Mutterkornforschung"[8], daß bisher jeder Forscher bei den Mutterkornuntersuchungen zu anderen Ergebnissen und Beobachtungen gekommen war. Auch er lehnte Alkaloide wie Ergotinin und Ergotoxin als Wirkstoffe des Mutterkorns ab und riet Stoll zur Suche nach einfacheren Stoffen, nämlich den Abbauprodukten von höhermolekularen Verbindungen[9]. Jedoch veranlaßten Vorversuche und eigene theoretische Überlegungen Stoll, den von Tschirch angeratenen Weg zu verlassen, um die Wirkstoffe in ihrer ursprünglichen Form unter Verwendung möglichst schonender Arbeitsmethoden zu erfassen. Ein neuartiges, von Stoll entwickeltes Verfahren trug diesen Anforderungen Rechnung. Es gelang nun innerhalb weniger Monate, aus Mutterkorn nahezu reine Alkaloidpräparate zu erhalten.

Dieses Verfahren beruhte darauf, daß man die in großen Mengen im Mutterkorn enthaltenen löslichen Begleitstoffe, wie 30 % bis 40 % Öl, Säuren und Farbstoffe, aus dem fein gepulverten Mutterkorn herauslöste, während die basischen Wirkstoffe durch eine Behandlung der Droge mit einem sauren Reagens in der Zellsubstanz fixiert blieben. Die Zellsubstanz besitzt amphoteren Charakter und schützt die empfindlichen basischen Substanzen als Puffer vor Veränderungen. Bei der Umkehrung der Reaktion des Drogenpulvers nach der alkalischen Seite können so fast reine Lösungen der Wirkstoffe gewonnen werden. Die eingangs erwähnte Kristallisation aus wasserhaltigem Aceton bildete den Abschluß der Aufarbeitung zum reinen Ergotamin. Zum ersten Mal lag hiermit ein hochaktiver Wirkstoff aus dem Mutterkorn in seiner reinen Form vor.

---

6 F. Kraft; in: Archiv der Pharmazie 244 (1906), 336.
7 G. Barger und F.H. Carr; in: Journal of the Chemical Society 91 (1907), 337.
8 Tschirch, Alexander; in: Schweizerische Apothekerzeitung 1917, Nr. 22 - 26.
9 Vgl. FA H-202.13, Korrespondenz Stoll betr. Mutterkorn mit Prof. Tschirch.

SCHWEIZERISCHE EIDGENOSSENSCHAFT

EIDGEN. AMT FÜR GEISTIGES EIGENTUM

PATENTSCHRIFT

Veröffentlicht am 1. Mai 1920

Nr. 79879 (Gesuch eingereicht: 9. April 1918, 9 Uhr a.) **Klasse 116 h**

HAUPTPATENT

CHEMISCHE FABRIK VORMALS SANDOZ, Basel (Schweiz).

Verfahren zur Isolierung eines hochwertigen Präparates aus Secale cornutum.

Gegenstand der vorliegenden Erfindung ist ein Verfahren, um die primär in Secale cornutum (Mutterkorn) vorhandenen therapeutisch wertvollen Alkaloide unter Anwendung milder chemischer Mittel in unversehrtem Zustande und frei von fremden Begleitstoffen zu isolieren.

Das Verfahren beruht darauf, daß man durch Zusatz von sauer wirkenden Reagentien zu dem Mutterkorn die wertvollen basischen Stoffe in der Droge gegenüber Fettlösungsmitteln fixiert, der Droge hierauf durch Vorextraktion mit einem dieser Fettlösungsmittel zusammen mit dem fetten Öl noch andere neutrale und auch saure Stoffe entzieht, das so vorgereinigte Extraktionsgut alsdann in einem dieser Fettlösungsmittel suspendiert, worauf man durch Versetzen mit alkalisch wirkenden Stoffen die Alkaloide in Freiheit setzt und aus der Droge herauslöst.

Durch die Vorbehandlung des Mutterkornes mit sauer reagierenden wässerigen Lösungen, zum Beispiel mit verdünnten Säuren, wie Schwefelsäure, Salzsäure, Salpetersäure, Phosphorsäure, ferner Oxalsäure, Weinsäure, Citronensäure, Ameisensäure, oder mit Lösungen von sauer reagierenden Salzen, wie zum Beispiel Aluminiumsulfat, Ferrosulfat, Ferrichlorid, Kupfersulfat, werden die Alkaloide gegenüber einer Reihe organischer Lösungsmittel von der unlöslichen Pflanzensubstanz festgehalten. Man kann daher außer den bisher zur Entfettung des Secale cornutum angewandten Solventien — wie Petroläther und Benzin — auch andere Fettlösungsmittel, wie zum Beispiel Äther, Benzol und Homologe, chlorierte Kohlenwasserstoffe, wie Chloroform, Tetrachloracetylen, Tetrachlorkohlenstoff, zur Entfettung der Droge verwenden. Ohne vorheriges Ansäuern der Pflanzensubstanz würden beim Behandeln mit dem Fettlösungsmittel zusammen mit dem fetten Öl, Phytosterin, Farbstoff und den teilweise pharmakologisch gefährlichen Pflanzensäuren auch die therapeutisch wertvollen Basen extrahiert, was die Isolierung der letzteren in unverändertem Zustande sehr erschweren oder gar verhindern würde. Als alkalisch wirkende Stoffe kann man der Suspension von vorextrahierter Droge verdünnte, gelöste oder suspendierte Alkalien, wie zum Beispiel Alkali- und Erdalkalihydroxyd, Ammoniak oder Magnesiumoxyd,

Schweizerisches Hauptpatent für Ergotamin, 1918
(Verfahren zur Isolierung eines hochwertigen Präparates aus Secale cornutum)

Sehr zügig wurden daraufhin die notwendigen Unterlagen für eine schweizerische Patentanmeldung ausgearbeitet. Am 9. April 1918 erfuhr das Verfahren zur Darstellung von Ergotamin unter der Eintragung "Verfahren zur Isolierung eines hochwertigen Präparates aus Secale cornutum" seinen patentrechtlichen Schutz[10]. Weitere Anmeldungen für Zusatzpatente wurden im Laufe eines Jahres eingereicht. Am 27. März 1919 konnte ein allgemeines "Verfahren zur Gewinnung von Pflanzenalkaloiden"[11] im Deutschen Reich unter Benützung der Schweizer Prioritäten angemeldet werden. Dieses neuartige Verfahren wurde von den großen süddeutschen Alkaloidfabrikanten "E. Merck Darmstadt"[12], "C.F. Boehringer & Soehne"[13] in Mannheim-Waldhof und "Knoll & Co." in Ludwigshafen energisch angefochten[14], sahen sie doch darin eine erhebliche Beeinträchtigung ihres in außerordentlichem Aufschwung begriffenen MBK-Geschäftes. Diese drei Unternehmen hatten sich 1915 zusammengeschlossen[15], um unter der gemeinsamen Schutzmarke MBK[16], die sich aus den Anfangsbuchstaben der Firmen zusammensetzte, eine Auswahl medizinisch häufig benötigter Tabletten und Ampullen als sogenannte Spezialerzeugnisse in den Verkehr zu bringen. Sie erfuhren unter der Bezeichnung 'Compretten' und 'Amphiolen' einen gesetzlichen Schutz[17]. Der Zeitpunkt 1915 kam aufgrund der abrupt abgebrochenen Einfuhr von Pharmazeutika aus dem Ausland und einer zunehmenden

---

10 Vgl. FA D-201.36, Patente "Ergotamin", Hauptpatent Extraktion. 9.4.1918.

11 Vgl. FA D-201.32, Patent Prof. Stoll. Verfahren zur Isolierung von Pflanzenalkaloiden.

12 Der Apotheker Emanuel Merck (1794 - 1855) benutzte ab 1827 das Apothekenlaboratorium in seiner seit 1668 in Familienbesitz befindlichen Engel-Apotheke in Darmstadt zur Herstellung pharmazeutischer Naturstoffpräparate. Als sich dieses Geschäft auszuweiten begann, gründete er mit seinen Söhnen eine "Geschäftssocietät". 1953 wurde das Unternehmen in eine Aktiengesellschaft überführt. Seit 1970 ist es eine OHG. Wilhelm Merck, einer der Söhne des Firmengründers, betreute unter anderem die US-amerikanische Agentur und sandte 1891 seinen Sohn Georg Friedrich (1867 - 1926) nach New York. Dieser eröffnete dort die unabhängige "Merck & Co.", die nach dem Ersten Weltkrieg der Darmstädter Mutterfirma angegliedert werden mußte. Das amerikanische Unternehmen fusionierte 1927 mit "Powers-Weightman Rosengarten Co.", Philadelphia. Nach dem zweiten Weltkrieg wurde es im Rahmen einer Beschlagnahmung durch die amerikanische Regierung in ein selbständiges Unternehmen überführt. 1953 wurde die Firma "Sharp & Dome Inc." in Philadelphia akquiriert.

13 1817 gründeten die Apotheker Christian Friedrich Boehringer (1791 - 1867) und Christian Gotthold Engelmann die Drogen- und Materialhandlung "Engelmann und Boehringer" in Stuttgart, die sich zu einer chemischen Fabrik entwickelte. Durch Erwerb der Hoechster Chininfabrik "Simeons, Ruth & Co." im Jahre 1859 firmierte das Unternehmen bis 1968 unter dem Namen "C. F. Boehringer und Soehne". 1968 wurde die Firma in "Boehringer Mannheim GmbH" umbenannt. Nach dem Tod des Firmengründers übernahm einer seiner Söhne, der Apotheker Christoph Heinrich (1820 - 1882) das Unternehmen und verlegte den Firmensitz 1872 nach Mannheim, wo er ein Gelände von Friedrich Engelhorn, dem Gründer der BASF, übernommen hatte. 1882 bis 1884 zog man auf ein größeres Grundstück, den "Waldhof", um. Seit 1880 leitete Ernst Boehringer (1860 - 1892) das Unternehmen. 1883 trat sein späterer Schwager Dr. Friedrich Engelhorn, Sohn des BASF-Gründers, als Teilhaber ein. 1892 ging die Fabrik in dessen Besitz über.

14 Diese drei rein pharmazeutischen Betriebe riefen 1906 als Gegengewicht zu den zwischen 1904 und 1907 von den deutschen Teerfarbenfabriken gegründeten 'Dreibund' und 'Dreiverband' zusammen mit der Dresdner "Gehe & Co. A.G." und der im Oktober 1907 beigetretenen Berliner "J.D. Riedel A.G." eine pharmazeutische Interessensgemeinschaft ins Leben. Dem Dreibund gehörten die Unternehmen Bayer, BASF und Agfa an. Der 'Dreiverband' bestand aus den Firmen Hoechst, Casella und Kalle.

15 Vgl. Merck (1989), 66 f.

16 Vgl. Merck (1989), 75. Die Vertriebsgesellschaft MBK existierte bis 1971.

17 Vgl. Knoll (1986), 61 f.

nationalistischen Tendenz auch der Ärzteschaft in Deutschland dieser Vertriebsgemeinschaft bestens zustatten[18].

Schlußendlich wurde trotz dieses Einspruches der Sandoz das Patent in vollem Umfang erteilt, da es durch das neue Verfahren möglich wurde, ein bisher unbekanntes Mutterkornalkaloid darzustellen und Hyoscyamin, die natürliche linksdrehende Komponente des Atropins, die zuvor aus Atropa Belladonna isoliert wurde, zu gewinnen[19].

Es genügte natürlich nicht, eine Reinsubstanz aus einer pharmazeutischen Droge in der Hoffnung zu isolieren, daß die Ärzte nun schlagartig von sich aus mit der therapeutischen Anwendung begannen. Denn noch niemand wußte, ob diese neu entdeckte und rein dargestellte Substanz, der Stoll wegen ihrer aminartigen Eigenschaften und in Anlehnung an Ergotinin den Namen Ergotamin verlieh, für die langandauernde, blutstillende Wirkung des Mutterkorns überhaupt verantwortlich war. Stoll hatte allein aufgrund der Kellerschen Farbreaktion[20], die er am 8. Januar 1918 zur zuverlässigen Kontrolle bei den Reinigungsoperationen modifiziert hatte, das Ergotamin aus der Mutterkorndroge isoliert.

Die Ausstattung der damaligen Sandoz-Laboratorien war sehr bescheiden. Es gab weder Äther, noch Chloroform, noch Aceton oder reine Schwefelsäure. Letztere mußte in einer Retorte aus roher arsenhaltiger Schwefelsäure durch Destillation gewonnen werden. Das Aceton wurde aus einer acetonhaltigen Mutterlauge, die im Betrieb von einer Acetessigesterspaltung anfiel, mit Natriumbisulfit gefällt und danach gewonnen. Ebenso verhielt es sich mit dem Äther, den man aus stark verunreinigten Nebenprodukten der Farbenherstellung gewann. Stoll schilderte seine Arbeitsbedingungen folgendermaßen: "Das Laboratorium, das ich am 1. Oktober 1917 als leeren Raum ohne irgendwelche Installationen und Möblierung übernahm, war mit Glaswaren und anderen Apparaturen aufs denkbar einfachste eingerichtet, sodaß das Ergotamin eigentlich "als Kind armer Leute" auf die Welt kam"[21].

Zunächst bestand keine Möglichkeit, die neuentdeckte Substanz zuerst an Tieren und in der Folge am Menschen zu prüfen. Deshalb stellte Stoll der Basler Universitäts-Frauenklinik im Sommer 1918 eine verdünnte Lösung von Ergotamincarbonat für Versuchszwecke zur Verfügung. Kurz darauf ergab es sich aus Anlaß der Geburt seines Sohnes im Juli 1918, daß er mit Ärzten über erste Versuche mit dem Präparat sprechen konnte. Von ihnen erfuhr er, daß das Ergotamincarbonat auf die Gebärmutter des Kaninchens

---

[18] Vgl. Merck (1989), 74; Boehringer Kreis (1984), 41.

[19] B.R.P.-Nr. 357272.

[20] Cornutin-Reaktion nach Keller: Lösungen von Mutterkornalkaloiden in Eisessig, der etwas Eisen(III)-chlorid enthält, verfärben sich beim Unterschichten mit konzentrierter Schwefelsäure violett. Das Reaktionsprodukt ist ein mesomeriestabilisiertes Cyanin.

[21] Vgl. FA C-102, Referat von Prof. Stoll in der Sitzung vom 5. März 1953 des Verwaltungsrates der Sandoz AG, Basel.

kontrahierend wirke. Erst anläßlich der Geburt seiner Tochter, fast zwei Jahre später, kam er mit Ärzten wieder ins Gespräch, die ihm daraufhin zusicherten, die Versuche wieder aufzunehmen.

In der darauffolgenden Zeit, in der Stoll und seine Mitarbeiter das neue Verfahren ausarbeiteten und schrittweise auf die Gewinnung anderer Pflanzenalkaloide übertrugen, trat die Sandoz der Basler Interessengemeinschaft bei.

Vor dem ersten Weltkrieg war die deutsche Farbstoffindustrie mit etwa 85 % Anteil Hauptlieferant auf dem Weltmarkt, gefolgt in weitem Abstand von den drei Basler Gesellschaften CIBA, Geigy und Sandoz, die etwa acht bis zehn Prozent bestritten. Während des Krieges unterblieben die Verkäufe der Deutschen in den Feindgebieten. Ihre dortigen Fabrikationsstätten wurden beschlagnahmt und in die neutralen Länder konnten sie nur liefern, soweit die Seeblockade nicht wirksam war. Die schweizerischen Firmen füllten diese Lücke aus, soweit die immer schwieriger werdende Versorgung mit Roh- und Zwischenprodukten dies erlaubte. Zu dieser Zeit, in der Farbstoffe eine Mangelware darstellten, beeinträchtigte die auf alliierter Seite entweder bestehende oder neu erwachsende und nun ihr fabrikatorisches Potential erweiternde Konkurrenz einstweilen das Geschehen am Weltmarkt nicht. Jedoch war man sich in Basel der Tatsache durchaus bewußt, daß man nach dem Ersten Weltkrieg nicht nur mit der deutschen Industrie, sondern zusätzlich mit neuen Mitbewerbern auf den Weltmärkten konfrontiert werden würde.

Zur Erhöhung ihrer Konkurrenzfähigkeit sowie zur Stärkung ihrer technischen und kommerziellen Schlagkraft hatten sich die deutschen Farbenfabriken bereits am 18. August 1916 zu einer engen Interessengemeinschaft, der I.G. Farben, zusammengeschlossen.

Die drei schweizerischen Gesellschaften erachteten es als angezeigt, dem deutschen Beispiel aus den gleichen Erwägungen zu folgen. Die Kriegszeit bildete die beste Voraussetzung dafür. Jede Firma konnte verkaufen, was immer sie an Farbstoffen zu produzieren in der Lage war, ohne daß sie auf ein Ringen um Aufträge mit gegenseitigen Preisunterbietungen genötigt war. Jede einzelne schweizerische Gesellschaft erzielte während dieser Zeit Rekordgewinne, die nach 1919 bis zur Mitte der dreißiger Jahre nicht mehr zu erreichen waren. Im Vergleich zur Friedensperiode war der Gewinn im Kriegszeitraum im Jahresmittel bei der CIBA auf das knapp achtfache, bei der Geigy auf das dreifache und bei der Sandoz auf das 20-fache gestiegen.

In der ersten Sitzung der Subkommission II der Basler I.G. am 30. Oktober 1918 wurde Prof. Stoll aufgefordert, das Arbeitsprogramm seiner neu gegründeten Pharmazeutischen Abteilung vorzustellen. Ein Verantwortlicher der CIBA erklärte daraufhin, daß das pharmakologische Labor der CIBA dazu bereit sei, von Sandoz produzierte Substanzen in Tierversuchen auf ihre Toxizität und Wirksamkeit zu prüfen. Alsbald machte man bei Sandoz von diesem Angebot Gebrauch und ließ Ergotaminlösungen in Tierversuchen untersuchen. Nach einiger Zeit unterrichtete man Stoll, daß das eingelieferte Präparat im Verhältnis zu einem Gesamtextrakt aus Mutterkorn viel zu schwach wirken würde. Man konstatierte, daß es nur in einer Verdünnung von 1 : 50.000 auf den isolierten Meerschweinchenuterus wirkte. Ein Rechenfehler in der Auswertung der Versuchsprotokolle erregte Stolls Mißtrauen. Auf sein Ersuchen hin durfte er die Versuche an den isolierten Tierorganen selbst durchführen. Es stellte sich heraus, daß im Vergleich zu den einfacher gebauten, damals gebräuchlichen wasserlöslichen Vergleichssubstanzen, als ein Beispiel sei das Histamin genannt, das hochmolekulare und schwerlösliche Ergotamin mehr Zeit benötigte, um die Zellmembranen des isolierten Organs zu durchdringen. Stoll gelang der Nachweis, daß das Ergotamin seine kontrahierende Wirkung selbst in einer Verdünnung von eins zu mehreren Millionen zeigte, wenn man es zwischen einer und zwei Minuten einwirken ließ. Es zeigte sich damit auf eindrucksvolle und deutliche Weise, daß ein pharmazeutisch-chemisches Labor nur in Kombination mit einer pharmakologischen Versuchsstation sinnvolle Arbeit leisten kann.

1.2. Geburtsstunde der Mutterkornpräparate

Das Ergotamintartrat, das inzwischen den Handelsnamen Gynergen® erhalten hatte, wirkte in der klinischen Erprobung blutstillend, zeigte aber teilweise unangenehme Nebenerscheinungen wie krampfhaftes Erbrechen. Es stellte sich heraus, daß das Präparat für die Anwendung am Menschen zu hoch dosiert war. Bei dem damals bekanntesten im Handel befindlichen Mutterkornpräparat, dem Secacornin-Roche®, wurde ein Kubikzentimeter der Lösung aus vier Gramm Mutterkorn gewonnen. Aus vier Gramm Mutterkorn gewannen die Analytiker im Sandoz-Labor acht Milligramm Ergotamin, wovon sie ein Milligramm in einem Kubikzentimeter auflösten. Die Sandoz-Forscher gingen in der Dosierung auf die Hälfte zurück, nämlich auf ein halbes Milligramm, was wiederum dem sechzehnten Teil der Droge entsprach, den Roche für die Bereitung eines Milliliters Secacornin® verwendete. Des Rätsels Lösung bestand darin, daß bei der Bereitung von Secacornin® und anderen ähnlichen Extraktpräparaten fünfzehn Sechzehntel der wirksamen Substanz zerstört oder beseitigt wurden.

Die anfänglich zu starke Dosierung mit ihren Nebenwirkungen und der Einsatz im falschen Indikationsgebiet (z. B. zur Erregung von Wehen vor der Geburt) hatte beinahe katastrophale Folgen. Die überwiegende Mehrheit der Frauenärzte, die Gynergen® zu Versuchszwecken anwandten, warnten nach einem Referat des Leiters der pharmakologischen Abteilung[22] der Sandoz auf dem schweizerischen Gynäkologentag am 8. Mai 1921 in Luzern eindringlich vor dem gefährlichen Ergotamintartrat mit seinen Nebenwirkungen. Die Verkäufe des in der Schweiz schon im Handel befindlichen Gynergen® sanken in den darauffolgenden Monaten fast auf Null, um dann aufgrund der Einführung der schwächeren Dosierung und von klinischen Arbeiten, welche die zuverlässige Wirkung als Uterotonikum überzeugend darlegten, im weiteren Verlauf langsam wieder anzusteigen[23].

Mit dem Gynergen® stand seit 1921 den Ärzten ein dosiertes, haltbares Präparat zur Verfügung. Die oft lebensbedrohenden Blutungen nach der Geburt konnten damit erfolgreich und wirksam bekämpft werden. Trotzdem verwendete die Ärzteschaft Gynergen® nur zögernd. Die wasserklare und nahezu geschmackfreie Lösung von Ergotamintartrat, wie sie im Gynergen® vorlag, war den Ärzten, die bisher nur die übelriechenden und schlecht schmeckenden Mutterkornextrakte von dunkelbrauner Farbe kannten, zu ungewohnt. Es bedurfte deshalb großer Anstrengungen, um das Gynergen® in Kliniken und beim praktischen Arzt anstelle der alten Mutterkornextrakte einzuführen[24].

Das Gynergen® setzte für lange Zeit wegen seiner zuverlässigen und anhaltenden Wirkung in der Geburtshilfe und der Gynäkologie Maßstäbe. Bis zum Jahre 1924 wurde das Ergotamin in Gestalt des Gynergen® ausschließlich auf dem Indikationsgebiet der Geburtshilfe und Gynäkologie eingesetzt. Danach wurde es auch bei Hyperthyreosen und Tachykardie, kurze Zeit später bei Dermatosen und von 1926 an bei Migräne verwendet[25].

In der Mutterkornforschung trat Anfang der dreißiger Jahre eine Wende ein, als der englische Gynäkologe Chassar Moir entdeckte, daß wäßrige Auszüge aus Mutterkorn eine starke uterotone Wirkung entfalteten[26]. Da Ergotamin wasserunlöslich ist, konnte es nicht dafür verantwortlich sein. Die uterotone Wirkung konnte, wie sich in späteren Untersuchungen herausstellte, dem Ergobasin zugeschrieben werden. Dieses brachte Sandoz in einer Kombination mit dem Ergotamin 1936 erstmals unter dem Markennamen Neo-Gynergen® in den Handel. Beim Ergobasin konnte gegenüber dem Ergotamin ein rascherer, zugleich aber kürzerer Wirkungseintritt verzeichnet werden. Das Ergobasin im Mutterkorn wurde zeitgleich in einem englischen[27], zwei amerikanischen[28] Laboratorien

22 Vgl. FA H-202, Über Ergotamin/Gynergen-Sandoz. Vortrag von Prof. Spiro, 1921.
23 Vgl. FA H-202.37, Ergotamin. Klinische Versuche, 1921.
24 Vgl. FA H-202.29, Mutterkorn Ergotamin. Zwei Artikel von Prof. Rothlin 1922: Über das Ergotamin, ein spezifisch wirksames Alkaloid des Mutterkorns.
25 Vgl. FA H-202.6, Über Mutterkorn.
26 C. Moir; in: British Medical Journal (1932), 1119.
27 H. W. Dudles und C. Moir; in: British Medical Journal (1935), 520 und M. R. Thompson; in: Science 81 (1935), 636.
28 M. S. Kharasch und R. R. Legault; in: Science 81 (1935), 388 und 614.

sowie im Forschungslabor der Sandoz[29] entdeckt. Die Forscher um Stoll hatten als erste die richtige Formel für Ergobasin aufgestellt, und kurz darauf gelang ihnen auch der Beweis der Konstitution dieses neugewonnenen, hochaktiven Alkaloids durch Partialsynthese. Damit war es den Sandoz-Chemikern zum ersten Mal gelungen, ein natürliches Mutterkornalkaloid auf synthetischem Weg herzustellen.

Die Synthese des Ergobasins leitete eine neue Phase der Mutterkornforschung ein. In den Sandoz-Laboratorien gelang nicht nur die partialsynthetische Herstellung der medizinisch verwertbaren natürlichen Alkaloide, sondern auch deren chemische Modifikation. Mit der Möglichkeit, die chemische Struktur zu verändern, war man in der Lage, das pharmakologische Wirkungsbild der Mutterkornalkaloide zu variieren, was zur Entwicklung des Methergin® führte. Für den therapeutischen Gebrauch interessanter als das Neo-Gynergen® hatte sich das partial-synthetisch hergestellte Homologe des natürlichen Ergobasins, das Methyl-Ergobasin, erwiesen. Dieses künstlich hergestellte Präparat übertraf das Naturpräparat Ergobasin sowohl in der Intensität als auch in der Wirkdauer. Es führte sich recht schnell auf dem Markt unter dem Handelsnamen Methergin® ein.

Den größten kommerziellen Erfolg hatte das Ergotamin als Bestandteil des Kombinationspräparates Bellergal®. Zusammen mit Bellafolin und Phenobarbital kam es hier zur Anwendung. Ergotamin diente als Hemmer der sympathischen, Bellafolin als Hemmer der parasympathischen Übererregbarkeit der anfließenden Reize am Organ. Da die Störungen der vegetativen Regulation häufig auch zentral bedingt sind, wurde Phenobarbital hinzugesetzt, das auf die vegetativen Zentren im Gehirn eine sedative Wirkung ausübt. Das Bellergal®, welches das Indikationsgebiet der vegetativen Störungen erschloß, wurde im Laufe der Zeit häufig nachgeahmt.

Schon einige Zeit vor der Herstellung des Bellergal®, nämlich im Jahr 1928, wurden in den Forschungslabors der Sandoz die genuinen Wirkstoffe der Tollkirsche isoliert und als Belladonna-Gesamtalkaloide unter dem Markennamen Bellafolin® auf den Markt gebracht. Jedoch war dem Bellafolin® kein großer kommerzieller Erfolg beschieden.

Die Wirkungssteigerung durch chemische Umwandlung eines natürlichen Alkaloids, wie sie durch die Herstellung des Methylergobasin gelungen war, ermutigte zur Intensivierung der Forschung in diese Richtung.

Im Rahmen der chemischen Untersuchungen über die Struktur der Mutterkornalkaloide stellten die Sandoz-Chemiker fest, daß die Sättigung einer Kohlenstoffdoppelbindung im Lysergsäureteil durch Wasserstoff eine Stabilisierung des Moleküls zur Folge hatte. Diese

---

29 A. Stoll und E. Burckhardt; in: Comptes rendus de l'Académie des Sciences (Paris) 200 (1935), 1680 und Bulletin des Sciences Pharmacologiques 42 (1935), 257.

verhinderte eine Umlagerung der pharmakologisch wirksamen Lysergsäurealkaloide in die unwirksamen Lysergsäureverbindungen. Da Gynergen®-Ampullen während der Lagerung infolge einer teilweisen Umwandlung von Ergotamin in das inaktive Ergotaminin einen Wirkungsverlust erlitten, wollte man dies durch die Hydrierung dieser Doppelbindung im Ergotamin verhindern. Das derart gewonnene stabile Dihydroergotamin zeigte allerdings unerwarteterweise ein gegenüber dem Ergotamin grundsätzlich differierendes Wirkspektrum. Die sympathikushemmende Wirkung wurde gesteigert, die uteruskontrahierende fast vollständig aufgehoben und die gefäßverengende Eigenschaft beim Dihydroergotamin teilweise in eine gefäßerweiternde umgewandelt.

Das Dihydroergotamin, das den Markennamen Dihydergot® erhielt, kam 1946 erstmals als Migränemittel in den Handel. Es ist dem Ergotamin in der physiologischen Verträglichkeit überlegen. Weil das Dihydergot® die extrakraniellen Arterien schwächer kontrahiert als das Ergotamin, muß es zur Kupierung eines Anfalles höher dosiert werden. Das Dihydergot® kann allerdings auch zur prophylaktischen Langzeitbehandlung verwendet werden, was beim Ergotamin wegen der Gefahr vasokonstriktorischer Reaktionen nicht ratsam erscheint[30].

Eine weitere Konsequenz des venentonisierenden Effekts von Dihydergot® ist eine Beschleunigung der venösen Blutströmungsgeschwindigkeit. Daraus resultiert eine dritte Anwendung in einer Kombination mit Heparin. Zur Prophylaxe von postoperativen Thromboembolien wurde dieses Kombinationspräparat 1978 unter der Bezeichnung Heparin-Dihydergot® in die Therapie eingeführt. Diese vorwiegend in der Orthopädie, aber auch in anderen Gebieten der Chirurgie auftretenden Komplikationen sind auf eine Störung der Gerinnung und eine Verlangsamung der Strömungsgeschwindigkeit des Blutes zurückzuführen. Das Heparin setzt in kleinen Dosen die Gerinnungstendenz herab, während Dihydergot® letzterem Faktor entgegenwirkt.

Das 1906 von den Engländern G. Barger und H. Dale aus dem Mutterkorn isolierte Ergotoxin wurde jahrzehntelang für ein einheitliches Alkaloid gehalten. Die chemische Forschung bei Sandoz zeigte aber, daß das Ergotoxin aus drei voneinander deutlich verschiedenen Alkaloiden, nämlich dem Ergocristin, dem Ergokryptin und dem Ergocornin besteht[31]. Das Ergokryptin konnte in zwei strukturisomere Formen, nämlich das α- und das ß-Ergokryptin, unterschieden werden. 1943 konnte sowohl das Ergotamin wie auch diese drei Alkaloide durch katalytische Hydrierung in ihre Dihydroderivate verwandelt werden, bei denen das pharmakologische Laboratorium sehr interessante Beobachtungen machen konnte[32]. Bei der Hydrierung dieser drei Alkaloide erfolgte gegenüber dem

30 Vgl. FA H-211.21, Dihydergot, 1962.
31 Vgl. FA H-202.6, Über Mutterkorn und seine Wirkstoffe (Handschrift Stoll).
32 Vgl. FA H-202.13, Korrespondenz Stoll betr. Mutterkorn mit Prof. Dale und Prof. Barger, London und Edinburgh. 1921-1937.

Ergotamin in Hinsicht auf das pharmakologische Wirkungsbild sowohl eine quantitative als auch eine qualitative Veränderung. Die sympatholytischen Eigenschaften der Ergotoxinalkaloide waren in ihren Dihydroderivaten wesentlich verstärkt. Statt Gefäßkontraktion wurde Dilatation, statt Blutdruckerhöhung konnte eine nachhaltige Blutdrucksenkung festgestellt werden. Auch die ausgeprägte Toxizität war durch die Hydrierung einer guten Verträglichkeit gewichen[33].

Aufgrund dieses Wirkungsspektrums wurden die drei Dihydroderivate im gleichen Mengenverhältnis in Form ihrer wasserlöslichen Methansulfonate im Hydergin® ab 1947 eingehend gegen Bluthochdruck und periphere Durchblutungsstörungen klinisch untersucht. Im Jahr 1949 wurde Hydergin® in die Therapie eingeführt[34].

Erst einige Jahre nach seiner Einführung wurde aufgrund von Beobachtungen einiger Ärzte eine neue, bedeutsame Indikation von Hydergin® ermittelt, nämlich die Symptome der altersbedingten zerebralen Insuffizienz. Die ursprüngliche Annahme, daß die arteriosklerotisch verminderte Durchblutung des Gehirns durch die Verabreichung von Hydergin® verbessert würde, bestätigte sich allerdings nicht. Andererseits erkannten die Sandoz-Pharmakologen, daß bei einer überwiegenden Anzahl von geriatrischen Patienten die verringerte Durchblutung gewisser Gehirnteile nicht die hauptsächliche Ursache der Insuffizienzerscheinungen ist, sondern daß diese durch metabolische Störungen der Ganglien- und Gliazellen hervorgerufen werden. In jahrelangen Untersuchungen konnte in den Sandoz-Laboratorien der Wirkungsmechanismus von Hydergin® bei der senilen zerebralen Insuffizienz weitgehend aufgeklärt werden. Von Meier-Ruge[35] und seinen Mitarbeitern wurde zuerst an Tiermodellen über Elektroenzephalogrammaufnahmen festgestellt, daß Hydergin® die Effekte des Sauerstoffmangels auf biochemischem Wege hemmt. In den siebziger Jahren führten dann Studien von Loew[36], Vigouret[37] und Mitarbeitern zur Erkenntnis, daß Hydergin® die bei seniler Demenz gefundene Störung der Signalübertragung im Gehirn, der Neurotransmission durch Noradrenalin, Dopamin und Serotonin, teilweise korrigiert.

Die therapeutische Wirkung von Hydergin® auf Symptome der zerebralen Insuffizienz im Alter wurde durch eine stattliche Anzahl kontrollierter Studien belegt. Die Sandoz-Forschung leistete auf diesem klinischen Gebiet Pionierarbeit. Es wurden geeignete Bewertungsskalen für geriatrische Störungen geschaffen, wie die Anwendung psychometrischer

---

33 Vgl. FA H-202.7, Mutterkornalkaloide: Ergometrin/Ergobasin/Ergotoxin/Ergostetrin - Vergleiche der vier an versch. Orten erhaltenen Alkaloide. Feststellung der Identität derselben. Korrespondenz Prof. Stoll / Dale 1935/36.

34 Vgl. FA H-211.5 Hydergin, 1949-54.

35 Meier-Ruge, William, Prof. Dr. med., * 1930 Rudolfstadt. Eintritt in Sandoz: 1961.

36 Loew, Dieter, Dr., * 1936 Basel. Eintritt in Sandoz: 1961.

37 Vigouret, Jean-Marie, * 1946. Eintritt in Sandoz: 1968.

Tests zur Messung der Leistungsfähigkeit der Patienten oder die Analyse der altersbedingten Änderung im Elektroenzephalogramm und deren Beeinflussung durch die Therapie. Hydergin® ist weltweit das am besten geprüfte aller geriatrischen Arzneimittel.

Im 1951 eingeführten Schlafmittel mit dem Namen Plexonal® hatte das Dihydroergotamin die Funktion, in Verbindung mit den anderen Bestandteilen, der Barbitursäure und des Scopolamins, deren Wirkung erheblich zu verstärken.

Auch Cafergot® enthält das Ergotamintartrat, den Inhaltsstoff des Gynergen®, als Hauptkomponente. Mit Coffein als weiterem Zusatz avancierte es kurz nach der Einführung 1953 zum Standardpräparat bei der Bekämpfung des akuten Migräneanfalls sowie divers bedingter Kopfschmerzen.

Die Grundlage für das Präparat Parlodel®[38], das aus der Endokrinologieforschung hervorgegangen ist, bildete die Beobachtung, daß gewisse Mutterkornalkaloide bei Rattenweibchen fertilitätshemmend wirken. Bei Sandoz wurden daraufhin bis Ende der sechziger Jahre ausgedehnte Untersuchungen mit synthetischen Abkömmlingen der Mutterkornalkaloide durchgeführt, und im Verlauf der Studien mit 2-Brom-α-Ergokryptin (Bromocriptin) entdeckte Flückiger[39] im Jahr 1965, daß die Fertilitätsreduktion mit der Hemmung der Prolaktinsekretion zusammenhängt. Allerdings war zu diesem Zeitpunkt noch nicht klar, ob das bei der Ratte und einigen anderen Tierarten entdeckte Prolaktin, ein Hormon des Hypophysenvorderlappens, auch beim Menschen die Milchsekretion reguliert. Dies konnte erst 1971, nach der Erfindung einer immunologischen Bestimmungsmethode, zweifelsfrei nachgewiesen werden. Mit Hilfe dieser Methode wurde die Abklärung der physiologischen Steuerung der Prolaktinsekretion sowie die Rolle dieses Hormons im menschlichen Organismus möglich, wozu Flückiger mit seiner Arbeitsgruppe einen wichtigen Beitrag leistete.

In Tierversuchen konnte gezeigt werden, daß Bromocriptin die Milchsekretion über die Stimulierung von Dopamin-Rezeptoren in der Hypophyse hemmt. In weiteren Untersuchungen stellte sich heraus, daß Bromocriptin auch in anderen Hirnarealen dopaminerge Wirkungen entfaltet, und es konnte eine Indikationsausweitung auf die Parkinson'sche Krankheit erfolgen[40]. Bromocriptin, das unter dem Markennamen Parlodel® und in einzelnen Ländern unter der Bezeichung Pravidel® in die medizinische Therapie eingeführt wurde, war der erste Vertreter einer neuen Klasse von Medikamenten, die ihre Wirkung durch die Stimulierung von Dopaminrezeptoren entfalten.

---

38 In Deutschland: Pravidel®.

39 Flückiger, Edouard Dr.; Chemiker, * 1923 Biel. Eintritt in Sandoz: 1957.

40 Die Parkinson'sche Krankheit ist durch eine zunehmende Insuffizienz des nigrostriatalen dopaminergen Systems infolge der progredienten Zelldegeneration in der Substantia nigra charakterisiert.

Basierend auf seiner Wirkung als Dopaminagonist wird Parlodel® zur Behandlung verschiedener Krankheiten wie beispielsweise der Parkinson'schen Krankheit, des Hyperprolaktinämiesyndroms, der Mastitis, der Mastodynie und der Akromegalie eingesetzt.

In den vierziger Jahren wurde vom italienischen Pharmakologen Erspamer in der Magenschleimhaut ein körpereigener Wirkstoff entdeckt, der in den USA durch Page aus dem Blut isoliert wurde und nachfolgend als Serotonin bezeichnet wurde. Es zeigte sich, daß bestimmte Mutterkornalkaloide eine ausgesprochen serotoninhemmende Wirkung aufweisen. Aufgrund eingehender Studien der Arbeitsgruppe Cerletti[41] konnte 1960 dem Arzt mit dem partialsynthetischen Ergotalkaloid Deseril®[42] ein im Vergleich zu den Nativalkaloiden wesentlich wirksamerer und spezifischer Serotoninantagonist zur Verfügung gestellt werden[43].

1.3. Entdeckung des LSD

Das Verfahren zur Herstellung von Ergotamin[44] stellte eine Basisinnovation dar. Auf dieser Grundlage konnte nicht nur eine ganze Gruppe neuer Mutterkornpräparate abgeleitet werden, sondern sie bildete auch die Voraussetzung für Prozeßinnovationen, beispielsweise bei den Behandlungsmethoden der Naturstoffe. Lange Zeit konzentrierte sich bei Sandoz fast die gesamte geistige und finanzielle Kapazität auf das Forschungsgebiet der Naturstoffe. Durch diese Sogwirkung, durch Synergien und gegenseitige Inspiration wurde eine Vielzahl von Einzelerfindungen ermöglicht. So wurden in relativ kurzer Zeit beispielsweise die Herzglykoside sowie andere Alkaloide wissenschaftlich erforscht und die Naturstoffe, vor allem aber die Inhaltsstoffe des Mutterkorns, synthetisch abgewandelt. Ein zwar nicht kommerziell, dafür aber wissenschaftlich bedeutendes Mutterkornanalogon wurde in Form des Lysergsäurediäthylamids in den Forschungslaboratorien der Sandoz entwickelt.

Im Frühjahr 1929 trat der Chemiker Dr. Albert Hofmann nach Abschluß seines Studiums an der ETH Zürich in die Firma Sandoz ein. Er nahm die Stelle als Mitarbeiter von Prof. Stoll in dessen pharmazeutisch-chemischem Forschungslaboratorium an, da er hier die

---

41 Cerletti, Aurelio, Prof. Dr. med.; * 1918 Ilanz, + 1988 Basel. Direktor. Eintritt in Sandoz: 1945.
42 Vgl. FA H-211.19, Deseril, 1962.
43 Auterhoff Knabe (1983), 448. Über den Beitrag der Sandoz zur Mutterkornforschung informiert Tabelle 2 im Anhang.
44 Vgl. FA C-201.34, Patentschrift Dr. Arthur Stoll "Verfahren zur Gewinnung von Pflanzenalkaloiden" (Extraktion), 1922.

Dr. Albert Hofmann, *1906

Gelegenheit erhielt, im Bereich der Naturstoffe zu arbeiten. Im Stoll'schen Laboratorium sollten mit schonenden Methoden die wirksamen Verbindungen aus Arzneipflanzen isoliert und in reiner Form auch dargestellt werden. Nur dadurch konnten Arzneimittel mit einem genau dosierten Gehalt an Wirkstoffen erhalten werden, da der Wirkstoffgehalt von Arzneipflanzen je nach Anbaugebiet und Ernte großen Schwankungen unterworfen ist und die Inhaltsstoffe meist leicht zersetzlich sind. Die reinen Wirkstoffe jedoch können mit der Waage abgewogen werden und somit ist stets die gleiche Wirkmenge in einer Arzneizubereitung gewährleistet.

Durch diese Aufbereitung konnten altbekannte Arzneidrogen wie Fingerhut[45], Meerzwiebel[46] und Mutterkorn[47] in der Medizin unbeschränkt angewendet werden.

In den ersten Jahren arbeitete Hofmann im Sandoz-Labor fast ausschließlich an Untersuchungen über die Wirkstoffe der Meerzwiebel. Man hatte bereits die Wirkstoffe in ihrer Reinform isoliert, was auf Arbeiten von Walter Kreis, einem der ersten Mitarbeiter Stolls, beruhte. Die chemische Struktur der Wirksubstanzen war jedoch noch unbekannt. Man wußte nur, daß sie zu der Gruppe der herzaktiven Glykoside gehörten und einen Zuckerteil besaßen. Hofmann konnte jedoch den chemischen Aufbau des Grundkörpers aufklären.

Nach erfolgreichem Abschluß der Arbeiten zu den Scilla-Glykosiden bat Hofmann Stoll, die Untersuchungen über die Alkaloide des Mutterkorns, die Stoll 1917 begonnen hatte, wieder aufnehmen zu dürfen. Stoll erklärte sich mit dem neuen Arbeitsgebiet Hofmanns einverstanden, aber warnte ihn mit den Worten: "Ich warne Sie vor den Schwierigkeiten, denen Sie beim Arbeiten mit Mutterkornalkaloiden begegnen werden. Es sind das äußerst empfindliche, leicht zersetzliche Substanzen, bezüglich Stabilität ganz verschieden von den Verbindungen, mit denen Sie auf dem Herzglykosid-Gebiet gearbeitet haben. Aber wenn Sie wollen, versuchen Sie es halt einmal"[48].

Zu Beginn der dreißiger Jahre hatte man in England und Amerika angefangen, nach der Strukturformel des Ergotamins zu forschen. Es war noch ein weiteres, wasserlösliches Mutterkornalkaloid gewonnen worden. So war es für Sandoz an der Zeit, die Bearbeitung der Mutterkornalkaloide wiederaufzunehmen, wenn die Firma ihre führende Position auf diesem Sektor beibehalten wollte.

---

45 Digitalis.
46 Scilla maritima.
47 Secale cornutum.
48 Hofmann, Albert: LSD - Mein Sorgenkind (1979), 16.

Zwei Chemikern vom Rockefeller Institut in New York war es gelungen, den gemeinsamen Grundbaustein der Mutterkornalkaloide durch chemische Spaltung zu isolieren und zu charakterisieren. Diesen Stoff nannten sie Lysergsäure[49].

Später brachte dann die Isolierung des auf die Gebärmutter wirksamen, blutstillenden Wirkstoffs des Mutterkorns, die gleichzeitig von vier unabhängig voneinander arbeitenden Instituten[50], darunter auch das Sandoz-Labor[51], durchgeführt wurde, einen weiteren großen Fortschritt in der Heilkunde. Dieses recht einfach gebaute Alkaloid nannten Stoll und Burckhardt[52] Ergobasin. Als chemische Abbauprodukte erhielt man Lysergsäure und Propanolamin.

So stellte sich Hofmann als erstes die Aufgabe, aus Lysergsäure und Propanolamin Ergobasin zu synthetisieren. Dazu war es nötig, die Lysergsäure durch chemische Spaltung aus einem anderen Mutterkornalkaloid als Ausgangsstoff zu gewinnen. Da Sandoz damals schon Ergotamin als Reinsubstanz in der Produktion hatte, bestellte Hofmann ein halbes Gramm von diesem Stoff aus der Mutterkornproduktion. Beim Vorlegen des internen Bestellscheines bei Stoll bekam der Chemiker jedoch eine Rüge: "Wenn Sie mit Mutterkornalkaloiden arbeiten wollen, dann müssen Sie sich mit den Methoden der Mikrochemie vertraut machen. Es geht nicht an, daß Sie eine so große Menge meines kostbaren Ergotamins für Ihre Versuche verbrauchen"[53].

Hofmann mußte auf ein amorphes Alkaloidpräparat ausweichen, das bei der Extraktion von portugiesischem Mutterkorn anfiel. Es war ein, wie sich später herausstellte, nicht einheitliches Mutterkornpräparat, das dem Ergotoxin entsprach. Um daraus Lysergsäure zu erhalten, mußte dieses zuerst in aufwendigen Prozessen gereinigt werden. Gerade bei der Reinigung dieser Substanz machte Hofmann erste Beobachtungen, die darauf hindeuteten, daß es sich bei Ergotoxin um ein Alkaloidgemisch handeln mußte.

Bei den Versuchen mit Lysergsäure stellte Hofmann fest, daß diese Substanz sehr leicht zersetzlich und ihre Verknüpfung mit basischen Resten, wie dem Aminoalkohol Propanolamin, schwierig war. Aber er konnte dieses Problem mit Hilfe der Curtius'schen Synthese lösen und stellte mit diesem Verfahren eine dem natürlichen Mutterkornalkaloid Ergobasin identische Verbindung dar[54]. Somit war ihm die erste Partialsynthese eines Mutterkornalkaloids geglückt. Dadurch war ermöglicht worden, daß andere im

---

49 W. A. Jacobs und L.C. Craig; in: Journal of biological Chemistry 104 (1934), 547.

50 Dudley, H. W. und Moir, C.; in: British medical Journal (1935), 520; Kharasch, M. S., und Legault, R. R.; in: Science [Lancaster] 81, 388, 614 (1935); Thompson, M. R.; in: Science [Lancaster] 81 (1935), 636.

51 Stoll, Arthur und Ernst Burckhardt; in: Comptes rendus de l'Académie des Sciences (Paris) 200 (1935), 1680; Stoll, Arthur und Ernst Burckhardt; in: Bulletin des Sciences Pharmacologiques 42 (1935), 257.

52 Burckhardt, Ernst Dr.; Chemiker, * 1891 Reute / Appenzell, + 1952 in Chur. Eintritt in Sandoz: 1917.

53 Hofmann, Albert: LSD - Mein Sorgenkind (1979), 20.

54 Stoll, Arthur und Albert Hoffmann; in: Hoppe-Seyler's Zeitschrift der physiologischen Chemie 251 (1938), 155.

Mutterkorn vorhandene Alkaloide in das besonders in der Geburtshilfe so wertvolle, aber in der Natur nur in geringen Mengen vorkommende Ergobasin umgewandelt werden konnten.

Nach diesem ersten Erfolg versuchte Hofmann einerseits die pharmakologischen Eigenschaften von Ergobasin durch Änderungen am Aminoalkoholrest zu verbessern. Andererseits synthetisierte er neue Lysergsäureverbindungen, bei denen nicht die Wirkung auf die Gebärmutter im Vordergrund stand, sondern von denen man aufgrund ihrer chemischen Struktur andere pharmakologische Eigenschaften erwarten konnte.

Durch Änderung des Aminoalkoholrestes durch Ersetzen von Propanolamin durch Butanolamin konnte ein künstliches Alkaloid hergestellt werden, das in der Therapie das natürliche Ergobasin noch übertraf. Dieses Mittel kam als Methergin® in den Handel und gilt heute noch als zuverlässig gebärmutterkontrahierendes, blutstillendes Mittel.

Hofmann stellte eine Reihe interessanter Verbindungen her, von denen er aufgrund der chemischen Struktur andere pharmakologische Eigenschaften erwartete. Die 25. Substanz dieser Reihe mit den Lysergsäure-Abkömmlingen war das Lysergsäurediäthylamid, das er für den Laborgebrauch LSD 25 nannte. Mit der 1938 erstmals hergestellten Substanz wollte er ein Kreislauf- und Atmungsstimulans gewinnen. Vom LSD 25 konnte er die Eigenschaften eines solchen Anregungsmittels erwarten, da sich im chemischen Aufbau Ähnlichkeiten mit dem Analeptikum Nikotinsäurediäthylamid erkennen ließen. Bei der pharmakologischen Prüfung dieser Substanz konnte Ernst Rothlin[55] eine starke Wirkung auf die Gebärmutter feststellen. Sie betrug etwa 70 % der Wirksamkeit von Ergobasin.

Außerdem wurde im Versuchsbericht vermerkt, daß sich die Versuchtstiere in der Narkose unruhig verhielten. Andere Eigenschaften konnten aber nicht festgestellt werden, so daß weitere Prüfungen unterlassen wurden. Hofmann arbeitete daher in anderer Richtung weiter.

Er entschloß sich, seine Beobachtungen, die er bei der Reinigung von Ergotoxin gemacht hatte, weiter zu verfolgen. Ausgedehnte systematische Versuche zur Zerlegung des vermuteten Ergotoxin-Gemisches führten schließlich zu dem Ergebnis, daß dieses Alkaloid-Präparat aus drei verschiedenen Komponenten bestand. Eine dieser drei reinen Stoffe erwies sich mit dem von Stoll und Burckhardt als Ergocristin bezeichneten Alkaloid identisch. Die anderen beiden gefundenen Alkaloide jedoch waren bis dahin unbekannt gewesen. Hofmann nannte das eine Ergocornin und das andere, das in der Mutterlauge lange verborgen geblieben war, Ergokryptin. Aus den hydrierten Formen der drei Stoffe

---

[55] Rothlin, Ernst, Professor für Medizin an der Universität Basel; * 1888 Lachen, + 1972 Basel. Eintritt in Sandoz: 1922, Leiter der pharmakologischen Abteilung bei Sandoz.

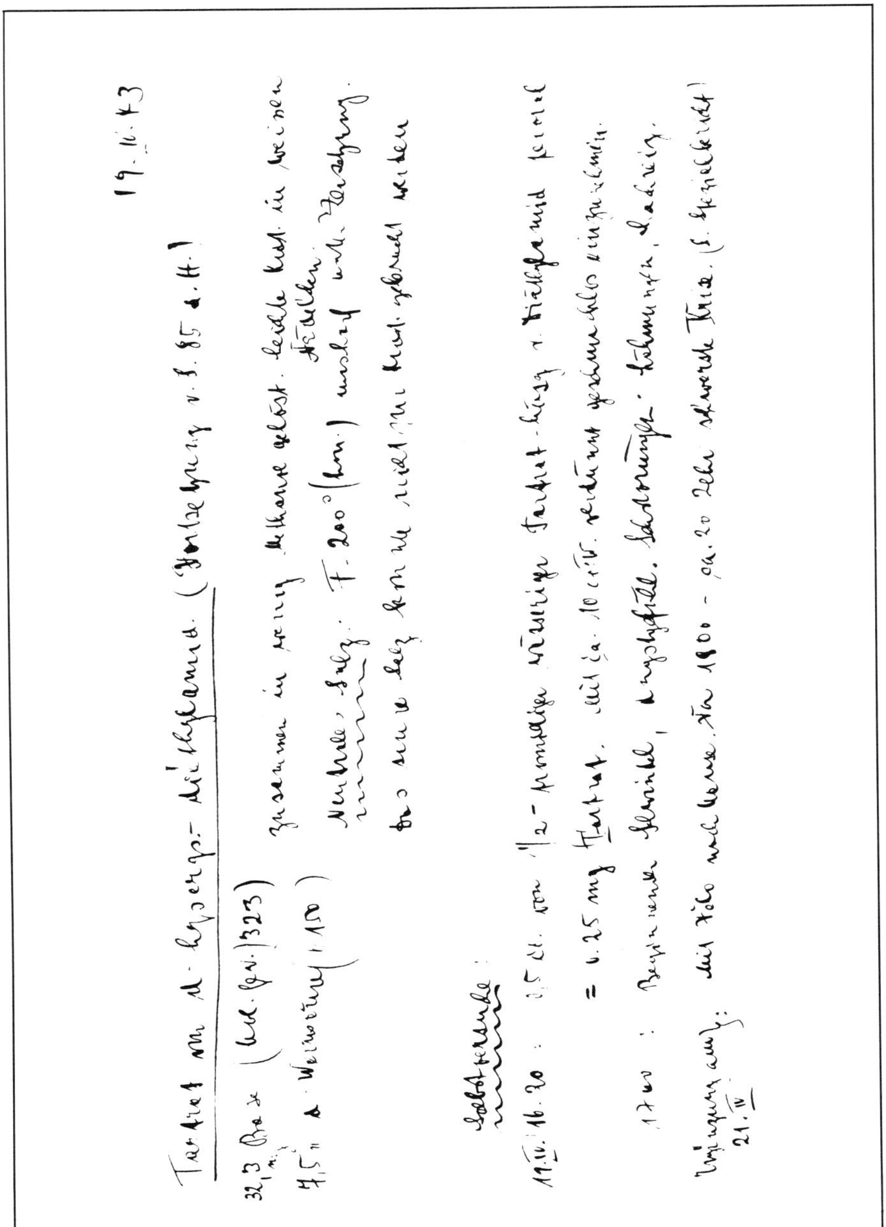

19.IV.43

Tartrat von d-Lysergs.-diäthylamid. (Fortsetzung v. S. 85 d. H.!)

32,3 mg Base (Mol. Gew. 323)
47,5 " d-Weinsäure (150)

zusammen in wenig Methanol gelöst. leicht krist. in weissen Nädelchen.

Nadeln, Salz. F. 200° (korr.) unscharf unt. Zersetzung.

Das neue Salz konnte nicht zur Krist. gebracht werden

Selbstversuche:

19.IV. 16.20: 0,5 cc. von 1/2‰ wässrige Tartrat-Lösung v. Diäthylamid peroral
= 0.25 mg Tartrat. Mit ca. 10 cc W. verdünnt geschmacklos einzunehmen.
17.00: Beginnender Schwindel, Angstgefühl, Sehstörungen, Lähmungen, Lachreiz.
Ergänzung am 21.IV: Mit Velo nach Hause. Von 1800 - ca. 20 Uhr schwerste Krise. (s. Spezialbericht)

Laborjournal - Eintragung von Dr. Albert Hofmann, 1943
(Zur Entdeckung der Wirkung von Lysergsäurediäthylamid)

ging nach eingehender Prüfung in der pharmakologischen Abteilung das Hydergin® hervor.

Fünf Jahre nach der ersten Synthese des LSD-25 synthetisierte Albert Hofmann diesen Stoff ein zweites Mal, da er ahnte, daß dieser Stoff noch andere Wirkqualitäten besitzen könnte. Im März 1943 gewann er einige Zehntelgramm dieser Verbindung. Gegen Ende der Synthese kam es dann zu einem Zwischenfall: Bei der Reinigung und Kristallisation des LSDs als Tartrat wurde der Chemiker Hofmann von ungewöhnlichen Empfindungen bei seiner Arbeit gestört. Er verfaßte darüber einen Bericht, den er an Stoll sandte:

"Vergangenen Freitag, 16. April 1943, mußte ich mitten im Nachmittag meine Arbeit im Laboratorium unterbrechen und mich nach Hause begeben, da ich von einer merkwürdigen Unruhe, verbunden mit einem leichten Schwindelgefühl, befallen wurde. Zu Hause legte ich mich nieder und versank in einen nicht unangenehmen rauschartigen Zustand, der sich durch eine äußerst angeregte Phantasie kennzeichnete. Im Dämmerzustand bei geschlossenen Augen (das Tageslicht empfand ich als unangenehm grell) drangen ununterbrochen phantastische Bilder von außerordentlicher Plastizität und mit intensivem, kaleidoskopartigem Farbenspiel auf mich ein. Nach etwa zwei Stunden verflüchtigte sich dieser Zustand"[56].

Hofmann vermutete als Ursache für diese ungewöhnlichen Beobachtungen eine von außen erfolgte toxische Einwirkung durch die Verbindung, mit der er gearbeitet hatte. Er konnte sich diese Vorfälle nur so erklären, daß kleinste Spuren der LSD-Lösung beim Umkristallisieren auf seine Fingerspitzen gelangt und durch die Haut resorbiert worden waren.

Da Hofmann die Ursachen dieses Zwischenfalls weiter erforschen wollte, entschloß er sich zum Selbstversuch. Er begann seine geplante Versuchsreihe mit der Einnahme von 0,25 mg LSD. Bei dieser Menge handelte es sich im Vergleich mit der Wirksamkeit anderer Mutterkornalkaloide um eine sehr geringe Dosis.

Zum Ablauf des Versuches machte er Notizen in sein Laborjournal:

"Selbstversuche:

19.IV./16.20: 0,5 cc. von 1/2-promilliger wässeriger Tartrat-Lösg. v. Diäthylamid peroral = 0,25 mg Tartrat. Mit ca. 10 cc. W. verdünnt geschmacklos einzunehmen.

17.00: Beginnender Schwindel. Angstgefühl. Sehstörungen. Lähmungen. Lachreiz.

---

[56] Hofmann, Albert: LSD - Mein Sorgenkind (1979), 28.

Ergänzung am 21.IV.: Mit Velo nach Hause. Von 18 - ca. 20 Uhr schwerste Krise. (S. Spezialbericht)"[57].

Die letzten Worte dieses kurzen Berichtes waren fast bis zur Unleserlichkeit verzerrt. Hofmann hatte seine Erlebnisse unter dem Einfluß des LSD nur noch mit großer Mühe niederschreiben können. Er verfiel in einen etwa 12 Stunden andauernden Rauschzustand, in dem er von tiefsten Ängsten über den Ausgang des Versuches gequält wurde. Niemand hatte zuvor Erfahrung mit Substanzen dieser Art gesammelt und es war unsicher, wann und ob er jemals wieder in einen normalen Bewußtseinszustand zurückgelangen würde. Außerdem verwandelte sich seine Umgebung unter dem Einfluß der Rauschdroge in angsterregende Gebilde[58].

Ein Arzt wurde herbeigerufen, konnte aber, außer weit geöffneten Pupillen, keine Anzeichen sonstiger Abnormitäten feststellen. Langsam ließ die stark angsterregende Wirkung des LSDs nach. Nachdem die Todesangst von ihm gewichen war, gelangte er in einen angenehmen Zustand, der durch den Eindruck eines bunten Farb- und Formspiels vor seinen Augen geprägt war. Alle akustischen Wahrnehmungen verwandelten sich in optische Eindrücke. Allmählich fiel er in tiefen Schlaf.

Als Albert Hofmann am nächsten Morgen aufwachte, fühlte er sich äußerst frisch und klar. Das Rauschmittel hatte keinerlei Nachwirkungen hinterlassen. Im Gegenteil, die Empfindlichkeit der Sinne wurden noch über den Normalzustand angehoben.

Hofmann berichtete seinen Mitarbeitern von den Erlebnissen im Rauschzustand. Natürlich erregten diese Schilderungen große Überraschung unter den Wissenschaftlern, so daß sich Rothlin und zwei seiner Mitarbeiter ebenfalls zu einem Selbstversuch mit dieser Substanz, die eine so unglaubliche psychische Wirkung hatte, entschlossen.

Nach eingehender pharmakologischer und toxikologischer Untersuchung des LSDs veröffentlichte Stolls Sohn Werner 1947 erste Ergebnisse über systematische Versuche mit LSD am Menschen. Diese Erkenntnisse waren an der psychiatrischen Klinik der Universität Zürich gewonnen worden. Der Wirkstoff wurde sowohl gesunden als auch schizophrenen Versuchspersonen verabreicht. Es wurde eine angepaßte geringere Dosis als in Hofmanns erstem Selbstversuch, nämlich 0,02 bis 0,13 mg, appliziert. In dieser oben schon erwähnten Publikation wurden die Eindrücke während des Rausches als weitgehend euphorisch bezeichnet, so daß man dieses neue Mittel als Phantastikum bezeichnete. Ob LSD jedoch eine sinnvolle therapeutische Wirkung aufwies, war noch ungeklärt.

Im Jahre 1954 stellte man nach einer grundlegenden Studie den Forschungsinstituten und der Ärzteschaft das LSD unter der Markenbezeichnung Delysid® als Versuchspräparat zur

57 Vgl. FA H-105.22, Dr. Albert Hofmann. Berichte 1930-67.
58 Hofmann, Albert: LSD - Mein Sorgenkind (1979), 31.

Verfügung. Die Anwendung sollte vor allem in der analytischen Psychoanalyse zur seelischen Auflockerung angezeigt sein. Außerdem wurden als zweites Indikationsgebiet im Begleitprospekt experimentelle Untersuchungen über das Wesen von Psychosen genannt. Delysid® sollte dem Arzt im Selbstversuch einen Einblick in die Ideenwelt des Geisteskranken vermitteln und durch kurzfristige Modellpsychosen bei normalen Versuchspersonen das Studium pathogenetischer Probleme ermöglichen.

So sollten psychisch Kranke im LSD-Rausch eine Umwandlung oder gar Erschütterung des normalen Weltbildes erfahren. Die Distanz zum Arzt sollte mit Hilfe dieses Mittels verringert werden und somit die Ich-Du-Schranke überwinden helfen. Ein besserer Kontakt zum Arzt sollte sich durch die Lösung des Patienten aus seinem Ich-bezogenen Problemkreis ergeben und somit eine neue Vertrauensbasis zwischen Patient und Psychiater ergeben. Nur auf dieser Basis kann der Kranke durch den Arzt beeinflußt und gelenkt werden.

Außerdem sollten dem Patienten unbewußte oder verdrängte, nicht verarbeitete psychische Konflikte durch den Rauschzustand wieder ins Bewußtsein zurückgerufen werden. Nur so könnten traumatische Vorfälle der psychotherapeutischen Behandlung zugänglich gemacht werden.

Diese Theorien zu den Anwendungsgebieten des LSDs und den psychotherapeutischen Behandlungsmethoden sind jedoch in der Fachwelt umstritten.

Weitere Nachforschungen über die medizinischen Anwendungsmöglichkeiten des Delysid® kamen jedoch in den sechziger Jahren zum Erliegen, da die Drogenszene größtes Interesse an dem Wirkstoff zeigte. So war LSD zuerst auf den Rauschmittelmarkt in den USA gelangt[59], wo sich diese Substanz, die Halluzinationen hervorruft, zur Droge Nr. 1 der Hippie-Szene entwickelte. Die nicht-medizinische, mißbräuchliche Anwendung führte in einigen Fällen zu seelischen Zusammenbrüchen, kriminellen Handlungen, Morden und Selbstmorden.

Durch den LSD-Mißbrauch, der in den Medien Schlagzeilen machte, sah sich die Geschäftsleitung der Sandoz veranlaßt, in der Öffentlichkeit Stellung zu nehmen, und sie erklärte im April 1966, daß jegliche weitere Abgabe des namentlich für Forschungszwecke verwendeten LSDs ab sofort gesperrt sei[60].

---

59 Sandoz Bulletin Nr. 50 (1979), Jahrgang 15, 12.
60 Hofmann, Albert: LSD - Mein Sorgenkind (1979), 72.

1.4. Die Erforschung der Herzglykoside

Die von Stoll entwickelte Methode zur Reindarstellung noch unbekannter Wirkstoffe aus pharmazeutischen Drogen erlaubte die erstmalige Behandlung von empfindlichen Substanzen. Neben der Erforschung des Mutterkorns wandte sich das wissenschaftliche Interesse schon früh dem Gebiet der Herzglykoside zu.

Obwohl die ersten stark aktiven und kristallisierten Präparate aus Digitalis purpurea bereits im letzten Jahrhundert hergestellt worden waren, konnte das erste kristallisierte und definierte Digitalisglykosid, das Digitoxin, von Cloetta erst 1920 in reinem Zustand gewonnen werden. Etwa ein halbes Jahrzehnt später stellten Windaus und Cloetta Gitoxin und Gitalin rein dar. Im Jahre 1930 gelang es Smith[61], aus der in Ungarn heimischen Digitalis lanata ein neues Glykosid, das Digoxin, zu isolieren. Digitoxin, Gitoxin, Gitalin und Digoxin wurden bis Anfang der vierziger Jahre als in der Digitalispflanze bereits vorgebildete, genuine Glykoside angesehen. Erst die in den Sandoz-Laboratorien von Stoll und seinen Mitarbeitern durchgeführten Untersuchungen brachten den genauen Aufschluß über die tatsächlich vorhandenen Inhaltsstoffe.

Zu Beginn der Digitaliserforschung gelang es Stoll und seinem Mitarbeiterstab nicht, aus den Blättern der Digitalis purpurea kristallisierende Substanzen zu isolieren. Auf Vorschlag des Pharmakologen Straub wandten sich die Forscher der Meerzwiebel, Uriginea maritima, einer seit dem Altertum verwendeten Arzneidroge, zu. Sie konnten zum ersten Mal die wirksame Substanz der zur Familie der Hyacynthaceae gehörenden Meerzwiebel, nämlich das Scillaren, in reiner Form extrahieren. Hierbei machten sie die Beobachtung, daß man eine besonders leicht kristallisierende Substanz nach längerer Standzeit des Extraktes erhielt. Das Kristallisationsprodukt wies einen geringeren Zuckergehalt als Scillaren A auf. Nach intensiven Untersuchungen konnte das Sandoz-Team ein zuckerabspaltendes Enzym, die Scillarenase, in der Meerzwiebel nachweisen. Dieses besaß die Fähigkeit, aus dem Scillaren ein Molekül Glucose abzuspalten. Die Forscher gaben der bis zu jenem Zeitpunkt unbekannten Verbindung den Namen Proscillaridin[62]. Daraufhin wurde das Scillaridin nach Erhalt von positiven Resultaten bei der pharmakologischen Prüfung zur Bekämpfung der Herzwassersucht in galenischen Zubereitungen der Ärzteschaft zugänglich gemacht[63].

---

61 Vgl. S. Smith; in: Journal of the Chemical Society London, 508 (1930).

62 Vgl. FA H-105.52, Dr. W. Kreis, Berichte 1924-58 haupts. betr. Scilla, Digitalis.

63 Vgl. FA H-200.11, Herzglykoside. Manuskriptensammlung von Vorträgen und Publikationen von Prof. Stoll.

Nach langjährigen Laboruntersuchungen gelang den Sandoz-Forschern die Ermittlung der Konstitution des Scillaren A und einiger Nebenglykoside. Dabei erhielten sie einen merkwürdigen Befund: Alle herzwirksamen Glykoside besaßen am Steroidgerüst einen fünfgliedrigen Lactonring mit Ausnahme der Scillaglykoside. Diese wiesen einen sechsgliedrigen Lactonring auf. Auch in ihrer Wirkung waren die Scillaglykoside eigenartig, denn ihre kräftige, die Herztätigkeit und Wasserausscheidung fördernde Eigenschaft entfaltete sich in vielen Fällen, die gegenüber den Digitalisglykosiden refraktär waren[64].

Motiviert durch die bei der Meerzwiebel gewonnenen Ergebnisse wandten sich Stoll und seine Mitarbeiter wieder den zuvor begonnenen, aber nicht vollendeten Laboruntersuchungen der Blätter des roten Fingerhutes, Digitalis purpurea, zu. Die enzymhindernden Extraktionsverfahren lieferten aus dieser zur Familie der Scrophulariacea gehörenden Droge kein Digitoxin, sondern ein neues, zuckerreicheres und ebenfalls hoch aktives amorphes Herzglykosid. Die Sandoz-Forscher bezeichneten das auskristallisierte Extraktionsprodukt als Purpureaglykosid A. Analog zu den Befunden bei der Meerzwiebel fanden sie wie erwartet in den Digitalisblättern ein Enzym, das sie Digipurpidase nannten. Es war für die Abspaltung eines Glukosemoleküls ausgehend vom Purpureaglykosid A verantwortlich und baute dieses somit zum Digitoxin ab. Die enzymatische Spaltbarkeit des Purpureaglykosids war für die Sandoz-Chemiker ein Merkmal für den intakten, ursprünglichen Zustand.

Als der wollige Fingerhut, Digitalis lanata, wegen seines höheren Glykosidgehaltes und seiner leichten Kultivierbarkeit in den Mittelpunkt des wissenschaftlichen Interesses gerückt war, konzentrierte sich die Forschergruppe um Stoll auch auf die labortechnische Extraktion der Blätter dieser Pflanze. Dabei gelang es ihnen, die Hauptmenge der Glykoside in einer einheitlichen, kristallisierenden Form zu gewinnen. Weil die hydrolytische Spaltung dieses Präparates ein Gemisch aus Glykosiden[65], die man mit dem Namen Lanatoside bezeichnete, ergab, setzte man die Suche nach darin enthaltenen, einheitlich aufgebauten Substanzen fort. Es folgte eine langwierige Arbeit, bis der Abbau in die drei isomorphen Lanatoside A, B und C erfolgreich durchgeführt werden konnte. Selbst in den Blättern von Digitalis lanata ließ sich ein glukosespaltendes Enzym, die Digilanidase, nachweisen[66].

Das genaue Studium der Eigenschaften der reinen, genuinen Digitalisglykoside brachte Klarheit über die Zusammenhänge und die charakteristischen Merkmale sowie die Unterscheidungsmöglichkeiten zwischen den einzelnen Vertretern der Digitalisarten. Diese Erkenntnisse ermöglichten, die reinen Wirksubstanzen der Digitalispflanze ohne Bal-

---

64 Vgl. FA H-211.12. Scillaren 1921-56.

65 Aglykone: Digitoxigenin (aus Lanatosid A), Gitoxigenin (aus Lanatosid B), Digoxigenin (aus Lanatosid C), Diginatigenin (aus Lanatosid D) und Gitatoxigenin (aus Lanatosid E).

66 Vgl. FA H-105.52, Dr. W. Kreis. Berichte 1924-58 haupts. betr. Scilla, Digitalis.

laststoffe in einem konstanten und bekannten Mischungsverhältnis dem Arzt zur Verfügung zu stellen. Die drei genuinen Glykoside der Digitalis lanata in Form der Lanatoside A, B und C fanden breite Verwendung in natürlichen Mischungen oder als einzelnes Glykosid wie in den pharmazeutischen Spezialitäten Digilanid® und Cedilanid®. Das Cedilanid® zeichnete sich durch einen schnellen Wirkungseintritt und eine rasche Ausscheidung aus[67].

Durch den stufenweisen enzymatischen Abbau gelang es 1953, das Digitalispräparat Acetyl-Digitoxin unter dem Handelsnamen Acylanid® auf dem Markt zu lancieren. Es wirkte eher langsam, wies aber eine lange Wirkdauer auf, was dem Arzt in der Herztherapie eine weitgehende Dosierungsanpassung an den einzelnen Patienten erlaubte. Weitere herzwirksame Präparate wie das Cedigoxin®, das Acetyldigoxin zum Inhaltsstoff hatte und in seiner Wirkungsweise zwischen Cedilanid® und Acylanid® lag, sowie das Digoxin-Sandoz®, das ähnlich wie das Cedigoxin® wirkte, aber im Unterschied zu diesem auch für die intravenöse Applikation empfohlen wurde, wurden Anfang der sechziger bzw. Ende der fünfziger Jahre der ärztlichen Verwendung zugeführt.

Auf der Suche nach weiteren zuverlässigen und rasch wirksamen Herz- und Kreislaufmitteln untersuchten die Sandoz-Forscher auch Herzglykosiddrogen tropischer Herkunft wie beispielsweise die Samen afrikanischer Schlingpflanzen der Gattung Strophantus. Aus dem Samen von Strophantus kombé, einem zur Familie der Apocynaceae gehörenden Gewächs, isolierten die Sandoz-Chemiker das genuine Glykosid, das k-Strophanthosid, in reiner, kristallisierter Form, nachdem das glukoseabspaltende Enzym, die Strophanthobiase, bereits zuvor von Jacobs und Hofmann[68] beschrieben worden war. Das k-Strophanthosid wurde als rasch wirksames Herzmittel mit kurzer Wirkungsdauer unter dem Markennamen Strophosid® 1938 in die Therapie eingeführt. Es konnte sich aber neben ähnlich wirkenden Digitalis-Präparaten nicht halten und wurde deshalb aus dem Verkaufsprogramm Anfang der achtziger Jahre herausgenommen[69]. Auch Digilanid®, Scillaren®, Acylanid® und Sandoscill® wurden später wieder zurückgezogen.

Rothlin konnte für die von Stoll und seinen Mitarbeitern dargestellten verschiedenen k-Strophantinfraktionen bis zum genuinen k-Strophantosid eine zunehmende Wirksamkeit in tierexperimentellen Untersuchungsverfahren ermitteln. Stoll und seine Arbeitsgruppe wiesen für diese Substanzen nach, daß die Wasserlöslichkeit der einzelnen Verbindungen mit der Anzahl der gebundenen Zuckermoleküle zunahm. Diese Erkenntnis legte die Frage

67 Vgl. FA H-211.4, Digitalis, 1919-49. Cedilanid, Digitoxin, Digilanid 1954-61.
68 Vgl. W.A. Jacobs und A. Hofmann; in: Journal of biological Chemistry 69 (1926), 153.
69 Vgl. FA H-211.14, Strophantosid, Berichte 1939.

nahe, ob die Wirkungssteigerung dieser Substanzen auf einer stärkeren Absorptionsfähigkeit beruhte. Sie bemerkten, daß eine stärkere chemische Reaktionsfähigkeit den zuckerreicheren Verbindungen kaum zukommen dürfte. Zudem hatten sie bereits bei früheren Untersuchungen zur Bestimmung der Eliminationsgröße bemerkt, daß die größere Eliminationsgeschwindigkeit des Strophantidins allein ebenfalls keine vollständige Erklärung für seine geringere Wirksamkeit im Vergleich zum Glykosid darstellen konnte. Die Verteilungsbedingungen zwischen Herz und extrakardialer Peripherie, mit anderen Worten also die spezifischen Bindungsbedingungen, waren sowohl für das Genin als auch für das Glykosid vollkommen identisch. Deshalb nahm man an, daß die Glukoseanlagerung mit zunehmender Wasserlöslichkeit eventuell die Bindungsfähigkeit des Moleküls analog zur Haftfestigkeit steigerte. Diese Vermutung wurde zunächst in den Sandoz-Laboratorien für die Absorptionsfähigkeit und das Bindungsvermögen an Eiweiß anhand der verschiedenen Digitoxin- und k-Strophanthinverbindungen näher untersucht. Aufgrund eingehender Studien kam man zu dem Schluß, daß kaum die Möglichkeit bestand, die Unterschiede der Wirksamkeit aus einfachen Bindungs- und Verteilungsverhältnissen abzuleiten. Weiterhin ließen die Ergebnisse der durchgeführten Versuche über die Eliminationsgröße der Digitalisinhaltsstoffe den Schluß zu, daß diese Verbindungen selbst nach der Zufuhr sehr hoher Dosen im Organismus nur eine beschränkte Zeit wirksam blieben. Stoll prüfte anschließend mit seinen Mitarbeitern die Kumulationsfähigkeit der Glykoside mit speziellen Verfahren. Hierbei entdeckten sie, daß mit steigender täglicher Dosierung auch der Kumulationseffekt in einer gewissen linearen Beziehung anwuchs. Auffallend waren dabei die relativ hohen Kumulationseffekte der kleinen Dosen, wobei die Summe der Teildosen gelegentlich stärkere Kumulationswerte lieferte als bei einer rein chemischen Anhäufung ohne eine Elimination möglich gewesen wäre. Alle Beobachtungen deuteten in Richtung einer Wirkungspotenzierung und bewiesen, "dass die kumulative Digitaliswirkung nicht nur eine konzentrationsgebundene sondern auch eine zeitgebundene Reaktion ist"[70]. In mehreren tierexperimentellen Untersuchungen fand man die Bestätigung dafür, daß "kranke Herzen stärker auf Digitalis reagieren"[71]. Auch wurde erkannt, daß keine Parallelen zwischen der Absorptionsfähigkeit und der Wirksamkeit der Glykoside bestand. Nachdem weitere Forschungen über die Wirkungsweise der Herzglykoside in den Sandoz-Forschungslaboratorien erfolgreich beendet worden waren, wurde das Hauptglykosid aus Strophantus kombé unter dem Namen Strophantosid® als pharmazeutische Spezialität auf dem Markt eingeführt.

---

70 Vgl. FA H-210.4, S.12. Herzwirksame Glykoside. Vortrag Prof. Rothlin. Köln 1939.
71 Vgl. FA H-210.4, S.16. Herzwirksame Glykoside. Vortrag Prof. Rothlin. Köln 1939.

Zu Beginn der fünfziger Jahre konnten aus einem in den Voralpen und im Jura vorkommenden Unkraut, dem Weißen Germer[72], reine Wirkstoffe gewonnen werden, die unter dem Namen Puroverin® als Ergänzung zum Hydergin® eingeführt wurden. Veratrin als Inhaltsstoff bewirkt durch die Reizung der Chemorezeptoren des Glomus caroticum und im Endokard (Betzold-Jarisch-Reflex) Bradykardie und Blutdruckabfall. Die Wirksubstanz gelangt aber über andere Nervenbahnen als die Mutterkornalkaloide zur Wirkungsentfaltung.

In den fünfziger Jahren entdeckten amerikanische Ethnologen im mexikanischen Bergland, daß Indianer im religiös-zeremoniellem Rahmen und zu magischen Heilzwecken Pilze konsumierten. Zu botanischen Bestimmungen übergaben sie einige Pilze dem Pariser Mykologen Roger Heim. Diesem gelang es, die von den Indianern als 'Teonanacatl' bezeichneten Pilze botanisch zu bestimmen und zum Teil im Laboratorium zu züchten. Prof. Heim wandte sich nach erfolglosen chemischen Untersuchungen in seinem Institut an die Sandoz-Forschungsabteilung. Er hoffte, daß hier im Mutterkorn-Laboratorium aufgrund der in der Vergangenheit zahlreich durchgeführten Naturstoffuntersuchungen die nötigen Erfahrungen vorhanden waren, die halluzinogenen Inhaltsstoffe aus dem mexikanischen Zauberpilz 'Psilocybe mexicana' zu isolieren. Es gelang den Sandoz-Chemikern tatsächlich, nicht nur die wirksamen Substanzen dieses Pilzes zu extrahieren, sondern auch ihre Struktur aufzuklären sowie sie synthetisch herzustellen. Als Inhaltsstoffe erhielten sie das Psilocybin und das Psilocin. Die halluzinogenen Wirksubstanzen zeigten ein mit dem LSD nahezu identisches psycho-pharmakologisches Wirkungsbild und wiesen gemeinsame chemische Merkmale mit dem Delysid® auf. Zudem erkannte man, daß sie strukturell mit dem Serotonin verwandt waren. Beide wirken qualitativ ähnlich auf den Menschen, sind aber quantitativ ungefähr einhundert Mal schwächer als LSD, jedoch immer noch einhundert Mal wirksamer als Mescalin[73].

Das Psilocybin wurde 1963 unter der Bezeichnung Indocybin® als Versuchspräparat zur Anwendung in der experimentellen Psychiatrie an Krankenhäuser und Kliniken auf Anforderung abgegeben. Doch die restriktiven Bestimmungen über die Anwendung halluzinogener Stoffe, die von den Gesundheitsbehörden damals vertreten wurden, wiesen dem Indocybin® das gleiche Schicksal zu wie dem LSD. Es mußte kurz nach erfolgter Einführung in die klinische Therapie wieder vom Markt genommen werden[74].

---

72 Veratrum album L., mitteleuropäischer Vertreter der Gattung der Melanthiaceae.

73 Vgl. FA H-200.8, Zauberpilze, mexikanische / Psylocybin. "Die Erforschung der mexikanischen Zauberpilze". A. Hofmann, 1961. Presseberichte, Pressedienst, Script eines Radio-Interviews mit Dr. A. Hofmann, 1958.

74 Vgl. FA H-211.18, Indocybin (Psilocybin) 1962.

Die chemischen Psilocybin-Forschungen erwiesen sich doch noch unerwartet als nutzbringend für die Entwicklung eines Medikamentes, allerdings zum Einsatz in einem gänzlich anderen Therapiebereich.

Da die Substanz von der Indocybin®-Synthese her noch in größerem Umfang vorrätig war, wurde das Psilocybin im Rahmen eines Forschungsprojektes zur Entwicklung eines ß-Rezeptorenblockers ebenfalls mit anderen Substanzen einem Prüfverfahren unterworfen. Es stellte sich heraus, daß die chemische Struktur des Psilocybin das bestgeeignete Ausgangsmaterial für den Aufbau einer solchen Wirksubstanz war. So wurde der Grundbaustein des mexikanischen Zauberpilzes zur Basis für das Pindolol, dem Inhaltsstoff des b-Blockers mit dem Namen Visken®. Dieser wurde 1970 in die Therapie eingeführt und hat sich zur Behandlung der arteriellen Hypertonie, von Arrhythmien und anderen hyperadrenergisch bedingten Herzfunktionsstörungen bewährt.

1.5. Calcium

Schon im Altertum fanden Kalkpräparate in der Heilkunde Anwendung. Berühmte Ärzte wie Galen, Paracelsus und Hufeland schrieben dem Kalk Heileffekte zu. Als man um die Jahrhundertwende Einblick in die Physiologie des Calciumstoffwechsels gewann, erhielt die Calciumbehandlung eine breitere Grundlage. Die Calciumtherapie war mit großen Schwierigkeiten verbunden, weil die damals zur Verfügung stehenden Calciumpräparate schwere Unverträglichkeitserscheinungen hervorriefen. Als daher Sandoz 1927 der Ärzteschaft ein intravenös und intramuskulär injizierbares, gut verträgliches Calciumpräparat als Calcium-Sandoz® zur Verfügung stellte, war dies nicht nur für die tägliche Therapie von Nutzen. Diese pharmazeutische Spezialität regte auch zu zahlreichen Studien über den Stoffwechsel und die therapeutischen Indikationen des Calciums an, bei denen die Sandoz-Forschung maßgebend beteiligt war und die zu einem neuen Aufschwung der Calciumtherapie führten. Ursprünglich bestand das Calcium-Sandoz® aus dem Calciumsalz der Gluconsäure, also einer von der Glucose abgeleiteten Säure. Später wurde das Calciumgluconat durch ein noch besser lösliches Salz, nämlich dem Calciumglucono-lactobionat abgelöst[75], mit dem sich relativ einfach zwanzigprozentige Lösungen herstellen ließen. Außer als Ampullen wurde Calcium-Sandoz® auch für die perorale Verabreichung

[75] Vgl. FA D-201.35, Patentschrift (Hauptpatent) " Verfahren zur Herstellung einer neuen Doppelverbindung" (Calcium), 1933.

in Form von Brausetabletten in verschiedenen Konzentrationen und als Calcium-Sirup auf den Markt gebracht[76].

Als Zusatz bei Kalkmangel in der Ernährung sowie als therapeutisches Mittel hatten sich die Calciumpräparate der Sandoz recht schnell als Standardpräparate der vielseitig indizierten Calciumtherapie erwiesen.

Vom Präparat Calcium-Sandoz® wurden einige Produkte wie die 1950 eingeführte Kombination mit Vitamin C und Vitamin D in einer oralen und parenteralen Form abgeleitet. Im Calcibronat®, mit Inhaltsstoff Calciumbromidlactobionat, diente das Calcium hauptsächlich dazu, die Verträglichkeit von Brom zu verbessern. Enterale und parenterale Formen von Calcibronat® wurden seit 1933 in der Brom-Therapie als Sedativum eingesetzt. Das Calcium-Sandoz® wurde ferner mit dem 1953 entwickelten Antihistaminikum Sandosten® kombiniert. Dadurch konnte dessen antiallergische Wirkung synergistisch

Calcium-Fabrikation, 1927

76 Vgl. FA H-105.50, Dr. Brenken. Berichte haupts. betr. Calcium, 1928-54.

verstärkt werden[77]. Sowohl das Calcium-Sandoz® als auch das Calcibronat® bildeten einen Grundstock dafür, daß der Name Sandoz über die ganze Welt auch in Laienkreisen bekannt wurde, während die Untersuchungen über Mutterkorn und die Herzglykoside den Zugang zu den wissenschaftlichen Zentren der experimentellen und klinischen Medizin eröffneten.

1.6. Synthetische Arzneimittel

Obwohl die Pharmazeutische Abteilung schon bald nach ihrer Gründung einige synthetische Präparate, wie beispielsweise das Calcium-Sandoz®, das Sandoptal® sowie das Mesantoin® in das Fabrikationsprogramm aufnahm, fand der Ausbau der synthetischen Abteilung viel später statt. Erst Mitte der fünfziger Jahre wurde die ursprüngliche Beschränkung der Sandoz-Forschung auf Medikamente natürlichen Ursprungs und deren Derivate aufgegeben. Von nun an konzentrierte sie sich zusätzlich auf das Gebiet der synthetischen Präparate.

Während des Zweiten Weltkrieges und in den Jahren danach bereitete die Beschaffung bestimmter pflanzlicher Drogen einige Schwierigkeiten. Daher war es naheliegend, insbesondere die synthetische Fabrikation der Alkaloide aufzunehmen. Die ersten Bestrebungen in dieser Richtung gehen auf das Jahr 1948 zurück. Man orientierte sich bei den Alkaloidsynthesen an den Wirkprinzipien der Zelle, denn man hatte erkannt, daß diese sehr verdünnte Ausgangsprodukte umwandeln. Also brachte man stark verdünnte, gepufferte Lösungen von Alkylaminen, Apfelsäure- oder Bernsteinsäuredialdehyd, die in den Sandoz-Forschungslaboratorien leicht zugänglich gemacht werden konnten, mit Acetondicarbonsäuren zusammen. Man beobachtete bei der Durchführung des Versuchs eine intensive Kohlensäureentwicklung, wobei Tropinon entstand. Dieses konnte leicht zu Atropin, Homatropin und Tropocain umgewandelt werden. Seither wurden Homatropin und Tropocain von Sandoz in großtechnischem Maßstab hergestellt. Nachfolgend gelang auch die Synthese von Atropin sowie die synthetische Produktion von Arecolin und Lobelin[78]. Bei der synthetischen Herstellung dieser Alkaloide wurden neue Arbeitsmethoden entwickelt. Diese ermöglichten wiederum, wirksame Stoffe durch Abwandlung der natürlichen Alkaloide zu synthetisieren. Als Beispiel kann hier das Tropenziliumbromid genannt werden, ein neuartiges Spasmolytikum. Eine weitere Entwicklungsetappe war der Aufbau stickstoffhaltiger Heterocyclen. Dadurch konnte die Substanzklasse der

[77] Vgl. FA C-722, Generalversammlung 1954.
[78] Vgl. FA H-211.7, Lobelin/Lobelia, 1923-55.

Hydrazinderivate erschlossen werden, aus der das Analgetikum Piperylon hervorging. Piperylon wurde 1960 zusammen mit Tropenziliumbromid unter dem Markennamen Palerol® als Spasmo-Analgetikum eingeführt.

Nachdem die neuroleptischen Eigenschaften des Chlorpromazins[79] entdeckt worden waren, begann man auch bei Sandoz mit der Erforschung der Neuroleptika. Hierzu wurde eine Reihe von Derivaten mit dem Grundgerüst des Phenothiazins, aber mit veränderten Seitenketten synthetisiert und auf ihre antipsychotische Wirksamkeit geprüft. Daraus resultierte die Substanz Thioridazin, die im Jahr 1960 unter dem Markennamen Melleril® zur Behandlung der Schizophrenie und anderer agitierter Psychosen in die Therapie eingeführt wurde[80].

Auf dem Gebiet der Antihistaminika konnte mit der Synthese des Thenalidins eine Wirksubstanz gefunden werden, die sich gemeinsam mit Calcium besonders gut für die intravenöse Behandlung akuter allergischer Reaktionen eignete. Dieses Kombinationspräparat wurde 1953 erstmals zur Therapie freigegeben. 1966 wurde der Wirkstoff Clemastin synthetisiert, der in wesentlich geringeren Dosen eine hochgradige Histaminblockierung bewirkt und als Tavegyl® sowohl für die orale Dauertherapie als auch für die akute Injektionsbehandlung sämtlicher Allergieformen eingeführt wurde.

Ende der fünfziger Jahre entdeckten Mitarbeiter der Sandoz-Forschung, daß gewisse Sulfonamidderivate eine neuartige diuretische Wirkung ausüben. Diese neue Klasse von harntreibenden Arzneimitteln entfaltete ihre Wirkungsweise durch die Hemmung der Rückresorptionsmechanismen in den Nierentubuli, indem sie die Ausscheidung von Wasser sowie von Natrium- und Chloridionen parallel steigerte. Kurze Zeit nach Einführung des Prototyps dieser Wirkklasse in Form des Chlorothiazids entwickelte Sandoz das bedeutend wirksamere Clopamid, das den Vorteil einer nur unwesentlichen Beeinflussung der Kaliumausscheidung aufweist. Unter der Handelsbezeichnung Brinaldix® wird Clopamid seit 1963 zur Bekämpfung von Ödemen und zur Behandlung der Hypertonie verwendet. Als Bestandteil des Antihypertensivums Brinerdin®, das im Jahr 1968 auf dem Markt lanciert wurde, entfaltet es zusammen mit Dihydroergocristin und Reserpin seine Wirkung.

Die Gesamtextrakte des Hypophysenhinterlappens besitzen eine wehenerregende, antidiuretische, vasokonstriktorische und die Peristaltik fördernde Wirkung. Sie wurden deshalb sowohl in der Geburtshilfe zur Wehenverstärkung, zur Behandlung des Diabetes insipidus als auch bei Darmatonie verwendet. 1928 konnten Kamm und seine Mitarbeiter zwei unterschiedliche Wirkstoffe in den Extrakten des Hypophysenhinterlappens

79 Entdeckung als Histamin-Antagonist 1952 durch den französischen Chemiker Charpentier.
80 Vgl. FA H-211.20, Melleril, 1962.

nachweisen. Es handelte sich um das Oxytocin mit seiner uteruskontrahierenden Wirkung sowie das Vasopressin, das die übrigen oben erwähnten Effekte zeigte.

1953 konnte Du Vigneaud die Konstitution von Oxytocin ermitteln und diese durch die Synthese beweisen. Bereits ein Jahr später fanden Sandoz-Chemiker eine Methode zur industriellen Herstellung dieses Octapeptides, das 1955 unter dem Namen Syntocinon® in die Therapie eingeführt wurde[81]. Syntocinon® gilt als klassisches Mittel zur Geburtseinleitung und Wehenstimulation. Es wird ebenfalls als Nasalspray zur Förderung der Milchentleerung bei stillenden Müttern verwendet.

Während das Syntocinon® bei der Geburtseinleitung vorwiegend als intravenöse Infusion verabreicht wird, ermöglichte einige Jahre später das synthetisierte Derivat Desaminoxytocin die Applikation in Form von Buccaltabletten. Dieses Peptidhormon wurde 1970 von Sandoz unter dem Namen Sandopart® der Ärzteschaft zur Verfügung gestellt.

In den Sandoz-Laboratorien gelang ebenfalls die erste industrielle Synthese von Lysin-Vasopressin (Lypressin). Oxytocin und Vasopressin stellen heterodete Cyclooctapeptide dar, die sich trotz ihres stark abweichenden pharmakologischen Verhaltens chemisch nur durch zwei Aminosäuren unterscheiden. Das Vasopressin wurde 1960 als Vasopressin-Sandoz® auf dem Markt eingeführt. Es diente der Behandlung des Diabetes insipidus[82].

1955 zeigten einige amerikanische Laboratorien, daß das adrenocorticotrope Hormon (ACTH), ein Polypeptid des Hypophysenvorderlappens, eine 39-gliedrige Aminosäurekette aufweist. Im darauffolgenden Jahr synthetisierten Sandoz-Mitarbeiter ein Polypeptid mit der halben Kettenlänge. Dieses zeigte bereits eine beträchtliche Hormonwirkung und bewies damit, daß auch Fragmente des natürlichen Hormons eine biologische Wirkung hatten. Desweiteren konnten die Sandoz-Chemiker im Rahmen ihrer Forschungen auch die Struktur des Bradykinins, eines blutdrucksenkenden Nonapeptids, aufklären.

Im November 1960 gelang dem kanadischen Forscher Harold Copp ein bis zu diesem Zeitpunkt unbekanntes, den Calcium-Blutspiegel herabsetzendes Hormon aus der Schweineschilddrüse zu isolieren, dem er den Namen Calcitonin gab. Damit war ein wichtiger Schritt zum Verständnis des empfindlichen Regulationsmechanismus des Calciumstoffwechsels und der Aufrechterhaltung des Calciumblutspiegels geleistet[83]. Mit dem Calcitonin war das zweite Glied des Calciumgleichgewichtssystems entdeckt worden; bis dahin war nur der Einfluß des in der Nebenschilddrüse gebildeten Parathormons auf den Calciumblutspiegel bekannt gewesen. Die Peptid-Chemiker der Sandoz waren sehr früh an der Erforschung von Calcitonin beteiligt. Guttmann[84] und seinen Mitarbeitern

---

81 Vgl. Berde (1959), 3 ff.

82 Vgl. FA H-211.22, Vasopressin, synthetisches ,1961.

83 Copp, D. Harold; in: The Calcitonins (1989), 1.

84 Guttmann, Stephan Dr.; Chemiker, Direktor, * 1928 in Carei/Rumänien. Eintritt in Sandoz: 1956.

gelang 1968 die Synthese des Schweinecalcitonins. Schon ein Jahr später glückte ihnen auch die Synthese des Calcitonins vom Salm. Daraufhin wurden Calcitonine in einer ganzen Reihe von Tierspezies identifiziert, deren Struktur aus einer je nach Spezies unterschiedlichen Kette von 32 Aminosäuren besteht[85]. Bei der pharmakologischen Prüfung in den Sandoz-Laboratorien erwies sich das Salm-Calcitonin als das weitaus wirksamste. Es wurde 1974 unter dem Markennamen Miacalcic® als Injektionspräparat in den Handel eingeführt. Es folgte einige Zeit später die Applikationsform des Nasalsprays.

1.7. Ausbau der Pharmaforschung

Das Jahr 1956 kann als ein Wendepunkt in der Forschungstätigkeit des Sandoz-Konzerns betrachtet werden. Die Phase epochaler Erfindungen von Einzelforschern wurde zunehmend durch lückenlose Grundlagenforschung von Forschergruppen mit nur schrittweisem systematischem Vorankommen abgelöst. Dieser veränderten Forschungsweise entsprechend reagierte das Unternehmen mit einer ganzen Reihe von Anpassungen. Zuerst räumte die Firma dem Bereich der synthetischen Chemie, dem man erhebliche Zukunftschancen beimaß, Vorrang ein. Gleichzeitig erfolgte ein weiterer Neu- und Ausbau einzelner Unterabteilungen, der mit umfangreichen Neuanschaffungen von modernsten Geräten einherging. Zur Unterstützung der neuen Forschungszielsetzungen wurde 1956 im speziellen mit der Einrichtung eines Screening-Apparates in der Pharmakologie, dem aufwendigen und kostspieligen Ausbau der Toxikologie und der Entwicklung neuer arbeitsintensiver klinischer Untersuchungen begonnen. Zusätzlich hatte sich die Firma mit neuen weltweiten pharmapolitischen Problemen eingehend auseinanderzusetzen. Denn in diesen Zeitraum fielen auch gesteigerte Anforderungen von Gesundheitsbehörden, besonders im Hinblick auf die Zulassung der klinischen Prüfung sowie auf die Genehmigung der Kommerzialisierung eines Produktes[86].

Infolge der langen Erprobung bis zur Freigabe von pharmazeutischen Präparaten verstrichen mehrere Jahre, bis ein Produkt mit Genehmigung der zuständigen Behörden auf dem Markt eingeführt werden konnte.

85 Vgl. Azria, (1989), 2 ff.
86 Vgl. FA C-102, Beilage Nr.8 zum Verwaltungsratsprotokoll vom 12. März 1970.

Das pharmazeutische Präparat mit dem Namen Contergan®, das eine zur Gruppe der Piperidindione gehörende Wirksubstanz mit dem Namen Thalidomid beinhaltete, wurde 1957 vom deutschen Familienunternehmen Grünenthal eingeführt. Das Argument der angeblichen Harmlosigkeit dieses Schlaf- und Beruhigungsmittels gegenüber bekannten und teilweise altbewährten Produkten trug zur schnellen und weiten Verbreitung bei. Erst im späteren Verlauf traten erhebliche Nebenwirkungen auf. Das Medikament wurde daraufhin im Jahr 1960 aufgrund seiner teratogenen Wirkung aus dem Handel gezogen. Bei einigen Arzneistoffen wie dem Thalidomid ist die Empfindlichkeit der Tiere wesentlich geringer als die des Menschen[87]. Die Unkenntnis dieser Tatsache hatte zur Entstehung des Thalidomidunglücks beigetragen, das weitreichende Konsequenzen nach sich zog[88].

In Deutschland unterlag bis zum Jahr 1961 die industrielle Herstellung von Arzneimitteln keinem ausreichenden gesetzlichen Schutz. Im Frühjahr 1961[89] wurde ein Gesetz zum Verkehr mit Arzneimitteln in Kraft gesetzt. Die aus dem Contergan-Prozeß gewonnenen Erkenntnisse in bezug auf die Arzneimittelsicherheit wurden in einer Überarbeitung des deutschen Arzneimittelgesetzes 1961 aufgenommen. Das Gesetz brachte eine weitgehende Angleichung an internationale Standards und leistete einen beachtlichen Beitrag zur Schaffung eines einheitlichen europäischen Arzneimittelrechts.

Die Erfahrungen, die man international aus den tragischen Nachwirkungen des Thalidomids gezogen hatte, zeigten deutlich, daß neben einer optimalen Regelung der Arzneimittelsicherheit ein ausreichender wirtschaftlicher Schutz für den Patienten gewährleistet werden mußte, falls dieser trotz allen Vorkehrungen einen durch Arzneimittel hervorgerufenen Schaden erleiden sollte. Infolgedessen wurde nicht nur in Deutschland ein Produkthaftpflichtgesetz eingeführt. Das Contergangeschehen hatte somit nachhaltige internationale Auswirkungen auf die pharmazeutische Industrie. Es war der auslösende Faktor für die weltweite Einführung schärferer behördlicher Auflagen für pharmazeutische Präparate und deren pharmakologisch-klinische Prüfungen. Deshalb baute Sandoz ebenso wie andere pharmazeutische Unternehmen seine Forschungs- und Kontrollaboratorien erneut weiter aus.

Schwerpunkte der Forschung bildeten Mitte der sechziger Jahre immer noch die Gebiete der Psychopharmaka, der Herz- und Kreislaufmittel, der tumorhemmenden Substanzen und der Antibiotika. Die Erzeugung von Antibiotika wurde durch eine enge Zusammenarbeit mit der österreichischen "Biochemie Ges.m.b.H." in Kundl ermöglicht, wo zur selben

---

87 Vgl. FA A-276.4, Dr. M. Taeschler: Mißbildungen infolge Thalidomidverabreichung. In: Kontakt-Bulletin des Wissenschaftlichen Bureaus der Sandoz AG, Nr. 16, Basel 1962.

88 Vgl. Leutner, Victor: Schlafstörungen und Schlafmittel. Editiones Roche. Basel 1986, 127, 150.

89 Am 16. Mai 1961.

Zeit ebenfalls die chemische Grundstoffabrikation aufgenommen wurde (vgl. Kapitel VI.4.)[90].

Im Jahre 1966 erreichten die Forschungsaufwendungen nicht nur der Sandoz, sondern der gesamten Pharmaindustrie einen neuen Höchststand, der allein für die USA auf ungefähr 400 Millionen US-Dollar geschätzt wurde. Im krassen Gegensatz dazu hatte die Zahl der neu eingeführten, medizinisch brauchbaren chemischen Verbindungen noch weiter abgenommen und belief sich in den USA für alle pharmazeutischen Unternehmungen auf ganze elf Präparate. Dieser immer deutlicher werdenden Problematik der steigenden Aufwendungen und der verminderten Erfolgswahrscheinlichkeit versuchte man bei Sandoz durch einige Maßnahmen, wie einer weiteren Verbesserung der Arbeitsmethodik und einer wachsenden Konzentration auf einige wesentliche Hauptrichtungen der Forschung, erfolgreich zu begegnen. Besondere Bedeutung wurde auch der regionalen Teilung der Forschungsgebiete auf die Sandoz-Forschungszentren Basel, Hanover und Wien mit gleichzeitig gesteigerter Koordination beigemessen.

Die pharmazeutisch-chemischen und die pharmakologischen Forschungsarbeiten der Sandoz wurden seit 1956, besonders aber ab Mitte der sechziger Jahre nochmals verstärkt und vor allem auf die organisch-synthetische Chemie ausgerichtet. Selbst auf dem für Sandoz traditionellen Forschungsbereich der Naturstoffchemie wurde nun vorwiegend synthetisch gearbeitet. Strukturelemente der ursprünglich aus Pflanzen, Mikroorganismen oder bei der Hormongewinnung aus Tieren isolierten Wirkstoffe dienten allerdings vorerst noch als Vorlagen oder Ausgangsbestandteile zur Herstellung von total- oder partialsynthetischen Verbindungen.

Bei Sandoz vertrat man Mitte der sechziger Jahre die Ansicht, daß die pharmazeutisch-chemische Forschung zweierlei Ziele verfolgen sollte: Auf der einen Seite sollte sie neue, biologisch aktive Verbindungen experimentell erschließen, um diese in Form pharmazeutischer Präparate zum Wohle des Patienten einzusetzen, auf der anderen Seite sollte sie auch kommerzielle Bedingungen beachten. Die praktische Umsetzung dieser Ziele erfolgte auf drei prinzipiell verschiedenen Wegen, die allerdings auch Übergangsformen kannten.

Die freie Synthese neuer Verbindungen aufgrund chemisch-struktureller Überlegungen mit nachfolgender Prüfung der Produkte in einem umfassenden Testsystem, einem Screening, war die erste praktizierte Methode. Angesichts des Bedarfs einer Screening-Untersuchung war diese Methode funktionell eng mit der Isolierung neuer Naturstoffe aus Pflanzen und Mikroorganismen verwandt.

90 Vgl. Grauert, Werner: Stolze Bilanz der Schweizer Großindustrie. In: Chemische Industrie, 17 (1965), 26f.

Der zweite Weg bestand in der chemischen Abwandlung von Strukturen mit in verschiedenem Maße bekannter biologischer Aktivität unter Berücksichtigung empirischer Struktur-Wirkungs-Korrelationen und pharmakologischer Prüfung der gewonnenen Präparate in einer Anordnung spezieller Tests.

Als dritter, aber Anfang 1967 noch weitgehend in den Anfängen stehender Weg wurde bei Sandoz die gezielte Synthese von Verbindungen, aufgrund detaillierter molekularbiologischer Vorstellungen über ihre eventuelle Wechselwirkung mit biologischen Strukturen, Enzymen, Hormonen sowie Zellmembranen, beschritten.

Die pharmazeutische Forschung war zu jenem Zeitpunkt in vier Forschungsabteilungen gegliedert, nämlich in die der Naturstoffe, der Synthetika, der Mikrobiologischen Chemie und der Biochemie. Diese wurden unterstützt von einem System von Servicegruppen und arbeiteten eng mit der Pharmakologie zusammen[91].

Die Aufteilung in vier Abteilungen mit einer wohldurchdachten Koordination wurde notwendig in Anbetracht des erheblichen Forschungsaufwandes: Im Jahr 1966 wurden beispielsweise innerhalb des Sandoz-Konzerns insgesamt 1.500 chemische Verbindungen zur pharmakologischen Prüfung abgegeben. Bereits drei Jahre später erhöhte sich die Anzahl auf etwa 4.000 Verbindungen, davon stammte knapp die Hälfte aus der Abteilung Basel und jeweils etwas mehr als ein Viertel aus Bern und East-Hanover. Für diese rasche Steigerung waren verschiedene Faktoren, nämlich der Zusammenschluß mit der Firma Wander, die Vergrößerung der Forschungsabteilung in Hanover und die Umorientierung und Konzentration der Arbeitsprogramme in Basel, ausschlaggebend[92].

Angestrebt wurde 1967 die Konzentration auf einige wesentliche Hauptrichtungen der pharmazeutisch-chemischen Forschung. Die Zielsetzung der Sandoz war eine ausgewogene Diversifizierung auf dem Gebiet der Pharma-Forschung unter besonderer Berücksichtigung der personellen Möglichkeiten. Dadurch sollte eine unproduktive Zersplitterung der Aktivitäten verhindert werden.

Die Forschungsaktivitäten auf dem Gebiet des Mutterkorns mit dem Ziel, neue Derivate vor allem mit Kreislaufwirkung zu erarbeiten, hatten immer noch Priorität. Zudem widmete man sich intensiv den Synthese- und Fermentationsforschungen, um in Zukunft den weiter ansteigenden Bedarf an traditonellen Arzneimitteln ohne Feldanbau der Droge decken zu können. In bezug auf die Indikation mit der Mutterkornforschung verbunden war die zweite Hauptrichtung, nämlich die breite synthetische Bearbeitung von potentiell auf Herz, Kreislauf und Blutdruck wirkenden Substanzen. Außerdem wurden Arbeiten auf dem Gebiet der Psychopharmaka, deren Wirkungsspektrum von der Sedierung bis zur

91 Vgl. FA C-102, Beilage Nr. 4 zum Verwaltungsratsprotokoll vom 2. März 1967.
92 Vgl. FA C-102, Beilage Nr. 7 zum Verwaltungsratsprotokoll vom 12. März 1970.

Antriebssteigerung reichen sollte, weitergeführt. Zusätzlicher Schwerpunkt war die Bekämpfung des Krebses mit Chemotherapeutika. Gerade diese Wirksubstanzen sollten aus Pflanzen oder Mikroorganismen gewonnen werden.

Weitere Schwerpunkte der Forschung bildeten die Synthetika mit antirheumatischer und analgetischer Wirkung, oral anwendbare Antidiabetika, Antibiotika sowie synthetische Hormone der Polypeptidgruppe.

Im amerikanischen East-Hanover wurde darüberhinaus auf dem Gebiet der Arteriosklerose, der Appetitzügler sowie der Endokrinologie intensiv geforscht.

Die Forschungsabteilung beschäftigte sich vermehrt mit biochemischen Untersuchungen, da sowohl staatliche Regierungsstellen als auch Kliniker zunehmend über die langfristige Wirkung von Versuchspräparaten und bereits eingeführten Arzneimitteln Aufschluß verlangten. Erschwerend zu reglementierenden Eingriffen staatlicher Instanzen in die Entwicklung neuer Medikamente kam zu jener Zeit hinzu, daß die Bedingungen und Voraussetzungen in den einzelnen Ländern sehr variierten. Im Jahr 1966 hatte die Weltgesundheitsorganisation ein internationales Expertengremium nach Genf berufen, um auf Grund einer umfangreichen Dokumentation präklinische Empfehlungen und Richtlinien für die Arzneimittelentwicklung ausarbeiten zu lassen. Dieses abgefaßte Dokument wurde offiziell genehmigt und zeigte eindeutig, daß bedingt durch den wissenschaftlichen Fortschritt die in früheren Jahren angewandte Empirie nun der systematisch-aufbauenden und langandauernden Kleinarbeit in den verschiedenen Teilbereichen weichen mußte.

Aufgrund dieser Entwicklung bestand die Notwendigkeit einer Erarbeitung neuer medizinischer Grundlagen in der Pharmakotherapie bei Sandoz. Deshalb wurde 1968 in Basel eine Forschungsgruppe gebildet, die ausgewählte Problemstellungen auf dem Gebiet der Pathophysiologie und der experimentellen Pathologie bearbeiten sollte. Die Anwendung dieser beiden Basiswissenschaften auf die pharmakologische und biochemische Forschung sollte über die Vermittlung von humanmedizinischen Pathogenese-Kenntnissen hinausgehen. Man stellte sich bei Sandoz die Etablierung brauchbarer Experimentalmodelle im Tierversuch vor, die mit Humanerkrankungen wenn schon nicht identisch, so doch in Anbetracht der wichtigsten pathophysiologischen Parameter analog sein sollten. Solch eine krankheitsbezogene, letztlich aber auf pharmakotherapeutische Zielsetzungen orientierte Forschung konnte natürlich zunächst nur in einem kleinen Bereich der Pharma-Forschung durchgeführt werden. Die Arbeit der Gruppe Grundlagenforschung - das Team bestand aus fünf Experimentalmedizinern und einem Biochemiker - konzentrierte sich anfänglich auf das zentral erscheinende Thema der Hydergin®-Wirkung auf das Gehirn.

Die gesamte medizinisch-biologische Forschung wurde in ihrer Struktur zum 1. Mai 1969 den neuen Erfordernissen angepaßt, um den in den einzelnen Ländern erwachsenden Anforderungen zu entsprechen. Sie wurde auf Hauptabteilungsebene neben den anderen

Stabsstellen der Pharmazeutischen Abteilung eingerichtet. Untergliedert wurde die Abteilung "Medizinische und Biologische Forschung" in die Linienstellen der "Medizinischen Forschungsabteilung", der "Experimentellen Therapie" und erstmals getrennt in die "Toxikologie" sowie in die "Pharmakologie"[93].

Die Aufgabe der Hauptabteilung "Medizinisch-Biologische Forschung" bestand darin, eine Anzahl von Substanzen, welche die chemische Forschung hergestellt hatte, für die Prüfung am Menschen auszuwählen und vorzubereiten. Außerdem hatte sie nach der anschließenden klinischen Prüfung über deren therapeutische Verwendbarkeit zu entscheiden. Die Selektion von Substanzen erfolgte in Tierversuchen durch die Abteilungen "Pharmakologie" und "Toxikologie". Die Untersuchungen am Menschen wurden von den Abteilungen "Experimentelle Therapie" und "Medizinische Forschung" vorgenommen[94].

1.8. Auswärtige Sandoz-Forschungsinstitute

Anfang der sechziger Jahre beschritt man bei Sandoz mit der Errichtung dezentraler Forschungsinstitute im Ausland neue Wege. Es mußten auch dort chemische Laboratorien eingerichtet werden, die neue Substanzen zu synthetisieren hatten. Diese Wirkstoffe wiederum hatten die Phasen der Pharmakologie, der Toxikologie, der experimentellen Therapie und der klinischen Forschung bis zum fertigen Medikament zu durchlaufen.

Seitdem ist die Sandoz-Forschung auf die drei Zentren Basel, East-Hanover und Wien verteilt. Für jedes dieser Zentren sind bestimmte Arbeitsschwerpunkte festgelegt. So soll der gegenseitige Erfahrungsaustausch und die Zusammenarbeit gefördert werden.

Das erste selbständige Forschungszentrum, das das Pharmazeutische Departement der Sandoz errichtete, lag in East Hanover, im Staate New Jersey an der Ostküste der Vereinigten Staaten von Amerika[95]. Der Bau wurde mit einem finanziellen Aufwand von mehr als 13 Millionen Schweizer Franken erstellt und im Frühjahr 1964[96] eingeweiht. Sandoz schuf hiermit eine Arbeitsstätte für 200 Wissenschaftler und Techniker. Dieses Forschungszentrum sollte hauptsächlich der Forschung und Produktion auf dem Gebiete

93 Vgl. FA C-102, Beilage Nr. 20 zum Verwaltungsratsprotokoll vom 18. Juni 1969.
94 Vgl. FA C-102, Beilage Nr. 8 zum Verwaltungsratsprotokoll vom 12. März 1970.
95 Vgl. FA M-351.2, Tochtergesellschaft Österreich, Forschungsinstitut Wien, Sammlung von Presseberichten zur Eröffnung, 1970. Vgl. FA M-351.7.
96 Am 14. Mai 1964.

synthetischer Chemikalien unter Anwendung modernster Methoden dienen, besonders im Bereich der Behandlung und Prophylaxe chronischer und nichtinfektiöser Krankheiten[97].

Seit den bescheidenen Anfängen der "Sandoz Pharmaceuticals", der amerikanischen Tochtergesellschaft der Basler "Sandoz AG", im Jahre 1939, erhöhte sich bis Ende 1963 der Umsatz des Unternehmens nahezu auf das sechzigfache. Die stärkste Zunahme vollzog sich seit 1954. In diesem Zeitraum konnte Sandoz mit zahlreichen pharmazeutischen Produkten, die in den Forschungslaboratorien in Basel entwickelt wurden, in die amerikanische Medizin einsteigen. Dementsprechend wuchs die Zahl der Mitarbeiter, die für die Ärzteberatung zuständig waren, auf 400. Hierdurch war eine stetige Information und intensive Betreuung der amerikanischen Ärzteschaft garantiert. Mit dem Bau des Forschungszentrums in East Hanover beabsichtigte Sandoz, in Zusammenarbeit mit schweizerischer und amerikanischer Forschung, die Produktionsmöglichkeiten des Unternehmens im pharmazeutischen Bereich zu vergrößern. Die Gesellschaft hoffte zudem, mit Hilfe dieses neuen Forschungszentrums, noch besser mit den großen Konzernen konkurrieren zu können[98].

Das schnelle Wachstum des Sandoz-Konzerns im pharmazeutischen Bereich erforderte Mitte der sechziger Jahre eine Ausweitung auf bisher nicht berücksichtigte, aber für den pharmazeutischen Markt dennoch wichtige Gebiete. Für Sandoz galt dies im Bereich der Therapie und Prophylaxe von Infektionskrankheiten, die durch Bakterien, Parasiten und Viren hervorgerufen werden.

Außerdem wurde es als zweckmäßig erachtet, die Forschungstätigkeiten durch Arbeiten über Veterinärmedizin und Tierernährung zu ergänzen. Man erkannte, daß durch eine derartige Diversifikation die Diskrepanz zwischen den bei Sandoz bereits vorhandenen Bereichen der Humanpharmazeutika und der Agrochemie ausgeglichen werden könnte.

Im Laufe des Jahres 1966 wurde ein Konzept erarbeitet, das die Zusammenarbeit jeweils einer Abteilung der synthetischen Chemie, der Bakteriologie, Virologie und Parasitologie, der Immunologie, der Veterinärmedizin und Tierernährung, der Biochemie, Toxikologie mit der klinischen Forschung als Service-Abteilungen in einem Institut vorsah[99].

---

97 Vgl. FA M-370.8, TG USA. Einweihung East Hanover. Ansprache Stoll 14.5.1964.

98 Vgl. FA M-371.3, Tochtergesellschaft USA. Hanover. Presseberichte zur Eröffnung des neuen Forschungszentrums. 15.5.1964.

99 Vgl. FA C-102, Beilage 7 zum Verwaltungsratsprotokoll vom 16. Dezember 1966.

Nachdem 1966 durch die "Plafonierungsgesetze"[100] die Voraussetzungen für den Aufbau eines derartigen Instituts in der Schweiz erschwert wurden, erkannte man, daß sich Österreich und besonders Wien am besten in Europa als Standort für dieses Vorhaben eignete. Neben dem Aspekt, daß das geplante Institut das einzige dieser Art und Größe im benachbarten Österreich darstellen würde, spielte eine Rolle, daß in Wien nicht nur die medizinische und philosphisch-naturwissenschaftliche Fakultät der Universität, sondern auch die "Tierärztliche Hochschule", die "Technische Hochschule" und die "Hochschule für Bodenkultur" zur Verfügung standen. Diese besaßen ein Reservoir gut ausgebildeter Wissenschaftler. Wegen des Fehlens entsprechender Arbeitsmöglichkeiten in Österreich waren etliche österreichische Wissenschaftler ins Ausland abgewandert. Sandoz nahm zu Recht an, daß diese gerne wieder in ihre Heimat zurückkehren würden.

So wurde im Herbst 1966 beschlossen, in Wien die "Sandoz Forschungsinstitut Ges.m.b.H." zu gründen. Ein Gesellschaftsvertrag wurde am 17. November 1966 mit einem Nachtrag vom 5. Dezember 1966 abgeschlossen. Am 2. Juli 1970 wurde das Institut eingeweiht[101].

Die Koordination der dezentralisierten, in verschiedenen Sprachgebieten liegenden Forschungsinstitute bedurfte nun einer besseren Abstimmung der gemeinsamen Forschungsanstrengungen auf die langfristigen Bedürfnisse des Konzerns. Die Führungsebene der Pharmazeutischen Abteilung faßte den Entschluß, nicht eine zentralistische, autoritäre Konzernforschungsleitung, sondern ein Kollegialsystem prinzipiell gleichgestellter, gleichberechtigter und autonomer, der Pharmadirektion in Basel direkt verantwortliche Leiter der verschiedenen Forschungsabteilungen anzustreben. Dadurch wurde den Forschungsleitern der einzelnen Zentren die nötige Freiheit eröffnet, sich den Gegebenheiten des jeweiligen Landes bestens anzupassen und dortige wissenschaftliche und personelle Vorteile zu nutzen.

Das Hauptorgan der Koordination und damit die oberste Forschungsinstanz war das zweimal jährlich zusammentretende "Research Coordination Meeting" (RCM) der Forschungsleiter. Hier wurden alle wichtigen Belange der Konzernforschung erörtert und die entscheidenden Beschlüsse gefaßt. Neben generellen Zielsetzungen für die Konzernforschung vereinbarte man die Abgrenzung und Zuteilung von Arbeitsgebieten an einzelne Forschungszentren. Dies sollte zur Vermeidung von Doppelspurigkeit und zur

---

100 Der schweizerische Bundesrat begrenzte am 1. März 1963 die Zahl der ausländischen Arbeitskräfte auf den Höchststand vom Dezember 1962 bzw. auf das Jahresmittel 1962 der Betriebe. Genau drei Jahre später, am 1. März 1966, beschloß er einen weiteren Abbau des Bestandes an ausländischen Arbeitskräften.

101 Vgl. FA M-351.2, Tochtergesellschaft Österreich, Forschungsinstitut Wien. Sammlung von Presseberichten zur Eröffnung 1970.

bestmöglichen Ausnutzung der in der Konzernforschung vorhandenen Resourcen an Kenntnissen, materiellen Mitteln und qualifiziertem Personal beitragen[102].

Neben der Einrichtung des RCM wurde für eine funktionierende Koordination ein effizienter Informationsfluß als unabdingbar empfunden. Als ständiges Organ der Informationsübermittlung diente das schon bestehende Forschungssekretariat in Basel.

Ende 1969 waren in allen Forschungszentren der Sandoz zusammen 1.910 Mitarbeiter in der Forschung und Entwicklung der Pharmazeutischen Abteilung tätig, wovon 316 Angestellte eine abgeschlossene Hochschulausbildung vorweisen konnten[103].

Personal Forschungszentren	Konzern weltweit	Basel	Bern	Hanover	Wien*	Kundl
Akademiker	316	169	40	71	25	11
Total	1.910	1.213	196	330	67	102

* 1970: 40/200

Dragieranlage, 20er Jahre

102 Vgl. Geschäftsbericht 1970, 13.
103 Vgl. FA C-102, Beilage Nr.7 zum Verwaltungsratsprotokoll vom 12. März 1970.

2. Produktion

2.1. Neuorganisation

Die planmäßig fortgesetzte Mechanisierung der Arbeitsvorgänge, besonders bei der galenischen Produktion, erlaubte 1958 die Leistungsfähigkeit der Fabrikationsbetriebe zu steigern und die Arbeit so flexibel zu organisieren, daß die erheblichen Schwankungen im Bestelleingang ohne nennenswerte Störungen kompensiert werden konnten. Ein 1958 eingeweihter Neubau auf dem Firmengelände in Basel nahm zusätzliche Betriebe für die Fabrikation synthetischer Arzneimittel sowie die dazu gehörenden Laboratorien auf. Somit konnte auch die Produktion von Syntocinon®, einem Oxytocinpräparat, das hauptsächlich in der Geburtshilfe eingesetzt wird, der Bedarfsmenge angepaßt werden. Im Jahr 1958 konnte nicht nur eine Stabilisierung des Syntheseverfahrens, sondern ebenfalls eine wesentliche Steigerung der Ausbeuten erzielt werden, was sich natürlich auf den Syntocinon®-Ausstoß auswirkte. 1956 wurden 2,5 Millionen Internationale Einheiten (I.E.), 1957 bereits 11 Millionen I.E. entsprechend etwa 25 Gramm hergestellt. Im darauffolgenden Jahr gelang eine Verdoppelung auf 22,5 Millionen I.E. und die Verfahrensoptimierung erlaubte 1959 eine nochmalige Verdoppelung auf den Wert von 44,6 Millionen I.E., der ungefähr 100 Gramm des reinen Hormons darstellte[104].

Doch erwuchsen auf der Seite der Materialwirtschaft neue Probleme. Der im Verhältnis zum Gesamtmarkt unbedeutende Inlandsmarkt und der stark zersplitterte Export wiesen für den Basler Produktionsbetrieb einen Sortimentbestand von insgesamt über zweihundert galenischen Formen und etwa eintausend Verpackungsformen auf. Vor allem kleine Aufträge überwogen stark, die natürlich einer ökonomischen Zielsetzung der Fertigung im Wege standen, so daß ein materialwirtschaftliches Optimum schwerlich erreicht werden konnte. Von 27.000 Fabrikationsaufträgen, welche die galenische Abteilung 1959 auszuführen hatte, waren 16.000, also mehr als die Hälfte, Aufträge unter 100 Packungen. Es gingen 5.585 kleinste Einzelaufträge mit einem Umfang von nur einer bis zehn Packungen ein, die von Hand ausgeführt werden mußten. Hier war folglich der Arbeitsaufwand zehn mal größer und der Kostenaufwand im günstigsten Fall zehn mal höher als bei der maschinellen Fertigung. Eine Verarbeitung lohnte sich für die Firma erst bei Aufträgen von mehr als 500 Packungen. Eine genauere Betriebsplanung sollte eine rationellere und rentablere Gestaltung der Produktion in der Zukunft erlauben, ohne daß man auf die dem Patienten und dem Arzt zugute kommende Vielfalt der galenischen Formen und auf die durch die verschiedenen länderspezifischen Verordnungen für das Packmaterial und dessen ordnungsgemäße Bedruckung verzichten mußte.

---

104 Vgl. FA H-303.1, Pharma. Betriebssitzung 1956-1962.

1963 konnte die Produktion in den galenischen Basisbetrieben dem Verbrauch angepaßt werden. Allerdings war es hierzu nötig gewesen, einen Teil der Anlagen im Dreischichtenbetrieb, also Tag und Nacht, zu betreiben. Während in den Betrieben, in denen synthetische Arzneimittel hergestellt wurden, eine gleichmäßigere Arbeitseinteilung auf Grund von geschätzten Verbrauchszahlen im allgemeinen eingehalten werden konnte, erforderten verschiedene Faktoren in den Naturstoffbetrieben einen beweglichen, mitunter auch auf Improvisation eingestellten Arbeitsablauf.

Die Situation der Basisfabrikation in Basel im Jahre 1963 war zusätzlich gekennzeichnet durch die fast vollständige Ausnützung der Terrainreserven und der möglichen Aufstockung von Betriebslokalen. Um einen zukünftig erhöhten Substanzbedarf sicherstellen zu können, wurden damals die Möglichkeiten eines vermehrten Zukaufs von Zwischenprodukten für Synthetika und eine weitere Verlagerung der Fabrikation ins Ausland geprüft, nachdem 1963 zum ersten Mal seit Bestehen der Firma die Mehrzahl der Ampullen im Ausland gefertigt wurde. Im Zuge diverser notwendig gewordener Rationalisierungsmaßnahmen, wie eine weitgehende Normung der Packungen und eine weiter fortschreitende Mechanisierung, erfolgte die Umstellung der gesamten Ampullenfabrikation auf die Hitzesterilisation. Dadurch stieg die durchschnittliche Produktivität gegenüber 1958 um 27 %, nämlich von 168 Ampullen auf 213 Ampullen pro Stunde im Jahr 1963.

Trotz der weitgehenden Verlagerung war Basel 1963 noch die bedeutendste galenische Fabrikationsstätte, was sich auch im folgenden Jahr nicht änderte. Wie schon in den vergangenen Jahren konnten weitere Rationalisierungen und Verbesserungen bei den Fabrikationsverfahren durchgeführt werden. So stand dem starken Anstieg des Produktionsvolumens im Jahr 1964 ein unveränderter Personalbestand gegenüber. Zudem konnten trotz steigender Löhne die Herstellkosten für die zu produzierenden Wirkstoffe entweder gehalten oder für einige wichtige Präparate, wie die Mutterkornalkaloide, die Herzglykoside sowie Thioridazin, dem Inhaltsstoff des Melleril®, sogar erheblich gesenkt werden[105].

Einige besonders markante Zahlen aus den verschiedenen pharmazeutischen Betrieben geben die Situation im Jahr 1964 wieder:

105 Vgl. FA C-102, Beilage Nr. 3 zum Verwaltungsratsprotokoll vom 4. März 1965.

a) Wirkstoff-Fabrikation:

	1963	1964
Herzglykoside	218 kg	382 kg
Hydergin®	99 kg	144 kg
Melleril®, Basel	17 t	25 t
Melleril®, Hanover	13 t	16 t
Calcium, Basel	424 t	756 t
Calcium, Kohlshet	63 t	93 t
Calcium, Resende	29 t	57 t
Syntocinon®	168 Mio.I.E.	300 Mio.I.E.

b) Galenische Fabrikation (Millionen Packungen):

	1963	1964
Galenische Betriebe, Basel	25,6	33,4
Galenische Betriebe, Ausland	100,4	114,2
Total	126,0	147,6

Die 1964 im Aufbau begriffene fermentative Herstellung von Calciumgluconat und Fruktose in Indien sowie die Verlegung der Calcibronat®-Fabrikation nach Frankreich sollten dem Basler Betrieb eine erhebliche Entlastung bringen.

Zu den personalintensivsten Betrieben gehörte 1964 die Façionnierung[106]. Auch hier konnte sich die seit mehreren Jahren bestehende Tendenz, mit weniger Arbeitskräften eine höhere Produktivität zu erreichen, fortsetzen. Die verstärkte Mechanisierung, aber vor allem eine bessere Planung, die hauptsächlich durch eine Zusammenarbeit mit der neu gegründeten Vertriebsabteilung zustande gekommen war, machte sich dabei außerordentlich bemerkbar. Der Personalbestand konnte um zehn Prozent von 257 auf 232 Mitarbeiter verringert werden, wobei die Produktion um 30 % anstieg. Die Produktivität betrug im Durchschnitt 134 Packungen pro Façionnierstunde, während sie sich noch fünf Jahre zuvor nur auf 66 Packungen belaufen hatte. Mit dieser Entwicklung konnten die durchschnittlichen Herstellkosten durchaus Schritt halten. Die kalkulatorischen Lohnkosten hatten sich in den vergangenen zehn Jahren[107] mehr als verdoppelt. Die

[106] Verpackungsbetrieb.
[107] Von 5,14 Franken im Jahre 1954 auf 11,00 Franken pro Stunde.

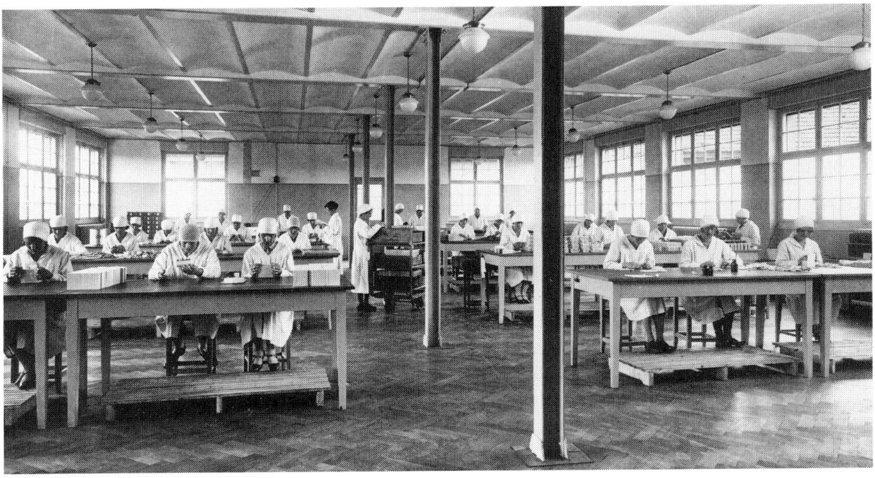

Façionnier-Abteilung (Verpackung), 30er Jahre

durchschnittlichen Kosten für die Herstellung einer Packung hatten jedoch um 25 % abgenommen[108].

2.2. Produktionsstätten im Ausland

In das Jahr 1959 fiel die Aufnahme der Fabrikation von Calcium-Sandoz®-Ampullen im indischen Kohlshet. Nach einer kurzen Anlaufzeit mußte dieser Betrieb bis Ende des Jahres bereits große Mengen an Calciumverbindungen abliefern. Entsprechende Maßnahmen zur Steigerung der Produktion wurden ergriffen, da man aufgrund der unerwartet einsetzenden immensen Nachfrage in Indien damit rechnen mußte, schon bald an die obere Kapazitätsgrenze zu stoßen. Seit der Produktionsaufnahme im Frühjahr 1959[109] wurden bis Dezember des gleichen Jahres 34 Tonnen Calciumsalze hergestellt, was umgerechnet einer Jahresproduktion von ungefähr 60 Tonnen gleichkam. Die indische Calciumfabrikationsanlage war allerdings nur auf eine maximale Herstellmenge von etwa 70 Tonnen angelegt.

108 Von 0,19 Franken im Jahre 1954 auf 0,15 Franken im Jahre 1964. Vgl. FA C-102, Beilage Nr. 3 zum Verwaltungsratsprotokoll vom 4. März 1965.

109 Am 16. April 1959.

Zur selben Zeit bewirkte neben dem Faktor der Produktionsverlagerung nach Indien noch ein weiterer eine Entlastung für den stark beanspruchten alten Basler Calciumbetrieb: Eine Verbesserung des Herstellverfahrens erlaubte unter Beibehaltung der vorhandenen Einrichtungen eine kleine Steigerung der Calciumproduktion.

Auch der Ausbau der anderen ausländischen galenischen Betriebe machte 1959 weitere Fortschritte. Das Sandoz-Werk im englischen Horsforth nahm im April seine Arbeit auf. Im kanadischen Dorval konnte das Gemeinschaftswerk mit der CIBA in Betrieb genommen werden, und im türkischen Levend wurde die Fabrikanlage der Mirel Ltd., an der die Sandoz mehrheitlich beteiligt war, fertiggestellt. Dort begann man ohne Verzögerung mit der Installation der erforderlichen Maschinen zur Tablettierung und Verpackung.

Der prozentuale Anteil der in ausländischen Betrieben hergestellten Packungen konnte durch diese neueingerichteten Betriebe auf 75,4 % erhöht werden.

Sandoz konnte 1963 drei auswärtige pharmazeutische Basisfabrikationen vorweisen, nämlich in den USA, Brasilien und Indien. Die galenische Fabrikation von Sandoz-Spezialitäten wurde in zwanzig Staaten durchgeführt. Die Firma war weltweit im Besitz von zehn eigenen Betrieben, die sich in Deutschland, Frankreich, Italien, England, Spanien, Mexiko, Indien, Brasilien, den USA und der Türkei befanden. Zusätzlich konnte die Firma noch auf ein Gemeinschaftswerk mit der CIBA in Kanada sowie auf neun Betriebsstätten bei Drittfirmen in Belgien, Jugoslawien, Argentinien, Chile, Kolumbien, Japan, Neuseeland und den Philippinen zurückgreifen. Weitere sechs eigene Produktionsbetriebe waren in Argentinien, Chile, Kolumbien, Peru, Venezuela und Pakistan in Vorbereitung. Diese sollten in naher Zukunft die Lohnfabrikation bei Drittfirmen ersetzen. Ein weiteres Gemeinschaftswerk in Ägypten befand sich kurz vor der Inbetriebnahme. Das Beteiligungsverhältnis war 1963 zu 60 % in schweizerischer und zu 40 % in ägyptischer Hand. Vom Schweizer Besitz hielt die CIBA 35 %, Sandoz 20 % und Wander 5 %.

Das Jahr 1965 stand im Zeichen der weiteren Verlagerung wichtiger Produktionen in die ausländischen Herstellungsanlagen, was den Holdingcharakter des Basler Mutterhauses verstärkte. Außer in Basel verfügte Sandoz nun in Österreich, den USA, Brasilien und Indien über pharmazeutische Basisfabrikationen, wobei allerdings wesentliche, kostentragende Teile des Entwicklungs- und Fabrikationsprogrammes beim Basler Stammhaus verblieben. Neben diesen fünf Grundstoffbetrieben konnte der Sandoz-Konzern 1965 noch weitere zwanzig galenische Produktionsanlagen vorweisen. Die Dezentralisierung der Basisfabrikation und der galenischen Herstellungsbetriebe hatte ihre Ursache in der Verknappung der Arbeitskräfte und des Terrains am Stammsitz. Eine zusätzliche Rolle spielten auch Einfuhrrestriktionen, Devisenschwierigkeiten und Maßnahmen von Gesundheitsbehörden vieler Länder. Die auswärtigen Betriebe eröffneten dem

Konzern eine Vielfalt von fabrikatorischen Integrationen, Synergien und spezialisierten Schwerpunkten, welche die Sicherung der Versorgung und eine Anpassung an die weltweite wirtschaftliche Situation erlaubten. 1965 wurde erstmals mit der Belieferung von England, Spanien, Mexiko, Venezuela und Kolumbien mit Wirkstoffen aus den Betrieben in Indien und Brasilien begonnen. Weitere Produktionserweiterungen zeichneten sich in Nordamerika[110] und Westeuropa[111] ab. In East Hanover erstellte man 1965 für das in den USA immer höhere Erlöse einbringende Melleril® eine Fabrikationsstätte in größerem technischen Maßstab. Das Verfahren zur Herstellung von Melleril® war in Basel bereits weitgehend optimiert worden. Diese Erfahrungen konnten somit direkt beim Aufbau in den USA angewendet werden. Sandoz konnte dadurch den Rückstand gegenüber den Basler Kollegialfirmen, die alle bereits über ausgedehnte Produktionsanlagen in den als wirtschaftlich stabil geltenden USA verfügten, wieder aufholen.

Auch der Auslastungsgrad der Pharma-Fabrikation im elsäßischen Hüningen, die, abgesehen von einem Gemeinschaftswerk in Seriate, den ersten Basisfabrikationsbetrieb der Sandoz im Bereich der EWG bildete, ließ eine Erweiterung dringend ratsam erscheinen. Im Dezember 1963 wurde dort mit dem Bau und der Einrichtung von Produktionsanlagen für eine jährliche Produktionsmenge von jeweils 15 Tonnen Intestopan®, einem antibakteriell wirkenden Präparat, und von Sandoptal®, einem Hypnotikum auf Barbituratbasis, begonnen. Im September des darauffolgenden Jahres wurde die Installation von Apparaturen für eine Jahresmenge von 200 Tonnen Calcibronat®, einem Sedativum auf Calcium- und Brombasis, aufgenommen. Schon Mitte 1965 zeichnete sich ab, daß durch die gestiegene Nachfrage für diese Produkte ein weiterer Ausbau der dortigen Calciumlactobionat-Anlagen wie auch für die Herstellung von Ferrofumarat unerläßlich schien. Diese hohen Produktionsmengen sollten zur Deckung des Konzernbedarfs dienen, da für diese Produkte in den Herstellungsbetrieben die maximale Kapazitätsgrenze erreicht worden war. Die hergestellten Basisstoffe sollten von Hüningen zu den galenischen Betrieben in Orléans, Mailand und Nürnberg geliefert werden[112].

Ebenfalls 1965 wurde der Beschluß gefaßt, die galenische Fabrikation des "Instituto Quimico Farmacologico Espanol S.A." mit Sitz in Barcelona zu erweitern. 1941 hatte Sandoz das Gebäude, in dem die galenische Produktion untergebracht war, gekauft und dort eine Ampullenstation und eine Façonnierabteilung eingerichtet. Von 1957 bis 1959 wurden Lager in unmittelbarer Nähe des dortigen Firmenareals neu errichtet und mit dem Gebäude der galenischen Produktion verbunden. 1961 erfolgte ein Erweiterungsbau für Laboratorien, welche die galenische Entwicklung und die analytische Abteilung aufnahmen. Die 1965 fällige Erweiterung der galenischen Fabrikation konnte durch

110 East Hanover.
111 Italien, Hüningen, Orléans, Barcelona, Horsforth und Levend.
112 Vgl. FA C-102, Beilage 15 zum Verwaltungsratsprotokoll vom 16. September 1965.

gewisse Umdispositionen sowie einen Zukauf von Maschinen, was lange Jahre mit Importschwierigkeiten behaftet gewesen war, ohne bauliche Maßnahmen bewerkstelligt werden. Trotz starkem Anstieg der Produktionskurve[113] konnte durch gewissenhafte Rationalisierungsmaßnahmen etlicher Arbeitsprozesse der Personalbestand annähernd konstant gehalten werden. Jedoch hatten sich die Löhne von 1960 bis 1965 etwa verdoppelt, was zu einer erheblichen Steigerung der Produktionskosten führte.

Den Grundstoffproduktionsbetrieben in Brasilien und Indien bereitete die Versorgung mit Fabrikationsmitteln oft Schwierigkeiten. Dies zwang Sandoz häufig zu improvisierten Maßnahmen. So nahm in Indien der Bedarf an Intestopan® überraschenderweise zu. Weil damals Importlizenzen für Apparaturen nicht zur Verfügung standen, mußte die Fabrikation, ausgehend von wenigen im Lande erhältlichen Rohstoffen, in Anlagen anderer Firmen ausgeführt werden[114].

Geographische Verteilung der Fabrikationsleistungen im Jahr 1966:

Region	Millionen Packungen	%
Basel	36,5	18,9
übriges Europa	105,7	54,8
Nordamerika/Kanada	13,9	7,2
Lateinamerika	21,2	11,0
Afrika	1,0	0,6
Asien (inklusive Türkei)	14,3	7,4
Australien (inklusive Neuseeland)	0,2	0,1
Total	192,8	

Die niedrige Packungszahl für Nordamerika beruhte auf den dort überwiegend verwendeten Großpackungen. 1966 fertigte Sandoz noch etwa drei Viertel aller Arzneimittel in Europa. Im Jahr zuvor hatten die Werke in Argentinien und Chile sowie das Gemeinschaftswerk Swisspharma[115] in Ägypten den Betrieb neu aufgenommen. In den ausländischen galenischen Betrieben wurde 1965 vor allem auf die Qualifikation der einheimischen leitenden Angestellten geachtet. Diesen ließ man eine gründliche Ausbildung in Basel oder in den gut geleiteten europäischen Filialen zukommen.

113 1960 = 8.535.000 Packungen; 1965 = 17.544.000 Packungen.

114 Vgl. FA C-102, Beilage 6 zum Verwaltungsratsprotokoll vom 2. März 1967.

115 Gemeinschaftsgründung der Sandoz AG mit der CIBA, gegründet 1960 (Fabrikation und Vertrieb Pharma).

2.3. Die Naturstoffbetriebe im Wandel

Mitte des Jahres 1965 glückte der mikrobiologischen Forschungsabteilung die fermentative Gewinnung der Lysergsäure in großtechnischem Maßstab. Dies eröffnete eine umfassende Verwendung dieser für Sandoz so wichtigen Schlüsselsubstanz. Die Synthese des nach wie vor mengenmäßig an erster Stelle stehenden Ergotamins konnte dadurch zu technischer Reife gebracht werden. Ende 1965 gelang in den Sandoz-Forschungslaboratorien die Synthese aller von der Lysergsäure abgeleiteten Alkaloide. Damit konnte ein allmählicher Übergang des von starken äußeren Einflüssen abhängigen Feldanbaus der Mutterkorndroge zur rationell steuerbaren chemischen Synthese beschritten werden. Für industrielle Maßstäbe stellte die Ergotaminherstellung mit insgesamt 23 teilweise recht schwierigen Syntheseschritten eine Besonderheit dar[116]. Doch trotz dieses aufwendigen Verfahrens war Sandoz schon von Anfang an in der Lage, jede gewünschte Menge eines dem Naturprodukt in jeder Hinsicht qualitativ gleichwertigen Ergotamins zu einem konkurrenzfähigen Einstandspreis herzustellen. Man plante, den Feldanbau von speziellen Mutterkorndrogen, besonders für die stark im Steigen begriffene Hydergin®-Produktion, im ungefähr bisherigen Umfang weiterzuführen[117].

Trotz des Wandels von der Extraktion des Pilzes zur Wirkstoffsynthese war dennoch ein erheblicher Teil der Produktion von pflanzlichen Drogen abhängig. Für etwa die Hälfte[118] der pharmazeutischen Spezialitäten und der Pharmachemikalien wurden Inhaltsstoffe aus pflanzlichen Drogen benötigt. In dieser Zeit wurden 70 kg von insgesamt 400 kg des Ergotamins durch Synthese ausgehend von der Paspalsäure[119] gewonnen. Diese aus einem Pilz gewonnene Säure wurde ab Ende 1965 in den Fermentationsanlagen der Biochemie in Kundl hergestellt.

Der steigende Bedarf an Alkaloiden sowie die Verbesserungen im Fabrikationsverfahren der Synthese erlaubten 1966 einen durchgreifenden Ausbau des Mutterkornbetriebes. Sämtliche Anlagen für die Fabrikation der Mutterkornalkaloide waren noch in einem 1941 erstellten Gebäude untergebracht. Bis 1962 hatte sich der Bedarf an den verschiedenen Alkaloiden stetig erhöht. Danach aber war er sprunghaft angestiegen, was allein in den Jahren 1962 bis 1965 zu einer Verdoppelung der Produktion führte. Abgesehen von Ergänzungen in kleinerem Rahmen sowie Verfahrensanpassungen waren seit dem Bestehen dieser Fabrikationsstätte keine grundlegenden Anlageerweiterungen durchgeführt worden. Mittlerweile aber wies das Arzneimittelsortiment der Sandoz elf Spezialitäten auf, die von den

116 Vgl. FA H-202.34, Ergotamin-Synthese. Verfahren 1964-68.
117 Vgl. FA C-102, Beilage 3 zum Verwaltungsratsprotokoll vom 4. März 1966.
118 Genau = 46,0 %.
119 Ein Doppelbindungsisomer der Lysergsäure.

Wirkstoffen des Mutterkornbetriebes abhängig waren und mit einem Drittel zum Umsatz der Pharmazeutischen Abteilung beitrugen.

Die Anzahl hergestellter Packungen hatte sich 1965 nur unwesentlich erhöht. Erheblich verbessert hatte sich die Produktivität als eine Folge der Erweiterung der Mechanisierung: Von den 1965 in Basel bereitgestellten Packungen wurden 60 % vollmechanisch, 35 % teilmechanisch und nur noch 5 % ausschließlich von Hand ausgeführt. Der Verlagerungsprozeß der galenischen Fabrikation äußerte sich in einer 17prozentigen Jahressteigerung der in den auswärtigen Betrieben hergestellten Packungen[120].

Man erkannte, daß die jährlich gesteigerten Produktionsmengen, die Produktionsvielfalt sowie die häufig kleinen Bestellmengen vermehrt der besonderen Aufmerksamkeit bezüglich der Arzneimittelsicherheit bedurften. Die Gefahr der Untermischung, der Verwechslung von Etiketten und der falschen Verpackung bestand sowohl bei den mechanisierten als auch bei den vorwiegend manuellen Arbeitsabläufen. Man war deshalb in Basel sowie in den Filialbetrieben bestrebt, "durch den Einbau modernster elektronischer Kontrolleinrichtungen, durch eigene Neuentwicklungen in Zusammenarbeit mit Apparate-Firmen und durch eine minutiöse Ueberwachung das Risiko auf ein Minimum zu reduzieren"[121].

Über 400 Aufträge wurden 1966 in Basel für neue galenische Entwicklungen bearbeitet. Jeder davon benötigte eine analytische Entwicklungsarbeit und hatte entsprechend dem Umfang der Stabilitätsprüfungen zahlreiche Analysen zur Folge. Die Verbesserung der wissenschaftlichen Methodik hatte eine immer weitergehende Erfassung kleinster Mengen von Verunreinigungen und Umlagerungsprodukten der oft labilen Wirkstoffe ermöglicht. Dies erforderte laufend steigende Qualitätskontrollen. Die gleiche Tendenz verfolgten zu jener Zeit die Gesundheitsbehörden verschiedener Staaten. Doch nicht nur für die einzelnen Wirkstoffe, sondern auch für jede daraus zu entwickelnde galenische Form mußte nun eine umfassende Dokumentation zur Registrierung bei den Behörden hinterlegt werden. Zusätzliche Schwierigkeiten entstanden dadurch, daß je nach Staat unterschiedliche Anforderungen zu erfüllen waren.

120 Vgl. FA H-303.1, Galenische Sitzungen, Protokolle.

121 FA C-102, Beilage 3 zum Verwaltungsratsprotokoll vom 4. März 1966.

Reklame, 20er Jahre

3. Marketing

3.1. Anfängliche Organisation

Die Pharmazeutische Abteilung stand seit ihrer Gründung 1917 unter der Leitung von Arthur Stoll. Der Personalbestand dieser Abteilung ohne Ingenieurbüro, Rohmaterialeinkauf und Alkaloidverkauf lag Anfang 1928 in Basel insgesamt bei 42 Angestellten, darunter 19 weibliche Mitarbeiter. Von den 23 männlichen Angestellten wiesen 16 eine abgeschlossene Hochschulausbildung auf. Dazu kamen noch 90 Mitarbeiter, die im Ausland angestellt waren[122]. Schon gegen Ende des Jahres 1930 waren in Basel 65 und im Ausland 117 Beschäftigte in der Pharmazeutischen Abteilung tätig. Der Umsatz steigerte sich in diesem Zeitraum von 2,6 Millionen auf 6,3 Millionen Franken[123].

Die Pharmazeutische Abteilung umfaßte folgende Unterabteilungen: Wissenschaftliche Abteilung, Wissenschaftliche Propaganda, Patente und Bibliothek, pharmazeutischer Betrieb, Ampullenstation, Alkaloidlager und Spedition, Material-Einkauf und Verkauf sowie Bauten und Installationen.

122 Vgl. FA B-222.1, Pharma-Dept., Organisation 1928.
123 Vgl. FA C-102, Prof. Stoll: Mitteilung über den Gang der pharmazeutischen Spezialitäten-Abteilung bei Anlaß der Verwaltungsratssitzung vom 15. April 1932.

Die Wissenschaftliche Abteilung war untergliedert in das Chemische Laboratorium, dem vier Chemiker[124] und eine Analytikerin angehörten, sowie der Pharmakologischen Abteilung, deren Leitung der Mediziner Ernst Rothlin inne hatte.

Die Abteilung Wissenschaftliche Propaganda unterteilte sich in zwei Departemente, das Departement Georges Theodore Courts[125] und das Departement Eduard Wagners[126]: Das Departement von Court hatte die Länder Frankreich, die französische Schweiz, Spanien, England, Belgien, Rumänien, Kanada, Argentinien, Japan und die Vereinigten Staaten von Amerika zu bearbeiten, das von Wagner hatte die Einführung pharmazeutischer Spezialitäten in der deutschsprachigen Schweiz, Deutschland, Italien, Österreich, Ungarn und Holland zu verantworten.

Mit der Leitung des pharmazeutischen Betriebes war Ernst Burckhardt betraut. Dieser stand dem analytischen Labor, der Fabrikation von Chlorophyll, Alkaloiden und von Reinsubstanzen für die Spezialitäten, der Abfüllabteilung sowie der Façionnierabteilung vor.

Der weltweite Absatz an pharmazeutischen Spezialitäten erreichte im Jahr 1931 eine Umsatzsteigerung gegenüber dem Vorjahr um 656.000 Franken, entsprechend 10,3 %, auf 7.003.905 Franken. Die Werbetätigkeit, die Sandoz in den verschiedenen Ländern durch sogenannte "Wissenschaftliche Büros" entfaltete, wurde zu Jahresende sorgfältig für das Folgejahr vorausberechnet. Die Kosten für Annoncen und Prospektbeilagen in Zeitschriften, Literaturbeschaffung, Zirkulare an Ärzte, Ärztemuster, Gehälter und Reisespesen für die Ärzteberater, Beiträge für wissenschaftliche Untersuchungen, Verwaltungsspesen und allgemeine Unkosten wurden für jedes Land dem Stand der bisher erfolgten Bewerbung, dem ärztlichen Milieu, der Kaufkraft und sonstigen Faktoren angepaßt.

Außerdem wurden diese Totalausgaben in Relation zum budgetierten Umsatz gesetzt. Sie sollten nach der von Stoll erstellten Richtlinie nicht mehr als ein Drittel betragen[127]. Diese Norm war natürlich zu Beginn der Bearbeitung eines Marktes nicht gewährleistet, wohingegen zu einem späteren Zeitpunkt durchaus ein Unterschreiten des Limits möglich wurde. 1932 beispielsweise betrugen die Totalauslagen auf dem neu zu bearbeitenden japanischen Markt 200,0 %, in den Vereinigten Staaten 61,0 %, in bereits gut eingeführten Ländern wie Deutschland 27,9 %, in Italien 28,9 %, in Spanien 19,5 % und in der Schweiz nur noch 16,0 %. Generell konnte man sich trotz der Neueinführung von Präparaten und

---

124 Dr. August Binkert, Dr. Walter Kreis, Dr. Walter Kussmaul, Dr. Peyer.

125 Court, Georges Theodore, Dr.; * 1881, + 1945. Eintritt in Sandoz: 1925.

126 Wagner, Eduard, Dr.; * 1884, + 1955. Eintritt in Sandoz: 1922.

127 Vgl. FA C-102, Verwaltungsratsprotokolle vom 27. November 1927 und 15. April 1932.

der Neubearbeitung von Ländern durchaus an die Drittelquote halten. Im selben Jahr wurden die auswärtigen Werbebüros angewiesen, mit breiten und daher kostenintensiven Verkaufsförderungsmaßnahmen zurückhaltend zu sein, da man davon absehen wollte, die inländische, meist nationalistisch eingestellte Industrie zu provozieren. Auch war wegen der Weltwirtschaftskrise keine entsprechende Vermehrung der Verkäufe zu erwarten. Deshalb wurden die Kliniken umso intensiver bearbeitet und mit Mustern versorgt, damit durch jetzt herausgegebene Publikationen eine fruchtbare Grundlage für weitergehende Werbemaßnahmen zum Zeitpunkt einer günstigeren Marktsituation geschaffen werden konnte.

Mitte 1931 wurden in den 38 Ländern, in denen Sandoz ihre Produkte bewarb, 435.000 Ärzte, 22.000 Zahnärzte und 28.000 Apotheker mit Aussendungen versorgt. Diese sorgfältige und intensive Bearbeitung der Märkte hatte positiven Einfluß auf den Bekanntheitsgrad und die Akzeptanz bei den Ärzten und somit auf das Umsatzwachstum der einzelnen Präparate.

Erst mit dem Aufkommen des Marketings Anfang der sechziger Jahre änderte sich die Bearbeitung der Märkte grundlegend. Unter Beratung von Peter F. Drucker, einem Mitbegründer des modernen Marketings an den amerikanischen Hochschulen, antwortete Sandoz mit einer neuen Organisationsstruktur.

3.2. Errichtung einer Marketingabteilung

1963 wurde ein Jahr wichtiger Umstrukturierungen: Im Basler Stammhaus rief man unter der Leitung von Y. Dunant eine Pharma-Vertriebsabteilung ins Leben, da aufgrund der immer schwierigeren Situation auf den einzelnen Absatzmärkten eine erfolgreiche Bearbeitung nach Ansicht der Firmenleitung nur durch die gezielte Berücksichtigung der unterschiedlichen, landesspezifischen Verhältnisse aufrechterhalten werden konnte. Deshalb wollte man bei zunehmendem Wettbewerb keine reine Distribution betreiben, sondern sich vermehrt nach den Bedürfnissen des Marktes richten.

Seit der Gründung der Pharmazeutischen Abteilung hatte man bei Sandoz das Hauptgewicht auf die wissenschaftlichen Aspekte eines Präparates gelegt. Nun wollte die Firmenleitung zusätzlich die marktorientierten Bedürfnisse in den einzelnen Ländern durch neue Produktstrategien besser berücksichtigen. Die Vertriebspolitik wurde folgendermaßen definiert:

"Expansion durch:
1. Stärkung der Filialen, um die Gegebenheiten jedes einzelnen Marktes auszunützen.
2. Ausbau und Verbesserung des Vertriebs im Mutterhaus"[128].

Diesem Anspruch sollte die Vertriebsabteilung, speziell das Marketing, als Eckstein der Unternehmenspolitik fest verankert, gerecht werden. Sie gliederte sich in die Unterabteilungen: Marketingberatung, Marktforschung, Produktbetreuung, Medizinische Fachberatung, vier Länderabteilungen, Planung sowie Zeitschriften und Übersetzungen. Diese Neuorganisation, die durch ihre Struktur eine intensivere Betreuung der Märkte, aber auch der Produkte gewährleisten sollte, konnte die in sie gesetzten Erwartungen schon in kurzer Zeit erfüllen. Bereits ein Jahr später war in einem Verwaltungsratsprotokoll zu lesen: "Herr Prof. Stoll gratuliert Herrn Dr. Dunant für seine energische Initiative auf dem Gebiet des Marketing. Früher betrieben wir eine rein wissenschaftliche Propaganda, doch hat sich Herr Prof. Stoll überzeugen lassen, daß heute ein erweitertes Marketing für den wichtigen Absatz unserer Produkte erforderlich ist"[129].

In den Tochtergesellschaften wurden ebenfalls Marketingabteilungen eingerichtet, wobei in Südamerika die umfassendsten Reorganisationen vorgenommen wurden. Teilweise wurden Mitarbeiter, die sich in Basel bewährt hatten, für die Position als Chef des Marketings, wie beispielsweise in Brasilien, eingesetzt oder aber direkt im Land, wie in Argentinien und Kolumbien, angeworben. Den Marketingleitern wurden die Ärzteberaterteams unterstellt. Das wissenschaftliche Personal erhielt eine intensive Ausbildung im modernen Marketing. Schon Ende 1963 erhielten die Arbeitnehmer von Sandoz Nürnberg gleichzeitig mit der nötig gewordenen Reorganisation der dortigen Vertriebsabteilung eine Marketing-Schulung.

Mit diesen Umstrukturierungsmaßnahmen wurden zur Verfolgung der Vertriebspolitik des Sandoz-Konzerns für die Tochtergesellschaften einheitliche, zielorientierte Strategierichtlinien erarbeitet. Diese Grundsätze beinhalteten, daß die Planung für das Mutterhaus und die Filialen minimal auf fünf Jahre für Umsatz, Kosten und Ertrag, auf drei Jahre für das Expansionsprogramm bezüglich des Personals, auf zwei Jahre für die Einführung von Produkten und auf ein Jahr für die Vorgehensweise bei der Bewerbung zu erfolgen hatte. Planmäßig erfaßt wurde auch der Ausbau des Vertriebs im Mutterhaus, der bis Ende 1965 in verschiedene Phasen aufgeteilt wurde.

---

128 Vgl. FA C-102, Beilage Nr. 5 zum Verwaltungsratsprotokoll vom 19. März 1964.
129 Vgl. FA C-102, Verwaltungsratsprotokoll vom 19. März 1964.

Zur Verbesserung der Vertriebsmethoden wurde damit begonnen, neben Seminaren auch Unternehmensplanspiele abzuhalten. Als Themengebiete wurden beispielsweise 'Produkteinführung', 'Methoden des Ärztebesuchs', 'neue Marketing-Methoden', 'neue Methoden der Marktforschung' und 'moderne Unternehmensführung, insbesondere Direktion durch Ziele' angeboten. Durch diese Maßnahmen zur Erhöhung der Qualifikation der Mitarbeiter sollte die folgende ambitiöse Aufgabe erfüllt werden: "Unser Ziel ist, ein internationales Marketing-Team heranzubilden, das zielgerichtet, methodisch und koordiniert maximale Verkäufe und Erträge aus jedem einzelnen Markt herausholt"[130].

Gerade der für eine Firma wichtige Parameter der "Human Resources" und die damit einhergehende Aus- und Weiterbildung qualifizierter Führungskräfte, die deren Einsatz in einer der zahlreichen Auslandsorganisationen zum Ziel hatte, bereitete zunehmend Probleme. Anläßlich einer Verwaltungsratssitzung kritisierte Dr. Saxer[131] die erhebliche bauliche Expansion des Unternehmens: "Für die Zukunft der Firma sind Spitzenkräfte wichtiger als Bauten"[132].

Eine Analyse der Sandoz-Produkte ergab 1964, daß 42 % des Umsatzes mit Produkten und galenischen Formen erzielt wurden, deren Einführung weniger als zehn Jahre zurücklag. 1959 hatte dieser Prozentsatz noch 29 % betragen. Verglichen mit anderen, im besonderen amerikanischen Firmen, zeigte diese Situation eine ungewöhnliche Vitalität der älteren Präparate. Bei Konkurrenzfirmen machten die Verkäufe der neueren Einführungen meist zwischen 60 % und 80 % aus, was auf den Bedarf nach neuen Sandoz-Produkten hinwies. Das Produktportfolio der Sandoz wies mit einem Umsatzanteil von 9,5 % die 'neuen Produkte' aus, die aber zu 21,6 % an der Umsatzzunahme im Jahr 1964 beteiligt waren. Die Kategorie der 'entwicklungsfähigen, bestehenden Produkte' hatte einen Anteil von 19,2 % am Pharmaumsatz und konnte 35,8 % der Umsatzsteigerung gegenüber dem Vorjahr für sich verbuchen. Der Anteil der 'stabilen Produkte, deren Umsatzvolumen verteidigt werden mußte', machte den größten Posten mit 60,2 % Umsatz aus. Diese Produkte partizipierten zu 42,6 % an der Umsatzzunahme. Insgesamt 11,1 % der pharmazeutischen Spezialitäten wurden unter der Kategorie 'degressive oder umsatzschwache Produkte' eingruppiert[133].

Das Fünfjahresbudget, das Budget, die Kostenkontrollen, die Kostenanalysen, die Rentabilitätskurven und Zielvorgaben waren Instrumente, die wesentlich zur Verbesserung der Umsätze und Erträge der Tochtergesellschaften beisteuerten. Dies wurde um so

---

130 Vgl. FA C-102, Beilage 5 zum Verwaltungsratsprotokoll vom 19. März 1964.

131 Saxer, Jürg, Dr. jur.; *1928 Zürich, Eintritt in Sandoz: 1954.

132 Vgl. FA C-102, Verwaltungsratsprotokoll vom 18. März 1965.

133 Vgl. FA H-407, Pharma/M1 Marketing Sitzung, Protokoll 1965.

notwendiger, als der Preisdruck seitens der Behörden sich in immer mehr Ländern auswirkte[134].

Nachdem man mit einer konsequent durchgeführten Stärkung, bedingt durch den Ausbau und die teilweise Neustrukturierung der großen Filialen, gute Erfolge erzielt hatte, wandte man sich verstärkt den mittleren und kleineren Tochtergesellschaften zu. Der sukzessive Ausbau dieser Filialen drückte vorübergehend auf deren Ertragslage.

Die Marketingabteilung in Basel hielt die Filialen gezielt dazu an, ihre Verkaufsförderungsmaßnahmen auf ertragsstarke Präparate auszurichten. Dabei wurden die pharmazeutischen Spezialitäten neben der bereits erfolgten Gliederung in therapeutische Gruppen in acht Kategorien mit abnehmendem konsolidierten Gewinn eingeteilt. Den Tochtergesellschaften wurde geraten, die Arzneimittel der ersten drei Kategorien vermehrt zu fördern.

Aufgrund der Ergebnisse und der Budgets wurden die Kostenarten aller Filialen miteinander verglichen, worauf eine länderspezifische Kostenreduktion ermöglicht wurde.

Für die Neueinführung von Präparaten erhielten die Sandoz-Filialen eine Anleitung zur Erstellung von Rentabilitätskurven. Diese Methode bestand darin, daß nach einem Ärztebesuch, der wegen der Vielfalt der dabei angesprochenen Produkte bislang schwierig zu bewerten war, nun durch ein Punktesystem, das kostenmäßig auf die einzelnen Präparate aufgeteilt wurde, statistische Kennziffern erstellt wurden. Ferner erlaubte diese Vorgehensweise, zusammen mit den übrigen Kosten für Annoncen und Aussendungen, die Investitionen für eine Neueinführung zu erfassen und durch eine Rentabilitätskurve den Zeitpunkt herauszufinden, an dem sich das Produkt zu rentieren begann. Somit gestattete diese Methode der Filiale, jede Neueinführung als eine Investition zu betrachten und von wenig rentablen Einführungen abzusehen.

Die Produkteinführung wurde von der Vertriebsabteilung in drei Phasen untergliedert. In der ersten Phase, der Vorstudie, wurden vor allem das wissenschaftliche und das kommerzielle Profil eines Produktes von der Marktforschung erstellt. Daraufhin wurde es mit dem entsprechenden Profil der Konkurrenzpräparate verglichen. Das Ergebnis dieser Gegenüberstellung führte zur Definition des Präparates und zur Bilanz seiner starken und schwachen Seiten.

Nachdem die Ergebnisse der klinischen Forschung und der Vorstudie vorlagen, schloß sich die Phase der Ausarbeitung der Marketingkonzeption an. Hierfür wurden für ein Produkt Arbeitsgruppen gebildet, die bei Präparaten, welche als sehr erfolgversprechend erachtet wurden, aus einem internationalen Ausschuß von sieben bis acht Mitarbeitern bestanden.

---

134 Vgl. FA C-102, Beilage 4 zum Verwaltungsratsprotokoll vom 15. September 1966.

Dieses Komitee entwickelte mögliche Varianten, welche die Spezialität charakterisierten. Daraufhin wurde die beste Variante ausgewählt und die Untergruppierungen des Pharmazeutikamarktes, nämlich die Marktsegmente, wurden bestimmt. Diese Marktsegmente, die Aufteilung des Marktes in klar abgegrenzte, sinnvolle Untergruppen, denen separate Marketing-Programme und Anstrengungen zukommen sollten, waren bei Sandoz das Geschlecht und das Alter der Patienten sowie die Indikationen, die für das Produkt in Frage kamen. Beim 1966 eingeführten Tavegyl® zum Beispiel waren dies Hautallergien, Juckreiz und Heuschnupfen. Daraus ergab sich das Leitbild des Produktes (Produktimage), das dem Arzt beim Verschreiben vorschweben sollte. Das Produktbild des Tavegyl® wurde wie folgt bestimmt:

"Tavegyl®: neues Antihistaminikum von Sandoz
- hohe Wirksamkeit
- selektive Wirkung
- lange Wirkdauer
- keine Ermüdungserscheinungen

Beste Anwendungsgebiete
- Heuschnupfen
- Urticaria
- Juckreiz
- Nahrungsmittel- und medikamentöse Allergien"[135].

Nachdem der Zielmarkt mit der Bewertung, Auswahl und Konzentration auf die Marktsegmente, die das Unternehmen am wirksamsten bedienen konnte, festgelegt war, wurde die Produktpolitik bestimmt. Die ausgearbeitete Marketingkonzeption wurde als Vorschlag den Filialen übermittelt. Dort wurde diese Empfehlung an die landesspezifischen Gegebenheiten angepaßt, die Strategie des Produktes bestimmt, das vorgesehene Budget in Ärztebesuch, Werbung und Verkaufsförderung aufgeteilt und die Taktik, nämlich die Erarbeitung des Verkaufsgesprächs und die Darstellung des Produktimages durch Wort und Bild, festgelegt. Somit konnte in der Folge das Marketing-Mix so gestaltet werden, daß es auf den gewählten Zielsegmenten äußerst wirksam wurde.

---

135 Vgl. FA C-102, Beilage 6 zum Verwaltungsratsprotokoll vom 17. März 1967.

3.3. Neuorganisation des Pharmadepartements

Der Umsatzerfolg der vergangenen Jahre, bedingt durch den erstmaligen Einsatz und die schnelle, erfolgreiche Anwendung der Marketingmethoden bei Sandoz, führte in der Pharmazeutischen Abteilung nicht dazu, die bestehende Organisation unkritisch zu akzeptieren. Deshalb wurde diese 1967 geprüft, ob sie weiterhin den neuen Anforderungen Genüge leisten konnte. Im Anschluß daran erfolgten im Frühjahr 1967[136] vor allem im Vertrieb strukturelle Anpassungen, von denen man sich in Zukunft gesteigerte Effizienz versprach. Gleichzeitig setzte man sich zum Ziel, jeweils in gewissen Zeitabständen - man dachte hierbei an eine Spanne von vier bis fünf Jahren - die Strukturen zu revidieren und den neuen Gegebenheiten anzupassen. Auf der Direktionsebene der Pharmazeutischen Abteilung richtete man im Zuge dieser Neuorganisation vier Stabstellen ein, auf die im folgenden näher eingegangen werden soll:[137]

Die "Produkte-Entwicklungs-Koordination" wurde geschaffen, um die Neueinführung von Produkten zu beschleunigen. Ihre rein administrative Aufgabe bestand darin, alle Produktentwicklungen im Konzern, und zwar von der Forschung bis zur Einführung, zu koordinieren[138].

Die Einrichtung der Stabsstelle "Planung" sollte eine Erhöhung der Rentabilität und Planung der zukünftigen Entwicklung der Pharmazeutischen Abteilung zum Ziel haben. Sie hatte die zahlenmäßige Vorbereitung von Entscheidungsunterlagen für die Rentabilität von Investitionen in Gebäuden, Fabrikationen, Produkten, Personal, Einführungs- und Werbekampagnen sowie die mittel- und langfristige Planung zu bewerkstelligen.

Die Patentabteilung gewann in den vergangenen Jahren zunehmend an Bedeutung, nicht zuletzt bei der Verteidigung der Patentgesetze, die gerade im Pharma-Bereich in einigen Ländern immer wieder angegriffen wurden.

Neben diesen vier Stabsstellen existierten die vier Linienstellen "Chemische Forschung", "Medizinisch-Biologische Forschung", "Betrieb" und "Vertrieb". Die letztgenannte war unterteilt in "Vertriebsforschung", "Produktebetreuung" und "Lieferwesen", "Medizinisches Büro", "Budgetkontrolle" und "Preise", "Dokumentation", "Werbung", "Veterinärmedizin", "Produkte-Marketing" sowie vier "Länderabteilungen"[139].

---

136 Am 1. April 1967.

137 Vgl. FA C-102, Beilage 8 zum Verwaltungsratsprotokoll vom 17. März 1967.

138 Vgl. FA H-405, Pharma/Vertrieb. Koordinationssitzung. Protokolle.

139 Vgl. FA C-102, Beilage 9 zum Verwaltungsratsprotokoll vom 17. März 1967.

Bei der Besetzung der Stellen der Souschefs der Länderabteilungen wurde darauf geachtet, daß jeder von ihnen praktische Vertriebserfahrung besaß. Den europäischen Länderabteilungen wurden zusätzliche Aufgaben zugeteilt. Die "Länderabteilung I" betreute die Filiale Schweiz und die "Länderabteilung II" erhielt zusätzlich die Verantwortung für die Pharma-Chemikalien.

Als wichtige Unterabteilung wurde das "Produkt-Marketing" neu ins Leben gerufen. Dessen Zuständigkeit lag darin, Marketing-Konzepte für wichtige Präparate in Kooperation mit den internationalen Komitees auszuarbeiten. Zudem sollten die Entwicklungen der Sandoz-Produkte innerhalb ihrer therapeutischen Gruppen verfolgt werden. Dadurch sollten Vorschläge für Neuerungen schneller unterbreitet werden können. Außerdem sollten Umsatz und Ertrag, die bisher hauptsächlich unter geographischem Aspekt betrachtet wurden, nun auch von der Seite des pharmazeutischen Produktes her verfolgt werden.

Der Fünfjahresplan bestimmte für jedes Tätigkeitsgebiet der Pharmazeutischen Abteilung, nämlich Marketing, Forschung, Klinische Forschung, Finanzen und Investitionen, die Politik, die Strategie und die Methoden. Neben dem wesentlichen Ziel, einen Plan für die nächsten fünf Jahre aufzustellen, aus dem die jeweiligen Jahresziele abgeleitet werden konnten, verfolgte der 1968 erstellte Fünfjahresplan noch einige andere Ziele. Durch ihn sollte der Kontakt und die Zusammenarbeit zwischen den einzelnen Hauptabteilungen und Abteilungen enger gestaltet und positives Denken gefördert werden. Zudem sollte sowohl der Rentabilitätsgedanke gefördert, Opportunitäten erkannt und ergriffen als auch das kreative Denken und damit die Ideen vieler Mitarbeiter ausgewertet sowie praktisch umgesetzt werden.

Die Vorgabe für das Marketing bei der Aufstellung des Fünfjahresplan lautete: "Schaffung der Grundlagen, um aus Sandoz, dem Hersteller von Pharmazeutica von heute, ein Unternehmen zu machen, das morgen entscheidend zur "Gesundheit des Menschen" beiträgt"[140].

140 Vgl. FA C-102, Beilage 6 zum Verwaltungsratsprotokoll vom 19. September 1968.

Ehemaliges Firmengelände der Biochemie Kundl

4. Akquisitionen

4.1. Österreich

Im Jahre 1963 erfolgte die Eingliederung der österreichischen Firma "Biochemie Ges.m.b.H." sowie deren Tochtergesellschaft "Alpine Chemische AG" in den Sandoz-Konzern.

Am 17. Juni 1946 wurde die Firma Biochemie unter Vermittlung der französischen Besatzungsmächte durch die "Österreichische Brau AG", Linz, und die "Société Anonyme de Production Produits Pharmaceutiques", Paris, gegründet[141]. Diese Gründung wurde mit einem Gesellschaftsvertrag am 24. September 1946 ratifiziert. Sie hatte zum Ziel, das damals auf dem Gebiet der Heilkunde im Vordergrund des Weltinteresses stehende Antibiotikum Penicillin für Österreich zu erzeugen. Im Hinblick auf die zu jener Zeit herrschende wirtschaftliche und politische Lage in Österreich kam nur eine lizenzfreie, eigenständige Entwicklung in Frage. Die Gesellschaft wurde mit einem Stammkapital von 500.000 österreichischen Schilling (öS) ausgestattet, als Sitz der neu gegründeten Firma wurde Innsbruck gewählt. Für die technischen Vorarbeiten wurden seitens der Haupt-

141 Vgl. FA M-351.1, Tochtergesellschaft Österreich, Biochemie Kundl, Presseberichte u.a.

gesellschafterin, der "Österreichischen Brau AG", Räumlichkeiten der 1945 stillgelegten Brauerei Kundl zum Teil zur Verfügung gestellt. Ab Juni 1946 wurden die Planungsarbeiten für eine Penicillinerzeugungsanlage nach dem Submers-Verfahren[142] aufgenommen und es wurde der Bau einer Anlage zur Erzeugung von Butylalkohol in Auftrag gegeben. Im September 1946 erfolgte die Bildung eines Arbeitsausschusses und die Aufnahme des Büro- und Laborbetriebes in Innsbruck und Kundl. Die zur Verfügung stehenden Hilfsmittel und die Laboreinrichtungen waren einfachster Natur. Der Personalbestand betrug Ende 1946 insgesamt sechs Mitarbeiter, der bis Ende 1947 auf 65 Beschäftigte anwuchs. 1947 wurde zur Deckung des Ampullen- und Fläschchenbedarfs für Penicillin aufgrund des akuten Mangels in Österreich die "Arbeitsgemeinschaft für Glasbläserei" gegründet. Ende Juli 1948 konnte der vorläufige Um- und Ausbau der ehemaligen Brauerei Kundl abgeschlossen werden und in der zweiten Hälfte des Jahres wurden bereits die ersten verkaufsfähigen Penicillinpräparate erzeugt. Mitte November wurde die laufende Produktion und die Verkaufstätigkeit aufgenommen, was 1948 zu einem Umsatz von 331.000 öS führte. Im November 1949 gelang die Entwicklung eines hellen, amorphen Penicillins. In der weiteren Folge konnte das weiße, thermostabile Penicillin G unter Laborbedingungen hergestellt werden. Die Penicillinproduktion konnte bis Ende des Jahres durch systematische Verbesserungen und Erweiterungen der technischen Einrichtungen, die aus Wettbewerbsgründen unabdingbar waren, um etwa 75 % gesteigert werden. Nach dem Erhalt eines ERP-Wiederaufbaukredites[143] und der Einräumung eines Betriebsmittelkredites konnten diese für den weiteren Ausbau der biologischen und chemischen Laboratorien und die Anschaffung eines kleinen Podbielniak-Extraktors verwendet werden. Zusätzlich konnte dadurch der Umbau der alten Mälzerei für die pharmazeutische Konfektion und die Eröffnung eines Büros in Wien finanziert werden. Der Umsatz belief sich 1949 auf 3,7 Millionen öS. Gleich zu Beginn des Jahres 1950 konnte bereits die Produktion und der Verkauf von Procain-Penicillin und Tyrolisin aus zugekauftem Tyrothricin aufgenommen werden und im April wurde die Produktion auf das kristalline, thermostabile Penicillin G umgestellt. Eine Produktionssteigerung um 108 % konnte durch den Übergang auf einen Dreischichtenbetrieb erreicht werden, was sich in einer Umsatzsteigerung auf 8,3 Millionen öS

142 Submersverfahren: Verfahren zur Herstellung von Antibiotika. Kulturen von Mikroorganismen in Nährlösungen werden starker Belüftung und Durchmischung ausgesetzt.

143 Am 3. April 1948 wurde vom amerikanischen Kongreß auf der Grundlage der Vorschläge des damaligen Außenministers George C. Marshall das European Recovery Program (ERP), ein auf vier Jahre bewilligtes Hilfsprogramm der USA für den Wiederaufbau der europäischen Wirtschaft, verabschiedet. Die Koordinierung erfolgte in den USA über die Economic Cooperation Administration (ECA). In Europa wurde zu diesem Zweck der Europäische Wirtschaftsrat geschaffen. Mit den Mitteln des Europäischen Wiederaufbauprogrammes wurden Warenlieferungen amerikanischer Unternehmen in die Mitgliedsstaaten der OEEC finanziert. Die europäischen Importeure zahlten den Gegenwert der Einfuhren in heimischer Währung auf sogenannte Gegenwertfonds ein. Nach dem Auslaufen des Europäischen Wiederaufbauprogrammes am 30. Juni 1952 betrug die gesamte amerikanische Hilfe rund 13 Milliarden US-Dollar.

niederschlug. Grundlegende Umstellungen der vorhandenen Einrichtungen führten 1951 zur Verbesserung des Herstellverfahrens und zu einer Steigerung der Penicillin-Produktion um etwa 200 %. Der Umsatz erhöhte sich auf 15,0 Millionen Schilling und die Finanzierung des weiteren Ausbaus war durch einen zweiten ERP-Kredit gesichert. Zu Beginn des Jahres 1951 konnte mit der in den Vorjahren behelfsmäßig aufgebauten ersten Produktionsanlage der österreichische Penicillinbedarf zu ungefähr 40 % gedeckt werden. Der restliche Bedarf wurde durch die Einfuhr von Bulkware aus dem Ausland ausgeglichen. Um der österreichischen Nachfrage nachzukommen und die Kosten für die eigenen Erzeugnisse zu senken, damit man den europäischen Durchschnittsverkaufspreis erreichen konnte, wurde der Bau einer neuen Fermentations- und Extraktionsanlage nötig. In diesen Zeitraum der Produktionsausweitung fiel auch die Entdeckung des oral verwendbaren, säurestabilen Penicillin V, welches 1953 nach einem Cross-Lizenzabkommen mit der Firma "Eli Lilly"[144] in Indianapolis, in siebenundzwanzig Ländern zum Teil als Verfahrenspatent und, wo die Möglichkeit bestand, als Stoffpatent angemeldet wurde. Mit dieser Entdeckung trat für das Unternehmen eine entscheidende Wende ein. Durch die Patentnahme und die sich daraus ergebenden Lizenzverträge für Penicillin V-Säure mit acht teilweise multinationalen Firmen wurde der Kontakt zum Ausland aufgenommen.

Dieses zum ersten Mal oral zu applizierende Penicillin wurde den Ärzten unter dem Handelsnamen Ospen® zur Verfügung gestellt. Im Anschluß daran konnte 1954 in 44 Ländern gemeinsam mit der Firma "Wyeth"[145] das Patent für Penicillin DBED-V® angemeldet werden. Man versuchte, die Produktepalette durch Aufnahme neuer Antibiotika, vor allem Tyrothricin, Streptomycin, Chloramphenicol und Tetramycin, auszuweiten, damit dem Arzt ein umfassendes Chemotherapieprogramm angeboten werden konnte.

1957 leitete man bei der Biochemie einen systematischen Aufbau des Exportvertriebsapparates ein. Die geplanten Investitionen dienten der Schaffung einer wissenschaftlichen Grundlage durch den Aufbau moderner Forschungsstätten und der Bearbeitung der Ausfuhrmärkte. Das dazu benötigte Kapital konnte durch die Inanspruchnahme eines dritten ERP-Kredites sowie eines ERP-Sonderfonds-Produktivitätskredites aufgebracht werden.

---

144 "Eli Lilly & Company" wurde 1876 durch Colonel Eli Lilly (* 1838, + 1898) in Indianapolis/Indiana, USA gegründet.

145 Die Firma "Wyeth" ging aus einem 1860 in Quakertown/Pennsylvania, USA eröffneten Drugstore des Apothekers John Wyeth (* 1834, + 1907) hervor. 1931 erfolgte der Zusammenschluß von "John Wyeth & Brother" mit "American Home Products". Im Laufe der Zeit traten noch andere Firmen hinzu.

Im Dezember 1958 übernahm die "Biochemie" als Folge ihrer Strategie 75 % des Aktienpaketes der "Alpine Chemische AG". Diese Firma, deren Sitz im Tiroler Ort Schaftenau bei Kufstein lag, beschäftigte sich vornehmlich mit der Herstellung und dem Vertrieb von Wasserstoffperoxid. Sie entstand 1919 durch Umwandlung der Firma "Stadlauer Öl- und Chem. Werke Carl Suchy" in eine AG. In das gleiche Jahr fiel die Grundsteinlegung einer Salicylsäurefabrik in Schaftenau, die Ende 1922 die Fertigung aufnahm. Im Jahr 1920 wurde die Verwertung der im staatlichen Bergwerk in Häring, Österreich, vorkommenden Ölschiefergesteine durch diese Firma vorgenommen. Die Namensänderung in "Alpine Chemische AG" erfolgte 1922 und ging mit einer grundlegenden Reorganisation einher. Seit 1930 unterhielt die Firma eine Interessensgemeinschaft mit der "Elchemie Ges.m.b.H." in Schaftenau. Dieses Unternehmen, das Wasserstoffperoxid auf elektrochemischem Wege herstellte, befand sich bei der Gründung im Jahr 1930 zu gleichen Teilen im Besitz der Aktiengesellschaften "Riedel de Haën" und "Schering"[146]. Nach dem Zweiten Weltkrieg wurde sowohl die "Alpine Chemische AG" als auch die "Elchemie Ges.m.b.H." als deutsches Eigentum unter öffentliche Verwaltung gestellt. Erst zur Jahreswende 1958/1959 wurde dieser Zustand aufgehoben. Daraufhin wurde die Fabrik reprivatisiert und zu einem sogenannten "Volksaktienbetrieb"[147] umgewandelt. Die Biochemie erwarb 75 % der Aktien. Die restlichen 25 % wurden als Volksaktien an die Belegschaft ausgegeben[148]. Die Biochemie als Hauptaktionärin stellte nach dem Kauf ein großes Investionsprogramm auf und baute die bestehenden Anlagen aus. Das Werk produzierte nach dem Umbau seit Dezember 1960 wieder hauptsächlich Salicylsäure, Natriumsalicylat, aber auch pharmazeutische Spezialpräparate, Natronlauge, Salzsäure, Monochlorbenzol und Wasserstoffperoxid. Damals neu ins Produktionsprogramm aufgenommen wurde die Phenolfabrikation. Doch schon Ende 1961 führten technische Mängel der Phenolanlage und ein starker Preisverfall zur Produktionseinstellung. Die Kochsalzelektrolyse wurde bis 1968 weitergeführt.

Diese Übernahme durch die Sandoz AG Basel ermöglichte der Biochemie durch den damit verbundenen Kapitalzufluß ihre Produktionskapazitäten auszubauen[149]. Gleichzeitig sorgte der rasante technische Fortschritt dafür, daß im internationalen Vergleich kleine Pharma-Unternehmen in Forschung und Entwicklung nur im Forschungsverbund effizient arbeiten konnten. Somit war die Biochemie in der Lage, frühzeitig einen Großteil ihrer Forschungs- und Entwicklungskräfte auf ihre Stärken, nämlich die biotechnologische, fermentative Herstellung von Wirkstoffen, zu konzentrieren, während andere Aufgaben,

---

146 Ernst Schering (* 1824, + 1889) war seit 1851 Besitzer der 'Grünen Apotheke' in Berlin. Daraus erwuchs ein Unternehmen, das seit 1864 als "E. Schering" von der Apotheke getrennt war und 1871 in eine Aktiengesellschaft, die "Chemische Fabrik auf Actien (vorm. E. Schering)" überführt wurde.

147 Vgl. FA M-350.14. Österreich. Alpine Chemische AG, Schaftenau. Akten. 1964-1972.

148 Vgl. FA M-350.12, Österreich, Alpine Chemische AG.

149 Vgl. FA M-350.7, Österreich, Biochemie Kundl. Finanzielle Daten, Darstellungen.

wie das "Screening" neuer Substanzen, weitgehend von anderen Stellen übernommen wurden. Zudem sorgte die Verlagerung der gesamten fermentativen Substanzherstellung vom Basler Stammhaus nach Kundl/Tirol für die Auslastung und ein stetiges Wachstum der Produktionskapazitäten. Auch stellte Sandoz das eigene auf dem Auslandsmarkt bestens ausgebaute Vertriebsnetz der Biochemie zur Verfügung[150].

Der mikrobiologischen Forschung der Sandoz in Basel war es Anfang der sechziger Jahre gelungen, die für die Fermentation von Alkaloiden notwendigen Mikroorganismen zu züchten. Das angestrebte Ziel war, synthetisch schwer herzustellende, chemisch kompliziert aufgebaute Verbindungen mittels gezielter Züchtung und Selektion von Mikroorganismen herstellen zu können. Für dieses Vorhaben war die Biochemie mit ihrer Sachkenntis vorzüglich geeignet.

Sandoz wollte sich durch die Übernahme der "Biochemie Ges.m.b.H." ein festes Standbein im Antibiotikageschäft sichern. Folgende Punkte sollten dadurch erfüllt werden:

"1) Wo BIOCHEMIE eine gute Vertretung hat, soll der Vertrieb durch sie erfolgen.
2) Uebernahme des Vertriebs der BIOCHEMIE-Produkte durch unsere eigenen Filialen oder Agenten.
3) Fabrikation durch Sandoz von Spezialitäten, die ein oder mehrere BIOCHEMIE-Antibiotica enthalten"[151].

Aber nicht nur der Erfahrungsschatz der "Biochemie Ges.m.b.H." auf dem Gebiet der Antibiotikaherstellung, sondern auch die Möglichkeit, bei entsprechendem Ausbau der dortigen Anlagen Lysergsäure und gewisse lohnaktive galenische Fabrikationen durchführen zu lassen, waren für den Kauf ausschlaggebend[152].

Nach der Übernahme der "Biochemie" wurde deren konsequenter Ausbau forciert, da mangelndes Kostenbewußtsein und finanzielle Schwierigkeiten bei der "Alpine Chemische Fabrik" zu rasch steigenden Verlusten geführt hatten. Im Gegensatz zum ersten Geschäftsjahr nach der Eingliederung in den Sandoz-Konzern, in dem die Biochemie noch einen positiven Jahresabschluß vorweisen konnte, wurden in den Jahren 1965 bis 1967 infolge von Personalvermehrung, Sachkostensteigerung und Senkung der Bruttomarge Defizite von 12, 24 und 36 Millionen öS verbucht. Zusammen mit den Verlusten der "Alpinen Chemischen Fabrik" und der "Sanabo Ges.m.b.H.", die ebenfalls in die

---

150 Vgl. FA M-351.1, Tochtergesellschaft Österreich, Biochemie Kundl, Presseberichte u.a..
151 FA C-102, Verwaltungsratsprotokoll vom 19. März 1963, Beilage 5, 6.
152 Vgl. FA C-102, Verwaltungsratsprotokoll vom 12. Dezember 1963.

Sandoz AG Basel eingegliedert wurde, summierten sich die Einbußen auf etwa 50 Millionen Schilling pro Jahr. Um dieser unrentablen Entwicklung entgegenzutreten, entschied man bei Sandoz eine Reihe von Sanierungsmaßnahmen. Zuerst wurden die Marketing-Abteilungen der Biochemie und der Sanabo in Wien zentralisiert. Dann wurde im Zuge einer drastischen Gesundschrumpfung die Marketingstruktur der Biochemie vereinfacht und die Bearbeitung zahlreicher unwirtschaftlicher Exportmärkte eingestellt. Nach einer Umorganisation der pharmazeutischen Produktion in Kundl konnte trotz steigender Produktion der Personalbestand um 120 Arbeitnehmer[153] verringert werden. Als Sofortmaßnahme wurde im August 1967 die Fertigstellung eines neuen Galenikgebäudes eingestellt. Des weiteren übergab die Biochemie ihre Sparte Veterinärmedizin einem Agenten.

Schon 1968 verbesserte sich die Ertragslage, was neben den Umstrukturierungsmaßnahmen durch eine stetig anwachsende Nachfrage bedingt war. Die unterbrochenen Arbeiten am Galenikgebäude wurden im Oktober 1968 wieder aufgenommen.

Erstmals wurde 1969 wieder ein positiver Rechnungsabschluß erzielt. Die Biochemie übernahm in Kundl die Herstellung der Wander- und Sanabo-Spezialitäten. Für Sandoz Basel wurde die Produktion von Mutterkorn-Polypeptiden aufgenommen. Außerdem wurde in Liesing bei Wien eine zentrale Datenverarbeitungsanlage für sämtliche zur Sandoz gehörenden österreichischen Firmen erstellt. Die verbesserte Ertragssituation erlaubte der Sandoz den Aufkauf der verbliebenen Fremdanteile an der "Biochemie Ges.m.b.H." in Kundl, die Auflösung der "Alpine Chemische AG" und schließlich die gesellschaftliche Reorganisation rückwirkend auf den 1. Januar 1972[154].

Ausgehend von der Produktion des oralen Penicillin V diversifizierte die "Biochemie Ges.m.b.H." in die Produktion und die Weiterverarbeitung anderer semisynthetischer ß-Laktam-Antibiotika, wie Amoxicillin, Ampicillin, Cefalexin. Diese werden zum einen als Wirkstoffe in Bulkform verkauft und zum anderen neben angekauften antibiotischen Wirkstoffen ebenfalls zu Spezialitäten weiterverarbeitet. Die "Biochemie Ges.m.b.H." fermentiert im Lohnauftrag für die "Sandoz AG" seit 1966 Paspalsäure, von 1968 bis 1980 Ergocornin und Ergokryptin, seit 1976 Pleuromulin und seit 1982 Cyclosporin[155].

Die Biochemie entwickelte sich im Laufe der Jahre zum größten Arzneimittelhersteller Österreichs auf dem Antibiotikasektor und gehört auch international auf diesem Gebiet zu den führenden Unternehmen.

---

153 Das entsprach einem Sechstel des Gesamtbestandes.
154 Vgl. FA M-351.7.
155 Vgl. FA M-351.1, Tochtergesellschaft Österreich, Biochemie Kundl, Presseberichte u.a.

1965 wurde durch die Übernahme der Sanabo das Biochemie-Verkaufssortiment durch Hormon- und Enzympräparate ergänzt. Der Eintrag der "Sanabo Ges.m.b.H." erfolgte am 30. Dezember 1965 ins Handelregister in Wien[156].

Die Firma "Sanabo, chemisch-pharmazeutische Fabrik G.m.b.H." wurde im März 1921 durch Karl Stosius[157], der sich als geschäftsführender Gesellschafter einsetzte, gegründet. Im Gründungsjahr der Sanabo gelang es Banting[158] und Best[159] erstmals, Insulin im Rohzustand herzustellen[160]. Der Arbeitsschwerpunkt der Sanabo lag auf der Gewinnung von Hormonen. Die Grundlage zur Rohmaterialbelieferung bildete ein Generalvertrag mit der Stadt Wien, der die alleinige Übernahme aller tierischen Organe, die am Schlachthof Wien anfielen, der Sanabo zuwies. Dieser Vertrag hat bis heute seine Gültigkeit. Einige Jahre später wurde das Sanabo-Sortiment zusätzlich zum ursprünglichen Hormongeschäft noch durch Enzympräparate erweitert.

Vorübergehend kam es zu einer engeren Zusammenarbeit mit der Firma "Chinoin" in Ungarn, das Unternehmen führte deshalb einige Zeit den Namen Sanabo-Chinoin. 1939 übernahm Stosius gemeinsam mit seiner Ehefrau die Firma als Alleininhaber und der Name änderte sich erneut in "Sanabo, Dr. Karl und Maria Stosius".

Erstmals in Europa gelang es in den Laboratorien der Sanabo, L-Noradrenalin kristallisiert zu erhalten und unter dem Namen Adrenor® der Ärzteschaft zur Verfügung zu stellen. Eine Vorreiterfunktion hatte die Firma ebenfalls bei der Einführung von synthetischen östrogenen Stoffen, wobei sich eine enge Zusammenarbeit mit dem II. Chemischen Institut der Universität Wien als außerordentlich nützlich erwies.

In den letzten Monaten des Zweiten Weltkrieges wurden die Forschungs- und Fabrikationsstätten der Sanabo durch Luftangriffe beträchtlich beschädigt; der Wiederaufbau begann unter schwierigsten Verhältnissen.

Schon kurze Zeit nach Kriegsende war die Firma in der Lage, Präparate aus der eigenen Erzeugung dem österreichischen Markt zur Verfügung zu stellen. Damals begann die Sanabo die wichtigsten Narkotika, allen voran das Thiopental® herzustellen. Zu diesem Zeitpunkt gab es auf dem Markt keinerlei Maschinen, die es erlaubt hätten, das Thiopental® in Trockenampullen abzufüllen. Somit arbeitete man bei Sanabo im kleinsten Maßstab das Verfahren der Gefriertrocknung von Narkotika aus und konnte in der Folge dieses auf das Thiopental® anwenden[161].

---

156 Vgl. FA M-350.8, Österreich. Sanabo Wien. Akten.
157 Stosius, Karl, Dr.; Chemiker. * 1883 Weinern bei Preßburg, + 1965 Wien.
158 Banting, Sir Frederik Grant, Prof. Dr.; * 1891, + 1942. Pharmakologe an der Universität Toronto.
159 Best, Charles Herbert, Prof. Dr.; * 1899, + 1978. Professor für Physiologie an der Universität Toronto.
160 Vgl. Bäumler (1989), 199 f.
161 Vgl. FA M-350.8, Österreich. Sanabo Wien. Akten.

Mit dem Eintrag ins Handelsregister der Stadt Wien am 30. Dezember 1965 übernahm die Biochemie die österreichische "Sanabo Ges.m.b.H.". Der Personalbestand umfaßte 155 Angestellte, wovon zwölf Akademiker und vier Hochschullehrer einer Konsulententätigkeit nachgingen.

Zum Zeitpunkt der Eingliederung in die Biochemie bestand das Produktionsprogramm der Sanabo hauptsächlich aus Hormonpräparaten und Fermenten wie Hyaluronidase und Pankreasenzymen, deren Ausgangsmaterialien vom Wiener Schlachthof bezogen wurden. Im Gegensatz dazu wurde Oxytocin synthetisch hergestellt und vorwiegend auf dem Veterinärsektor eingesetzt. Wegen starker ausländischer Konkurrenz mußte die Herstellung von Insulin Anfang der sechziger Jahre aufgegeben werden. Ein Hauptaugenmerk legte Sanabo auf die Schilddrüsenpräparate, die Gegenstand eines umfangreichen und speziellen Forschungsprojektes waren. Bereits 1963 gelang Mitarbeitern der Sanabo erstmals die Synthese des Trijodthyronins und des Thyroxins. Dies eröffnete die Möglichkeit, dem Patienten eine konstant gleichmäßige Zusammensetzung und genaue Dosierung anzubieten. Sowohl Trijodthyronin als auch Thyroxin werden als Monopräparate wie auch als Kombination beider Substanzen im Combithyrex® mite und forte angeboten.

Das Produktportfolio der Sanabo wies ein breites Spektrum verschiedenartigster Präparate wie Steroidhormone, Vitamine, Antibiotika, Anästhetika, Barbiturate, Antirheumatika und Tranquilizer auf. Die Ursache war, daß nach dem Kriege die Sanabo, zum Teil im Auftrag des Gesundheitsministeriums, weitgehend für die Versorgung des österreichischen Marktes mit Medikamenten verantwortlich war. Deshalb mußte die Sanabo auf Veranlassung des Sozialministeriums eine beträchtliche Anzahl von nicht zum ursprünglichen Programm gehörenden Spezialitäten auf dem österreichischen Markt einführen, die unpatentierte Substanzen enthielten, um teure Importe zu vermeiden. Die Absatzchancen aller im Sortiment enthaltenen Medikamente konnten mangels einer leistungsfähigen Marketingorganisation nicht voll genutzt werden. Eine Marketingorganisation kannte die Sanabo 1965 nicht. Allein fünf Mediziner pflegten einen regelmäßigen Kontakt mit einzelnen Kliniken. 30 % der Produktion wurde ins Ausland, hauptsächlich in osteuropäische Länder, ausgeführt.

Bei der Übernahme im Jahre 1965 waren für die Sandoz bzw. Biochemie von besonderem Interesse die galenische Abteilung, obwohl sie wenig mechanisiert war, eine vom technischen Stand beeindruckende Lyophilisieranlage zur Herstellung von Hormon- und Organpräparaten und ein spezielles Hormonlaboratorium. Dort wurden nicht nur die eigenen Präparate geprüft, sondern auch Hormonteste für österreichische Kliniken und Ärzte durchgeführt. Hierbei kamen der Sanabo ihre guten Beziehungen zu österreichischen Universitäts- und Ärztekreisen zustatten. Durch das Hormonlabor, das kurz nach dem Zweiten Weltkrieg angegliedert worden war, erlangte die Firma Sanabo bei der Ärzteschaft hohen Bekanntheitsgrad. Nahezu alle Anlagen und Apparaturen der Sanabo wurden in den betriebseigenen Werkstätten gebaut. Durch den kriegsbedingten Devisenmangel war ein Import von Apparaturen unmöglich gewesen, so hatte sich die Sanabo eine technische Werkstätte geschaffen, die die Herstellung selbst sehr aufwendiger Geräte sowohl für chemische als auch für pharmakologische Untersuchungen erlaubte.

Die in den Laboratorien der Sanabo entwickelten Glasapparaturen waren in Österreich anerkannt und wurden von lokalen Glasfabriken nachgebaut und über diese verkauft.

Nach der Eingliederung wurden ab Mitte Oktober 1966 die Produkte der Sanabo durch die Biochemie vertrieben. Sie entwickelte sich im Laufe der Zeit zu einem der größten Hersteller von Schilddrüsenhormonen auf der Welt.

Im Jahre 1976 erhielten die beiden Firmen Sanabo und Wander zusammen eine eigene Marketing- und Vertriebslinie. Ein Jahr später wurde die Wiener Produktionsstätte der Sanabo aufgelöst und es erfolgte eine Verlegung in die auf dem Gelände der Firma "Alpine Chemische AG" neu gebaute Fabrikationsanlage in Schaftenau bei Kufstein.

4.2. Schweiz

Am 7. April 1865 übernahmen Albert Lohner[162] und Georg Wander[163] die Mineralwasserfabrik Hamberger an der Kirchgasse in Bern. Noch vor Jahresende erfolgte der erste Umzug an den sogenannten Sulgenbach in Bern. Im Jahr 1867 zog Lohner nach Thun, und Wander führte das Labor unter eigenem Namen weiter. Tief beeindruckt von den Arbeiten Justus von Liebigs begann Wander, die im gemälzten Gerstenkorn enthaltenen wertvollen Nährstoffe mittels einer schonenden Bearbeitung zu einem haltbaren Malzextrakt zu verarbeiten, den er als Kräftigungsmittel anbot. Nach Wanders Tod 1897 übernahm sein einziger Sohn Albert[164] - mitten im Medizinstudium, das er nach dem Abschluß seiner Ausbildung als Apotheker aufgenommen hatte - die Geschäftsleitung. Seine medizinischen Kenntnisse ließen in ihm die Idee reifen, den Malzextrakt ernährungsphysiologisch zu vervollkommnen. Dies war die Geburtsstunde der erstmals 1904 in haltbarer Trockenform im Handel erhältlichen Ovomaltine®. Sie galt anfänglich als Heilmittel und somit war der Verkauf auf Apotheken beschränkt. Dieses leichtverdauliche Stärkungsmittel wurde gerne von Ärzten verschrieben und immer mehr auch von

162 Lohner, Albert; Chemiker, * 1840 Thun, + 1927 Thun. Von 1865 bis 1867 Teilhaber an der Mineralwasserfabrik Hamberger in Bern.

163 Wander, Georg, Dr.; Chemiker, * 1841 Osthofen bei Worms, + 1897 Bern.

164 Wander, Albert, Dr.; Chemiker und Apotheker. * 1867 Bern, + 1950 Lugano.

Gesunden als wertvolles Nahrungsmittel verwendet. Mit der Verlegung der Produktionsstätte für Malzpräparate übernahm Georges Wander[165] in dritter Generation im Jahr 1927 die Führung des väterlichen Betriebes.

Das Gebiet der Pharmazeutika betrat die Firma bereits Ende des 19. Jahrhunderts mit der Herstellung eines Malzextraktes, der einen medikamentösen Zusatz enthielt. Das Programm wurde um die Jahrhundertwende durch die Anfertigung von Pillen, Granulaten, Tabletten, Pastillen, Gelatinekapseln, Salben, Suppositorien und Ampullen erweitert. Das Formitrol® wurde 1904 entwickelt.

Das erste innovative pharmazeutische Präparat entstand 1921 mit dem Alucol®, einem säurebindenden Mittel aus kolloidalem Aluminiumhydroxid, das gegen Sodbrennen noch heute mit großem Erfolg eingesetzt wird. Ebenfalls zu den ersten pharmazeutischen Produkten zählte das Cristolax®, das 1921 als mildes Laxans zum Verkauf gelangte. Das Schmerz-, Fieber- und Rheumamittel Alcacyl® wurde 1927 auf den Markt gebracht.

In den Jahren vor und während des Zweiten Weltkrieges befaßte sich die Firma Wander mit der Herstellung von Vitaminpräparaten. Als erstes Präparat erschien 1934 das Vi-DE®, ein kristallisiertes Vitamin D2, auf dem Markt; 1939 gefolgt vom hochkonzentrierten Vi-DE®, einem Vitamin D2 Depotpräparat. Diese beiden Präparate spielten eine wesentliche Rolle bei der Prophylaxe und Therapie der Rachitis. Im weiteren wurde 1940 das Vi-Nicotyl®, ein Vitamin PP, 1942 das Vitona-B®, ein Tonikum mit Vitamin B1-Gehalt und 1947 das Axerol®, ein natürliches, standardisiertes Vitamin A, dem Handel zugeführt. Die Ascorbetten® kamen 1948 auf den Markt. 1953 wurde zur Abrundung des Sortiments das wasserlösliche Vi-DE Hydrosol® zu dem bis dahin gebräuchlichen Vi-DE® eingeführt. Vier Jahre später kam das injizierbare Vitamin-Calcium-Präparat Cal-DE-CE® hinzu.

1934 erweiterten die Mundwassertinktur Penta®, 1939 das Harnwegsdesinfiziens Sulfotropin® und im gleichen Jahr die desinfizierende und regenerationsfördernde Wundsalbe Intensyl® die Produktpalette, nachdem die Firma zuvor, nämlich im Jahr 1920, mit dem Eulenin®, einer fettfreien Salbengrundlage, im Dermatikabereich Fuß gefaßt hatte. Zur Brustwarzenpflege wurde 1940 das Pallicol-Puder® und zur Schmerzbekämpfung bei Menstruationsbeschwerden 1942 das Neomensyl® geschaffen. Ebenfalls 1942 wurde das Antisacer®, ein Mittel zur Behandlung der Epilepsie mit dem Inhaltsstoff Diphenylhydantoin-Natrium, der Ärzteschaft zur Verfügung gestellt. Desweiteren wurde 1943 das Trinitrin®, ein Nitroglycerinprodukt zur Erweiterung der Koronargefäße, 1944 das Asthmamittel Asmac® und das Schmerz- und Fiebermittel Fortacyl® sowie ein Jahr später das Thiomidil®, ein Arzneimittel zur Medikation von Basedow, Kropf und gesteigerter Schilddrüsentätigkeit, in den Handel gebracht.

165 Wander, Georges, Dr.; Apotheker. * 1898 Bern, + 1969 Bern. Von 1927 bis 1965 Leitung der Wander AG.

Unmittelbar nach dem Zweiten Weltkrieg versuchte man, ähnlich wie mit der Bearbeitung der Gruppe von Vitaminpräparaten in den dreißiger Jahren, die Spezialisierung auf geschlossene Indikationsgebiete weiterzuführen. Diese Bemühungen hatten ihr Ergebnis in der intensiven Bearbeitung der Tuberkulosetherapie. Zur Bekämpfung der Tuberkulose wurde 1948 das Aminacyl® entwickelt, dem 1954 das Benzacyl®, 1957 das Iso-Benzacyl® und 1963 das Dat® folgte.

Eine weitere Konzentration auf Spezialitäten für den Respirationstrakt wurden durch die Erfolge mit dem Asthmapräparat Asmac® begründet. Desgleichen bildeten Verdauungs- und Stoffwechselpräparate einen Schwerpunkt. Vertreter im Sortiment sind hierfür das 1950 lancierte polyvalente Verdauungsenzympräparat Pantozym®, das Protepsin®, eine 1954 eingeführte Pepsin-Salzsäure-Kombination, sowie das 1964 zur Therapie freigegebene Kombinationsspasmolytikum Spasmo-Canulase®.

Das Gebiet der Psychopharmaka erwies sich für Wander ebenfalls als zukunftsträchtig. Es wurde mit den Präparaten Tremaril®, Inhaltsstoff Metixenhydrochlorid, einem Mittel gegen das Parkinson-Syndrom, dem Noveril®, Inhaltsstoff Dibenzepinhydrochlorid, im Jahr 1964, dem Neuroleptikum Entumin® 1967 sowie 1970 mit dem Leponex® abgedeckt.

Aber entgegen dieser Tendenz zur Spezialisierung wurde 1952 das Oberflächenanästhetikum Novesin® und die resorbierbare Gaze Sorbacel® dem Patienten zur Verfügung gestellt. 1953 folgten das bei Infektionen der Mundhöhle entzündungshemmend wirkende Fortasept®, das Halsschmerzmittel Mebucain® sowie das Analgetikum Xaril®. Im darauffolgenden Jahr 1954 wurde mit dem Navio® das Gebiet der Mittel gegen Reisekrankheit und Gleichgewichtsstörungen betreten. Das Donasil® zur Behandlung prämenstrueller Beschwerden wurde 1956, das Cortensor® als mildes Herz-Kreislaufmittel 1958 und das Schnupfenmittel Triaminic® 1959 eingeführt[166]. Aber auch für andere Indikationsgebiete standen bei Wander geeignete Arzneimittel zur Auswahl wie 1960 das Fosepar®, ein vor allem für tropische Länder bestimmtes Leberschutzpräparat, sowie das Triatussic®, das 1963 als Kombinationspräparat gegen Husten und Grippe dem Handel übergeben wurde[167].

166 Vgl. FA M-360.4, Hundert Jahre Forschen und Wirken 1865 - 1965.

167 Vgl. FA M-360.3, TG Schweiz. Wander AG. Historisches.

4.3. Zusammenschluß von Sandoz und Wander

Nach wochenlangem Schweigen gaben die "Sandoz AG" und die "Dr. A. Wander AG" sowie deren Holdinggesellschaft "Glaro AG" mit Sitz im schweizerischen Fribourg am 14. September 1967 bekannt, sie seien übereingekommen, den Aktionären eine enge Zusammenarbeit zu empfehlen.

Am gleichen Tag tagte der Verwaltungsrat der Sandoz, wobei die unter Traktandum 1 im Verwaltungsratsprotokoll aufgeführte Wander/Glaro Transaktion den Schwerpunkt der Besprechung bildete. Aus dem nachfolgenden Auszug des sehr ausführlichen und umfangreichen Verwaltungsratsprotokolls - angemerkt sei, daß der Zusammenschluß von Sandoz und Wander hier erstmals in einem Verwaltungsratsprotokoll der Sandoz erwähnt wurde - kommen die Bedeutung und die Zielsetzung der zukünftigen Zusammenarbeit zum Ausdruck: "Herr Prof. Stoll eröffnet die Sitzung und weist darauf hin, dass es sich beim Traktandum 1 um eines der wichtigsten Traktanden handelt, die den Verwaltungsrat je beschäftigt haben. Er vergleicht den beabsichtigten Zusammenschluss der beiden Konzerne mit einer Ehe"[168].

Im Anschluß an eine Verwaltungsratssitzung der Schweizerischen Bankgesellschaft beglückwünschte Jacottet[169] Ende 1966 Alfred Schaefer[170] zu seiner Wahl zum Präsidenten des Wander-Konzerns. Im weiteren Gespräch bemerkte Schaefer beiläufig, daß ihn die zukünftigen Entwicklungsmöglichkeiten der Wander AG mit einer gewissen Sorge erfüllten. Daraufhin bot Jacottet eine Zusammenarbeit an, ohne jedoch zu diesem Zeitpunkt konkrete Lösungsansätze vor Augen zu haben. Kurze Zeit später, am 3. Januar 1967, richtete Schaefer die Anfrage an Jacottet nach Beaulieu, wo dieser sich gerade in Ferien befand, ob Sandoz nicht in irgendeiner Weise an einer engen Zusammenarbeit mit Wander interessiert wäre. Seine Ausführungen präzisierte er mit der Bemerkung, daß er an einen Austausch unter Zugrundelegung der Börsenwerte der Aktien der Firmen Wander und Glaro gegen neu zu emittierende Sandoz-Aktien dachte. Daraufhin erfolgte am 17. Januar 1967 in Zürich eine ausführliche Besprechung. Bei diesem Treffen gab Schaefer neben näheren Informationen über seine Firma die Erklärung ab, daß er vorläufig noch ohne das Mandat der Familie Wander handeln würde. Um mit dieser über eine mögliche Zusammenarbeit zu sprechen, würde er allerdings eine grundsätzliche und in einem gewissen Rahmen verbindliche Erklärung, daß die Sandoz an dieser Zusammenarbeit inter-

---

168 Vgl. FA C-102, Verwaltungsratsprotokoll vom 14. September 1967.

169 Jacottet, Carl Maurice; * 1904 Neuchâtel, + 1982 Neuchâtel. Präsident der Sandoz von 1968 bis 1976. Näheres zu Jacottet in: Sandoz bulletin (1986), 14 f.

170 Schaefer, Alfred Dr., Jurist. Ab 1948 Verwaltungsrat bei der Glaro Holding, von 1965 bis 1966 Verwaltungsrat bei Wander, von 1966 bis 1973 Präsident des Verwaltungsrates der Wander AG; Präsident des Verwaltungsrates der Schweizerischen Bankgesellschaft.

essiert wäre, benötigen. Jacottet bestätigte, nachdem er einen entsprechenden Beschluß des Präsidiums der Sandoz erreichen konnte, das Interesse an der Fortführung der Verhandlungen am 23. Januar 1967 schriftlich. Hierin wurden von Jacottet unter dem Vorbehalt der näheren Beleuchtung der "Wander-Verhältnisse" die Vorstellungen der Sandoz hinsichtlich der Modalitäten folgendermaßen unterbreitet: "...auf der Basis eines Tausches aller Aktien der uns interessierenden Gesellschaften mit einem konsolidierten Marktwert von zusammen etwa 136 Mio Franken gegen etwa 30.000 Aktien unserer Gesellschaft mit ungefähr gleichem Marktwert..."[171]. Nachdem die Familie Wander Interesse an einer Verbindung mit Sandoz bekundet hatte, fand daraufhin am 30. März 1967 die erste direkte Kontaktaufnahme zwischen den Geschäftsleitungen der beiden Konzerne statt. Die von Jacottet im Brief vom 23. Januar 1967 geforderte Voraussetzung für Verhandlungen, nämlich daß nicht gleichzeitig mit Dritten verhandelt werde, wurde zugesagt.

Bei dieser Zusammenkunft wurden die Vor- und Nachteile eines möglichen Zusammenschlusses für beide Partner bezüglich der Forschung, der Fabrikation und des Vertriebs unverbindlich erörtert. Mit Absicht wurde von Sandoz nur am Rande die Frage der Umtauschrelation der Aktien berührt. Gegen Ende der Sitzung regte Jacottet an, daß die Familie Wander seiner Firma ein definitives Angebot unterbreiten sollte. Desweiteren führte er aus, daß die Familie Wander im Falle eines Zustandekommens dieser geplanten Transaktion mit der Zuwahl ein bis zweier Personen in den Verwaltungsrat der Sandoz rechnen könne, sofern diese nicht zugleich der aktiven Geschäftsleitung der Wander angehörten.

Die nächste eingehende Besprechung der Delegationen der beiden Geschäftsleitungen fand am 24. April 1967 statt. Darauf tagte zwei Tage später der Wander-Familienrat und bereits am 27. April 1967 unterbreitete Schaefer mündlich Jacottet die Offerte der Familie: "Umtausch von 2 Wander-Aktien à nom. Fr. 300.- oder 2 Glaro-Aktien à nom. Fr. 500.- (oder entsprechend mehr Aktien niedrigeren Nennwertes) gegen 1 Sandoz-Aktie à nom. Fr. 500.-, Zweiervertretung der Familie Wander im Verwaltungsrat der Firma Sandoz in der Person des Herrn Dr. Schaefer als Vertrauensmann und des Herrn Raymond Wander als Mitglied der Familie"[172]. Desweiteren forderte die Firma Wander von Sandoz eine schriftliche Grundsatzerklärung, welche die Sicherung der legitimen Interessen der Firma Wander am Fortbestand und Gedeihen innerhalb des Sandoz-Konzerns zum Inhalt haben sollte.

---

171 Vgl. FA C-102, Schreiben Jacottet/Schaefer Beilage Nr. 1 zum Verwaltungsratsprotokoll vom 14. September 1967.

172 Vgl. FA C-102, Verwaltungsratsprotokoll vom 14. September 1967.

Rein rechnerisch wäre Ende April 1967 aufgrund der damaligen Kursrelation ein Verhältnis von fünf Wander-Aktien oder fünf Glaro-Anteilscheinen im Tausch gegen zwei Sandoz-Aktien zutreffend gewesen. Bei Sandoz war man aber trotzdem mit einem Tauschverhältnis von zwei zu eins einverstanden. Diesen kalkulatorischen Mehraufwand wollte man durch eine Kapitalerhöhung für die Altaktionäre der "Sandoz AG" reduzieren. Diese sollte sich auf zehn Millionen Franken mit einem Agio in der gleichen Höhe belaufen. Für die Konvertierung in die Wertpapiere der Wander und Glaro plante man die Emission von 40.000 neuen Sandoz-Aktien zu pari. Diese Maßnahme hätte erlaubt, sämtliche Glaro-Anteilscheine und die nicht im Besitz dieser Aktiengesellschaft befindlichen Wander-Aktien umzutauschen. Somit einigten sich die beiden Firmen am 27. April 1967 in allen wesentlichen Punkten, was man dem Verwaltungsrat der Sandoz in der Sitzung vom 21. Juni 1967 vorlegen wollte. Bei Zustimmung plante man auf den 4. Juli 1967 eine außerordentliche Generalversammlung der Sandoz-Aktionäre einzuberufen, um die notwendigen Beschlüsse zu fassen.

Am 18. Mai 1967 fand zwischen drei Repräsentanten der Sandoz, dem Delegierten des Verwaltungsrates von Wander sowie einem Direktor der Schweizerischen Bankgesellschaft, der federführend eingeschaltet wurde, eine erneute Sitzung statt. Diese sollte Klarheit über die verwaltungstechnische Durchführung der Transaktion und über die Vorgehensweise der Bewertung des Wander-Konzerns schaffen. Während die administrativen Belange abgeklärt wurden, erklärte der Delegierte von Wander, daß ein tieferer Einblick in den Wander-Konzern erst nach Bereinigung der Grundsatzerklärung erfolgen könnte. Weiterhin kündigte er an, daß Jacottet noch an diesem Tag einen Brief, datiert auf den 17. Mai 1967, von Schaefer erhalten werde, der einen Entwurf hierzu formuliert hätte.

Dieser Entwurf sorgte für Überraschung und rief tiefe Enttäuschung bei der Sandoz-Firmenleitung hervor, wich er doch in wichtigen Belangen wesentlich von den bereits vereinbarten Punkten ab. Nun verlangte Schaefer für die Familie Wander eine Dreiervertretung im Verwaltungsrat der Sandoz, wobei ein Vertreter die Position des Vizepräsidenten einnehmen sollte. Mündlich ergänzte er noch, daß er dieses Mandat übernehmen wolle. Ferner sollte zusätzlich ein Mitglied der aktiven Geschäftsleitung der Firma Wander im Direktionskomitee der Sandoz Aufnahme finden. Das schon zuvor abgelehnte Postulat der Zuwahl eines Vertreters der aktiven Geschäftsleitung der Wander in den Sandoz-Verwaltungsrat wurde zwar nicht mehr schriftlich gestellt, ergab sich jedoch in logischer Konsequenz aus der beanspruchten Dreiervertretung und wurde geraume Zeit später von Schaefer mündlich bestätigt. Außerdem gab Schaefer mündlich die Namen des vorgesehenen dritten Verwaltungsratsmitgliedes sowie des Wander-Beauftragten an, der im Direktionsausschuß die Diätetika vertreten sollte. Der Entwurf forderte zudem zu allen wichtigen Punkten der Grundsatzerklärung Detailverträge sowie eine prinzipielle Garantie einer Umsatz- und Gewinnrelation im Verhältnis von mindestens eins zu fünf zu Gunsten von Wander.

Jacottet lehnte mit Brief vom 22. Mai 1967 Schaefers neue Vorschläge ab. Auf ausdrücklichen Wunsch von Schaefer fand daraufhin ein weiteres Treffen mit Jacottet am 29. Mai 1967 statt. Bei dieser Zusammenkunft teilte Jacottet Schaefer mit, daß Sandoz zu keinen weiteren Konzessionen als zu den am 27. April 1967 beschlossenen bereit wäre. Schaefer teilte mit, daß er die Verhandlungen mit der Sandoz nicht abbrechen wolle. Um ihm für seine Besprechungen mit der Familie Wander entgegenzukommen, bot Jacottet an, ihm einen Gegenentwurf zukommen zu lassen. Weiterhin vertraute Schaefer anläßlich dieser Besprechung Jacottet an, daß er auch mit der Firma Geigy Verhandlungen geführt habe. Diese basierten allerdings nicht auf einer Übernahme von Wander, sondern nur auf einer Zusammenarbeit, die eine Investition der Geigy in die Wander-Forschung mit einem Betrag von 50 Millionen Franken beinhalte.

Am 5. Juni 1967 übersandte Jacottet Schaefer den zugesagten Entwurf zu einer Grundsatzerklärung und einer Gegenerklärung der Majoritätsaktionäre des Wander-Konzerns. Auf den 7. Juli war die Tagung des Plenums der Familie Wander zu diesem Sachverhalt anberaumt.

In der Zwischenzeit hatte Schaefer noch mehrmals vergeblich versucht, Jacottet umzustimmen. Zudem berichtete die Nationalzeitung am 23. Juni 1967 erstmals über ein angebliches Interesse einer Basler Chemiefirma an Wander/Glaro. Es konnte nicht festgestellt werden, ob es sich um eine gezielte Indiskretion der Verhandlungspartner handelte. Tatsache war jedoch, daß Mitte Juni 1967 die Börsennotierungen für die Wander- und Glaro-Aktien stetig zunahmen. Die Börse sowie die Presse tippten als mögliche Übernahmefirma auf Geigy. Außerdem veranlaßte diese Zeitungsnotiz das Präsidium der Sandoz, alle Mitglieder des Verwaltungsrates am 5. Juli 1967 in einer schriftlichen, persönlichen und streng vertraulichen Mitteilung über die Aufnahme und den Stand der Verhandlungen mit Wander in Kenntnis zu setzen. Für die Übernahme schätzte Jacottet "die Erfolgschancen keinesfalls über 50 % ein"[173].

Am 9. Juli 1967 teilte Schaefer Jacottet fernmündlich mit, daß der Wander-Familienrat auf die Forderungen, welche die Sandoz abgelehnt hatte, verzichtete. In der anschließenden Verhandlung in Basel am 14. Juli 1967 lieferte Schaefer "nur noch Rückzugsgefechte auf zurückgenommener Front"[174]. Daraufhin überarbeitete Jacottet die früher von Sandoz vertretene Grundsatzerklärung ohne grundlegende Änderung des finanziellen Teils[175]. Am 31. Juli 1967 zeigte sich Wander mit dem Entwurf einverstanden, worauf am

173 FA C-102, Beilage 4 zum Verwaltungsratsprotokoll vom 14. September 1967.
174 Vgl. FA C-102, Verwaltungsratsprotokoll vom 14. September 1967.
175 Vgl. FA C-102, Beilage 2 des Verwaltungsratsprotokoll vom 14. September 1967.

3. August 1967 die Erklärung von Sandoz unterzeichnet wurde. Unmittelbar nach der Unterzeichnung tauschten die Geschäftsleitungen erstmals vertrauliche Informationen aus. Neben einem Pressekommuniqué wurden alle Akten für die administrative Durchführung der Transaktion ausgearbeitet. Die Unterzeichnung der Gegenerklärung durch die Firma Wander ließ jedoch auf sich warten. Als Jacottet am 24. August 1967 der Firma Wander einen ersten Besuch abstattete, um die Produktionsanlagen zu besichtigen, stellte sich beim Mittagessen heraus, daß noch keine Einigkeit bei der Familie Wander bestand. Eine Minderheit - bestehend aus Edith Wildbolz-Wander und den zwei der aktiven Geschäftsleitung angehörenden Familienmitgliedern - war grundsätzlich gegen die Aufgabe der Selbständigkeit der Firma. Jacottet erklärte, daß die Familie diese Entscheidung nun zu treffen hätte. Gleichzeitig verdeutlichte er, daß Sandoz nicht gewillt wäre, Wander bei einer bestehenden Uneinigkeit der Familie oder gegen den Willen der Geschäftsleitung zu übernehmen. Er führte aus, daß die Verhandlungen bisher schon sehr lange gedauert hätten und Sandoz die Transaktion mit Bedauern, aber ohne Groll, als gescheitert abschreiben würde, wenn sich die Familie Wander nicht in den kommenden Tagen zu einer einheitlichen, positiven Stellungnahme durchringen könne. Hierauf erhielt Jacottet in Basel Besuch von Georges Wander, dem ehemaligen Präsidenten des Wander-Konzerns, und Raymond Wander[176], Vizepräsident von Wander. Diese teilten mit, daß die Opposition, bestehend aus Edith Wildbolz, Peter Wildbolz[177] und Marc Gossweiler[178], nicht von Dauer wäre und daß sich die Firma Wander entgegen der ursprünglichen Absicht, nicht durch Alfred Schaefer und Raymond Wander vertreten lasse, sondern durch zwei jüngere Familienmitglieder: Nicolas Gossweiler[179], praktizierender Arzt in Bern, und Jean Wander[180], Leiter der Berner Filiale der Fides Treuhandgesellschaft.

Am 2. September 1967 waren die Verhandlungen durch das Vorliegen aller Unterschriften der Gegenerklärung, welche die stimmrechts- und kapitalmäßige Majorität bei Wander und Glaro sicherte, beendet. Nachträglich konnte Sandoz in Erfahrung bringen, daß sich auch die amerikanische Firma "Corn Products" für eine Übernahme des Wander-Konzerns bemüht hatte und anscheinend ein finanziell wesentlich beachtlicheres Angebot als Sandoz unterbreitet hatte. Wander hatte allerdings strikt abgelehnt, sich an eine amerikanische

176 Wander, Raymond; Diplom-Architekt ETH, *1903 Bern. Von 1957 bis 1974 im Verwaltungsrat der Wander AG.

177 Wildbolz, Peter; Ingenieur, * 1921 Bern. Eintritt in Wander AG: 1951. Von 1958 bis 1986 Direktor und Delegierter des Verwaltungsrates der Wander AG.

178 Gossweiler, Marc, Dr.; Jurist, * 1927 Bern, Leiter des Wander-Stammhauses. Eintritt in Wander AG: 1949. Von 1963 bis 1970 Verwaltungsrat der Wander AG und der Glaro AG.

179 Gossweiler, Nicolas, Dr.; Arzt, * 1927 Bern. 1967 als Vertreter für Wander in den Verwaltungsrat der Sandoz AG gewählt.

180 Wander, Jean, Dr.; Jurist, * 1929 Bern. 1967 als Vertreter für Wander in den Verwaltungsrat der Sandoz AG gewählt.

Firma zu binden. Ebenfalls hatte sich "Nestlé"[181] bereits Anfang der sechziger Jahre für eine Übernahme interessiert. Aber auch dies lehnte die Geschäftsleitung von Wander ab. In den letzten Tagen der Verhandlungsführung zwischen Wander und Sandoz hatte auch noch die Firma Geigy versucht, Sandoz zu überbieten. Schwarzenbach[182], Verwaltungsratsmitglied von Geigy, besuchte Schaefer im Auftrag von Koechlin[183] und eröffnete diesem, daß Geigy wohlwollend auf jedes Angebot von Wander eingehen würde. Schaefer lehnte jedoch ab.

Eine außerordentliche Generalversammlung der Sandoz genehmigte am 24. Oktober 1967 die Anträge der Verwaltung für die Erhöhung des Grundkapitals auf 130 Millionen Franken. Von den 60.000 neuen Namensaktien wurden unter Ausschluß des Bezugsrechtes der Altaktionäre insgesamt 40.000 von der neugegründeten Sandoz-Holding AG fest übernommen. Diese wurden den Aktionären von Wander und Glaro im Zeitraum vom 10. November bis 8. Dezember 1967 im Tausch gegen ihre Anteilscheine im Verhältnis von einer Sandoz-Aktie auf zwei Aktien Serie B der Glaro oder der Wander angeboten. Die restlichen 20.000 vinkulierten Namensaktien wurden für die Altaktionäre der Sandoz reserviert. Vom 30. Oktober bis 10. November 1967 wurden die schon für das ganze Jahr 1967 dividendenberechtigten Papiere diesem Publikumskreis im Verhältnis von einer neuen Aktie auf zehn alte Aktien zum Kaufpreis von 1.000 Franken netto je Aktie angeboten.

Vor dem Zusammengehen genehmigte die Familie Wander, die das Aktienkapital ihrer Firma im Mehrheitsbesitz hielt, die Aktion und verpflichtete sich somit, ihre Aktien in dem genannten Verhältnis in Sandoz-Aktien einzutauschen. Die insgesamt fünf Mitglieder der älteren Generation der Familie Wander, welche die Gegenerklärung unterzeichnet hatten, hielten nach der vollzogenen Inkorporation 4,77 % des Sandoz-Kapitals[184].

Der Substanzwert des Wander-Konzerns betrug 1967 169 Millionen Franken. Verglichen mit dem Substanzwert des Sandoz-Konzerns von 1,216 Milliarden Franken nach der Durchführung der Kapitalerhöhung für die Altaktionäre entsprach dies nur knapp einem Siebtel.

---

181 Die Firma Nestlé wurde durch Heinrich Nestle (* 1814 Frankfurt am Main, + 1890 Glion bei Vevey) nach Abschluß seines Pharmaziestudiums an der Universität Heidelberg 1876 in Vevey als eine Fabrik für Kindernährmittel gegründet.

182 Schwarzenbach, Hans Robert, Dr.; Jurist, * 1913, + 1988. Vizepräsident des Verwaltungsrates Geigy (1968 - 1970); Verwaltungsratsmitglied Ciba-Geigy (1970 - 1982).

183 Koechlin, Carl, Dr.; * 1889, + 1969. Verwaltungsratpräsident Geigy.

184 Vgl. FA C-102, Verwaltungsratsprotokoll vom 14. September 1967.

Den freien Aktionären von Wander und Glaro wurden von Sandoz für den Umtausch interessante Angebote unterbreitet, so daß fast das vollständige Kapital der Wander-Gruppe, insgesamt 99 %, in den Sandoz-Konzern eingebracht werden konnte[185].

Die Pharma-Umsätze von Sandoz erreichten 1966 die Summe von 736 Millionen Franken und umfaßten damit 52,5 % des gesamten Konzernumsatzes, der 1,402 Milliarden Franken betrug. Der Personalbestand belief sich auf 17.163 Mitarbeiter weltweit, davon waren 6.103 in Basel beschäftigt. Beim Wander-Konzern belief sich 1966 der Gesamtumsatz auf 381 Millionen Franken, der in Pharmazeutika in der Größenordnung von 150 bis 160 Millionen Franken. Somit konnte der Pharma-Bereich der Wander 36,6 % des Gesamtumsatzes für sich in Anspruch nehmen. Weltweit wurden bei Wander insgesamt etwa 6.500 Personen beschäftigt.

Der Präsident des Verwaltungsrates der Wander AG und der Glaro AG, Alfred Schaefer, erklärte damals anläßlich einer Pressekonferenz am 25. Oktober 1967, daß der mit Bern eng verbundene Wander-Konzern sich finanziell in einer guten Lage und mitten in erfolgsversprechenden Entwicklungsarbeiten befunden hätte. Die Entscheidung zugunsten eines Zusammenschlusses mit Sandoz begründete er im Hinblick auf die Entfaltungsmöglichkeiten im kommenden Jahrzehnt, da ein Unternehmen mittlerer Größe wie die Firma Wander auf seinen in aller Welt befindlichen Absatzmärkten in hartem Wettbewerb mit Großkonzernen stehe, die über entsprechend umfangreiche, finanzielle Mittel für Forschung, Entwicklung, Produktion, Vertrieb und Marketing verfügten. In einer Ansprache bei der Wander Kaderorientierung bestätigte Marc Gossweiler am 15. September 1967 diese Ausführungen.

Anläßlich der außerordentlichen Generalversammlung der Sandoz vom 24. Oktober 1967 wurde von C. M. Jacottet, dem Vizepräsidenten und Delegierten des Verwaltungsrates der Sandoz AG, unterstrichen, daß der Wander-Konzern zwar eine Beteiligung der Sandoz werde, aber "als solche wird der WANDER-Konzern sein Eigenleben weiterführen, jedoch aus allen Vorteilen Nutzen ziehen, die durch den Zusammenschluß ermöglicht werden"[186].

Diese Aussage verdeutlichte einen beim Sandoz-Konzern vorherrschenden Geschäftsgrundsatz, nach dem selbst heute noch verfahren wird. Auch der Wander-Gruppe sollte wie den einzelnen Tochtergesellschaften ein weitgehendes, hohes Maß an Selbständigkeit gewährt werden. Den einzelnen Abteilungen und Departements werden bei Sandoz Ziele gesteckt, doch wie diese erreicht werden, bleibt im wesentlichen der Entscheidungsgewalt der einzelnen Abteilungen überlassen.

---

185 Vgl. Geschäftsbericht des Verwaltungsrates 1967, Dr. A. Wander AG Bern.

186 FA M-360.3 Zusammenschluß SANDOZ/WANDER, Ansprache von Dr. h. c. C. M. Jacottet vom 24. Oktober 1967, 5.

Da ein erheblicher Prozentsatz der Umsätze von Sandoz und Wander auf die Pharmasparte entfiel, erhoffte man sich hier vor allem bei der Forschung durch die Zusammenlegung der kostenintensiven Hilfsdienste wie die gemeinsame Dokumentation, physikalische Chemie und Toxikologie, sowie auch in der Fabrikation und im Vertrieb durch Rationalisierungsmaßnahmen erhebliche Einsparungen.

Im Jahr 1966 hatte Wander neun Prozent des Pharma-Konzern-Umsatzes, also 12,7 Millionen Franken, für die Forschung und Entwicklung aufgewendet. Davon entfielen auf die in der Schweiz beheimatete "International Division", dem Forschungs- und Entwicklungsapparat im engeren Sinne einschließlich der medizinischen Abteilung, 8,6 Millionen Franken.

Die Forschungsteams bei Wander, insgesamt 162 Mitarbeiter im Jahr 1967, waren auf verschiedenen Gebieten der synthetisch-pharmazeutischen Chemie tätig. Die wirtschaftlich wichtigsten Forschungsergebnisse waren auf dem Gebiet der Psychopharmaka, dokumentiert durch diverse eingeführte Klinikpräparate, erzielt worden. Wissenschaftlich interessant waren die Arbeiten im Bereich der medikamentösen Krebstherapie. Hier konnten hochwirksame, aber leider aufgrund von ermittelten Nebenwirkungen als Arzneimittel nicht brauchbare Substanzen gewonnen werden.

Die Aufnahme der Wander-Forschung in den Sandoz-Konzern ergab eine Vergrößerung der Forschungskapazität, die bezüglich des Personalbestandes im Jahr 1966 ungefähr einer Verdoppelung der synthetischen Abteilung der Sandoz in Basel mit den zugehörigen Abteilungen der Pharmakologie und der klinischen Forschung oder einer Verdoppelung der Forschung in East Hanover entsprach.

Durch den Zusammenschluß belief sich die Summe der ausländischen Tochter- und Beteiligungsgesellschaften auf über 80 und verhalf der neuen Gruppe zu einer Spitzenposition mit einem deutlichen Abstand zu den restlichen schweizerischen Chemie- und Pharmakonzernen. Außerhalb der Schweiz verfügten nunmehr Sandoz und Wander miteinander ohne die Gemeinschaftswerke im Pharmabereich über die folgende Anzahl an Produktionsstätten:

Region	Chemische Produktion	Pharmazeutische Produktion
Europa	2	15
Nordamerika	1	5
Südamerika	1	9
Asien/Australien	2	2

Aus der Verteilung der Betriebsstätten erkennt man, daß die Schwerpunkte des Geschäfts in Europa und Südamerika lagen.

Von den mehr als 50 Wander-Auslandstöchtern beschäftigten sich 1966 allein 38 mit dem Vertrieb pharmazeutischer Erzeugnisse, wobei 18 pharmazeutische Produktionsstätten vorweisen konnten. Von den 31 im Jahr 1966 außerhalb der Schweiz gelegenen Wander- und Glaro-Tochtergesellschaften waren 17 auf dem Pharmasektor tätig. Ausgenommen von zwei kleinen Produktionsbetrieben dienten sie hauptsächlich der Konfektionierung der in der Schweiz erzeugten Zwischenprodukte.

Das Fabrikationsprogramm der Wander umfaßte beim Zusammenschluß sämtliche galenische Formen, wobei die festen Formen dominierten. In den galenischen Betrieben und in der Entwicklung waren 1967 insgesamt 265 Angestellte, davon 25 in der Entwicklung, beschäftigt. Im Vergleich hierzu wies Sandoz in Basel insgesamt 587 Mitarbeiter in der galenischen Produktion auf, wovon 52 in der Entwicklungsabteilung bedienstet waren. Da die Betriebsabteilung nur allein durch eine weitere Mechanisierung, insbesondere den Einsatz leistungsfähiger Maschinen, intensiviert werden konnte und die unter Raumknappheit leidenden Lager auf dem Werksareal in Bern kaum ausbaufähig waren, beabsichtigte Sandoz, die galenische Produktion, Lager und Spedition auf ein eigens dafür erworbenes Gelände im benachbarten Münsingen zu verlegen.

Die chemische Produktion und Entwicklung der Wander AG war in Locarno angesiedelt. Hier wurden alle für den Konzern benötigten Wirkstoffe und eine Anzahl Bulk-Produkte fabriziert. Unter den letzterwähnten nahm die p-Aminosalicylsäure (PAS), dessen Benzolderivat von Wander als Tuberkulostatikum entwickelt wurde, 1966 mit einer Jahresproduktion von ungefähr 400 Tonnen eine beachtliche Stellung ein. Die Belegschaft im Werk Locarno für Produktion, Entwicklung und allgemeine Dienste bestand aus 150 Mitarbeitern. Diese Anzahl entsprach genau einem Drittel des Personalbestandes der chemischen Produktion und Entwicklung der Sandoz in Basel.

Abgesehen von der Diversifikation bot Wander eine breite, international ausgebaute Vertriebsorganisation. Diese zweite Verkaufslinie ermöglichte in Zukunft, den Arzt zweimal zu besuchen, nämlich durch den Sandoz- und den Wander-Pharmaberater. Dadurch konnte der Weg für die erfolgreiche Implementierung von Neueinführungen und die zusätzliche Marktbearbeitung mit dem bestehenden Sortiment geebnet werden. Allerdings belief sich der Umsatz pro Ärztebesucher der Wander in allen Ländern, mit einer einzigen Ausnahme in Österreich, erheblich unter dem Umsatz, den die Pharmareferenten der Sandoz erzielten. Deshalb sollten nach Ansicht der Verantwortlichen der Sandoz die bereits bei Sandoz mit guten Resultaten praktizierten Marketingmethoden auch bei Wander eingeführt werden.

Nach Analyse des Produktesortiments der Wander kam man bei Sandoz zu dem Ergebnis, daß die meisten der älteren pharmazeutischen Spezialitäten, beurteilt nach ihrer Innovationskraft, nicht besonders originell waren, wohl aber in Hinblick auf ihre galenische Zubereitung. Gemessen am Gesamtumsatzvolumen war ihre Zahl zu hoch, so daß man Bereinigungen der Produktpalette als unumgänglich erachtete. Andererseits hoffte man durch den angemessenen Einsatz der geeigneten Marketingmethoden, einzelne Präparate in verschiedenen Ländern weiter zu fördern. Eigenständige Präparate aus der Wander-Forschung waren erst kurz vor der Übernahme entwickelt worden. Im Vordergrund stand zu jener Zeit das Antidepressivum Noveril®, das 1967 in der klinischen Literatur ausgezeichnet bewertet wurde. Man rechnete bei Sandoz damit, daß sich dieses Produkt spätestens mit der Einführung in den USA einen adäquaten Marktanteil sichern würde. Auch vom Tremaril®, einem Spasmolytikum und Antiparkinsonmittel, sowie einem davon abgeleiteten Kombinationspräparat erhoffte man sich gute Markterfolge. Ferner wußte man auch aus Literatur- und Patentquellen, daß Wander mehrere Präparate in klinischer Prüfung hatte, die vor allem auf dem Sektor der Psychopharmakologie sowohl chemisch als auch pharmakologisch eigenständig waren. Zudem nahm Wander auf dem Gebiet der Tuberlukostatika eine sehr beachtliche Position ein. Gerade diesem Forschungs- und Marktsektor, auf dem Sandoz noch nicht vertreten war, maß man hinsichtlich der Chemotherapie erhebliche Zukunftschancen bei.

Die pharmazeutische Forschung der "Dr. A. Wander AG" konzentrierte sich 1967 vor allem auf das Gebiet der Psychopharmaka. Hauptaugenmerk wurde auf spezielle Forschungs- und Entwicklungsarbeiten zugunsten erfolgreich eingeführter Medikamente gelegt. Hierbei konnten als Ergebnis zusätzliche, neue galenische Formen sowie geeignete Wirkstoffkombinationen erarbeitet werden. Unter dem Namen Entumin® führte Wander 1968 ein neues Neuroleptikum mit dem Inhaltsstoff Clotiapin ein.

Sandoz AG Nürnberg, Fabrikationsräume ab 1930

5. Tochtergesellschaften

5.1. Die Nürnberger Vertretung

1921 beauftragte Sandoz den deutschen Apotheker Fritz Augsberger, die Sandoz-Präparate in Nürnberg aus den in Basel hergestellten Reinsubstanzen herzustellen. Durch diese Maßnahme wollte man die deutschen Importrestriktionen umgehen und der dort herrschenden Nachfrage genügen. Man benötigte jedoch die deutschen Kliniken für die Prüfung der neu einzuführenden Präparate[187].

Zunächst war der Erfolg eher bescheidener Natur und beruhte anfänglich auf der Einführung der Spezialitäten an den bedeutendsten deutschen Kliniken. Erst nachdem sich die deutsche Währung stabilisiert hatte, wurde im November 1923 mit der wissenschaftlichen Bewerbung begonnen. Der Umsatz, der bis zu jenem Zeitpunkt nur wenige hundert Schweizer Franken betragen hatte, stieg durch die gezielten Verkaufsförderungsmaßnahmen rapide an, und in den ersten zehn Monaten des Jahres 1926 wurden bereits Spezialitäten im Wert von 652.000 Franken verkauft. Bedingt durch dieses schnelle Wachstum und die Bedeutung des deutschen Marktes genügte die bestehende Organisation, bei der Augsberger unter seinem Namen in einer gemieteten Fabrik mit von Sandoz zur Verfügung gestellten Maschinen und von ihm engagierten, aber von Sandoz bezahltem Personal arbeitete, nicht mehr den neuen Anforderungen. Deshalb erfolgte am 31. Dezember 1926 die Gründung des ersten ausländischen Produktionsbetriebes für Pharmazeutika als Tochtergesellschaft unter dem Namen "Sandoz AG" in Nürnberg mit einem Kapital von 100.000 Reichsmark[188]. Die Firma bestand zu jenem Zeitpunkt aus 54 Arbeitern und Angestellten. Am 8. Januar 1927 wurde ein Lizenzvertrag zwischen der "Sandoz AG", Nürnberg, und der "Chemischen Fabrik vormals Sandoz" geschlossen.

Um der Nürnberger Aktiengesellschaft nach außen hin einen deutschen Anstrich zu geben, wurde der größere Teil der neuen Aktien pro forma von der Deutschen Bank, Frankfurt, mit 150.000 Mark und von der Bayrischen Hypotheken- und Wechsel-Bank, Nürnberg, mit 100.000 Mark gezeichnet und einbezahlt. Die weiteren Zeichner waren Sandoz Basel mit 50.000 Mark sowie mit jeweils 25.000 Mark Werner Stauffacher, Arthur Stoll und

---

187 Vgl. FA H-202.6, 35 Jahre Mutterkornforschung und industrielle Mutterkornverwertung. Referat in der Sitzung vom 5. März 1953 des Verwaltungsrates der Sandoz A.G. Basel.

188 Vgl. FA M-320.8, TG Deutschland, Gründungsakten 1926.

Walter Stoos[189], die gleichzeitig in dieser deutschen Aktiengesellschaft die Position von Vizepräsidenten inne hatten. Auch wurde Augsberger auf ausdrücklichen Wunsch eine Beteiligung von 25.000 Mark zugestanden. Die Stelle des Aufsichtsrates der Nürnberger AG wurde mit Richard Willstätter besetzt[190]. Eine kurz nach der Erhöhung des Aktienkapitals durchgeführte Steuerrevision der deutschen Behörden bei der Sandoz AG in Nürnberg mit der Absicht, ein Filialverhältnis zwischen Basel und Nürnberg nachzuweisen, mißlang. Basel trat gegenüber Nürnberg ausschließlich als Lizenzgeber und Lieferant in Erscheinung[191].

Recht schnell hatte sich Deutschland zum wichtigsten Absatzmarkt entwickelt, was allerdings durch die im Jahr 1933 veränderten politischen Verhältnisse beendet wurde.

Im Frühling 1933 erhielt die deutsche Tochtergesellschaft in Nürnberg wie alle anderen Firmen in Deutschland Vorschriften, welche die Anpassung von Industrie, Handel und Gewerbe an die nationalsozialistische Wirtschaftsgesetzgebung vorsahen. Hiernach mußte Sandoz Nürnberg folgende drei Punkte "nach bestem Wissen und Gewissen" gegenüber der Reichswirtschaftsstelle der NSDAP schriftlich erklären und mit Firmenstempel sowie Unterschrift der Firmenleitung bestätigen:

1. Sandoz Nürnberg ist eine rein deutsche Firma.
2. Der Besitz von Sandoz Nürnberg ist nicht ausschließlich oder hauptsächlich im Besitz oder unter der verantwortlichen Leitung von Ausländern, Juden oder von jüdischen Teilnehmern.
3. Sandoz Nürnberg ist nicht auf der marxistischen Grundlage aufgebaut.

Wegen der teilweise unklar und juristisch laienhaft abgefaßten Fragestellungen war die Einholung umfangreicher Gutachten vonnöten, besonders was den ersten Punkt betraf. Diese ergaben, daß die Leitung eines Unternehmens, also der Vorstand, weder in den Händen eines Juden noch eines Ausländers sein durfte. Gleichzeitig mußte gewährleistet sein, daß mindestens 51 % der Unternehmung Eigentum eines reichsdeutschen Nichtjuden sein mußte. Unklar jedoch war die Formulierung "rein deutsch", da sie in keinem Gesetzesbuch vorgefunden wurde. Es galt bisher in Deutschland als unlauterer Wettbewerb, wenn Konkurrenzfirmen in Prozessen beispielsweise darauf hinwiesen, daß der Mitbewerber mit ausländischem Kapital arbeitete oder die ausländische Staatsbürgerschaft des Mitbewerbers erwähnten. Das Gutachten von Justizrat Augsberger[192] schlug eine Reorganisation vor, die eine grundlegende Umgestaltung des Aufsichtsrates wie auch des

---

189 Stoos, Walter, Dr.; Jurist. * 1892 Bern, + 1943 Bern. Delegierter des Verwaltungsrates. Eintritt in Sandoz: 1920.

190 Vgl. FA M-320.26, TG Deutschland, Nürnberg, Generalversammlung. Protokolle 1928 ff.

191 Vgl. FA C-102, Verwaltungsratsprotokoll vom 21. Juli 1929.

192 Vgl. FA A-346.43.

Grundkapitals vorsah. Um den deutschen Einfluß auf die Firmengeschehnisse zu gewährleisten, setzte sich nun der Aufsichtsrat aus zwei Reichsdeutschen, nämlich Justizrat Augsberger und Hermann Bolte[193], der den Vorsitz erhielt, und aus Stoll, der als Ausländer seinen Posten als stellvertretender Vorsitzender weiterhin behielt, zusammen[194]. Hermann Bolte stammte aus Berlin-Wilmersdorf und galt als deutschnational[195].

Die Mehrheit der deutschen Staatsangehörigen wurde nach dem Rücktritt von Willstätter[196] und Stoos durch die Wahl von Bolte aus Berlin und Justizrat Augsberger aus Nürnberg sichergestellt. Bolte war der Firma Sandoz und einzelnen Direktionsmitgliedern schon seit langer Zeit freundschaftlich verbunden. Bei Justizrat Augsberger handelte es sich um den Bruder des Direktors der Nürnberger "Sandoz AG". Die deutsche Aktienmehrheit wurde durch Erhöhung des Aktienkapitals um nominell 500.000 Reichsmark sichergestellt. Die Zeichnung der Aktien erfolgte durch Direktor Augsberger. Die Einzahlung des Kapitals erfolgte jedoch nur zu 25 %. Den maßgeblichen Einfluß auf die Firma besaß nun Sandoz[197] gemeinsam mit Bolte[198].

Durch Improvisation und Notbehelfe wurden die Kriegsjahre überstanden. Vor allem die Beschaffung von Rohmaterialien bereitete große Schwierigkeiten. Bei den zahlreichen Luftangriffen auf Nürnberg wurde ein erheblicher Teil der Anlagen zerstört. Besonders in den letzten Kriegsjahren konnte die Aufrechterhaltung des Betriebes nur mit größter Mühe bewerkstelligt werden. Ein Fliegerangriff im Frühjahr 1943[199] vernichtete große Vorräte an Fertigpackungen. Aus diesem Grund mußten ganze Betriebseinrichtungen evakuiert werden. Die Auslagerung von Vorräten erfolgte nach Grenzach, Gräfenberg (Fränkische Schweiz), Helmbrechts (Fichtelgebirge), Bechhofen (bei Ansbach) und Fürth. Im Herbst 1944[200] wurde das Fabrikareal Deutschherrnstraße während eines Bombenangriffes getroffen und geriet in Brand. Die Produktionsstätte in der Deutschherrnstraße 19 war zerstört worden; die übrigen Gebäude wurden durch Notdächer soweit geschützt und behelfsmäßig instandgesetzt, daß die Produktion dort wieder aufgenommen werden konnte.

---

193 Bolte, Hermann; * 1886, + 1951.

194 Vgl. FA A-346.43, Schriftwechsel Fritz Augsperger - Stoll.

195 Vgl. FA A-346.43, Nürnberg. Anpassung an nationalsozialistische Wirtschaft, 1933. (Korrespondenz Stoll/Augsperger).

196 Vgl. FA C-201.4, Korrespondenz Stoll/Willstätter.

197 Vgl. FA A-346.51, Ariernachweise. Notarielle Beglaubigung über die rein arische Abstammung der Direktion der Sandoz AG, 3.4.1941.

198 Vgl. FA C-102, Verwaltungsratsprotokoll vom 2. Juni 1933.

199 Am 9. März 1943.

200 Am 3. Oktober 1944.

Anfang 1945[201] ging während eines massiven Bombenangriffes auf den Großraum Nürnberg, dem auch der Stadtkern zum Opfer fiel, das gesamte Fertigwarenlager der Fabrik restlos in Flammen auf. Auch Teile der ausgelagerten Vorräte verbrannten. Nach viertägigem Bombardement fiel Nürnberg im Frühjahr 1945[202] in die Hände der amerikanischen Streitkräfte. Schon wenige Tage nach der Kapitulation der Wehrmacht wurde der "Sandoz AG, Nürnberg" von den amerikanischen Besatzungstruppen die Erlaubnis zum Wiederbeginn der Arbeit erteilt[203]. Doch zuvor mußte man mit den Wiederaufbauarbeiten beginnen. Nachdem Strom und Wasser wieder verfügbar waren, wurde die Produktion unter äußerst bescheidenen Umständen mit einem Personalbestand von 44 Mitarbeitern aufgenommen. Die allgemeine Notlage machte die Rohstoff- und Materialbeschaffung zu einem nahezu unlösbaren Problem. Deshalb war man gezwungen, auch seitens der Produktion nicht nur in maschineller Hinsicht, sondern auch im Hinblick auf die zu produzierenden pharmazeutischen Produkte zu improvisieren. Man begann Ende 1945 Paraform®-Tabletten herzustellen, da für dieses Präparat genügend Rohstoffe vorhanden waren. In Lohnarbeit stellte man ebenfalls Joghurt- und Süßstofftabletten sowie eine "pharmazeutische Hautcreme" her[204].

Im August 1945 legte der Gründer der Sandoz AG in Nürnberg, Apotheker Fritz Augsberger, im Alter von 70 Jahren sein Amt als ordentliches Vorstandsmitglied nieder. Sein Sohn, Alex Augsberger, und Ernst Neuhoff wurden daraufhin als ordentliche Vorstandmitglieder berufen. Ab Mitte 1945 stand die Firma unter der Treuhandschaft der Militärregierung, die von Ernst Neuhoff wahrgenommen wurde[205]. 1950 erreichte die Wissenschaftliche Abteilung mit neun Ärzten im Außen- und fünf im Innendienst erstmals wieder den Stand des Jahres 1939. [206]

---

201 Am 21. Februar 1945.

202 Am 21. April 1945.

203 Am 11. Mai 1945.

204 Vgl. FA M-320.10, TG Deutschland, Akten 1928-69. Korrespondenz Prof. Stoll/Augsberger.

205 Vgl. FA M-320.27, TG Deutschland, Nürnberg. Aufsichtsratssitzungen. Protokolle 1927 f.

206 Einen Überblick über die Entwicklung bietet Tabelle 7 im Anhang.

5.2. Italien

Die italienische Tochtergesellschaft "Sandoz S.A. Colori di anilina, Prodotti Chimici e Farmaceutici" wurde am 30. Dezember 1922 mit Sitz in Mailand gegründet. Das Grundkapital betrug 100.000 Lire. In der Gründungsakte werden als Präsident und Delegierter des Verwaltungsrates Werner Stauffacher und als seine Berater Camillo Pellini und Giovanni Tagliani genannt[207].

Vor der Gründung dieser Tochtergesellschaft in Italien war eine Vertretung der Sandoz für den Verkauf von Farben verantwortlich. Schon Ende des 19. Jahrhunderts hatte Carlo Asch, der als Repräsentant der Sandoz-Farben tätig war, Vertreter in Biella, Prato und Turin. Auf Asch folgte dann Carlo Ferrario, der bis zur Gründung der Tochtergesellschaft Leiter der Sandoz-Vertretung in Italien war. Die italienische Niederlassung umfaßte 1909 nur zwei Räume in der Via San Celso in Mailand. Im Jahre 1916 konnte Ferrario die kleine Vertriebsorganisation vergrößern. Er verlegte das Geschäft in die Via Serbelloni, wo ihm Räumlichkeiten von 295 Quadratmetern, vier Angestellte und vier Arbeiter zur Verfügung standen. 1920 war auch dieses Platzangebot für das florierende Geschäft zu klein geworden, so daß Ferrario in die Via Serbello übersiedelte. Dort konnte er sechs Angestellte und vier Arbeiter in Räumen mit einer Grundfläche von 340 Quadratmetern beschäftigen. Außerdem hatte er Repräsentanten in Turin, Biella und Prato.

Als ersten Firmensitz übernahm die neu gegründete italienische Tochtergesellschaft der Sandoz die Räumlichkeiten Ferrarios. Die Direktion von Sandoz Italien bestand aus Piero Ottoboni und Giampiero Comolli, die beide Mitarbeiter von Ferrario gewesen waren. Im Jahre 1923 wurde dann das Sortiment der Tochtergesellschaft um chemische Produkte erweitert. Die ersten auf dem italienischen Markt eingeführten Produkte waren Tetracarnite® und Mercerolo®, zwei Hilfsprodukte für die Textilindustrie. Daraufhin wurden auch Alkaloide und andere Pharmazeutika der Sandoz in Italien vermarktet. Das erste, dort eingeführte pharmazeutische Produkt war das Gynergen®. Ihm folgten Allisatine®, Bellafollina®, Calcium-Sandoz®, Felamina®, Ipecopan® und Scillaren®. Diese Medikamente wurden aus Basel schon als Fertigarzneimittel bezogen. Im Hinblick auf die erfreuliche Geschäftsentwicklung konnte im Jahre 1924 ein Grundstück mit einem kleinen, zweistöckigen Gebäude im Gebiet Viale Umbria-Via Arconati gekauft werden, wo 1926 sowohl die Konfektionierung von eingeführten Produkten des Stammhauses als auch die Fabrikation von Allisatine® begann. Außerdem wurden in jenem Jahr noch Büroräume am Corso di Porta Vittoria dazugekauft. Zwei Jahre später konnte eine weitere Parzelle, die direkt an das Firmenareal an der Vialle Umbria angrenzte, erworben werden[208]. Diese

---

207 Vgl. FA M-330.4, TG Italien. Akten. Fragebogen. Mailand 1922-65.
208 Vgl. FA M-330.4, TG Italien 1924-27.

diente als Lager- und Versandstätte. In den Jahren 1931 und 1932 konnten dann die einzelnen Abteilungen, nämlich Farben, chemische Produkte und Pharmazeutika, weiter ausgebaut werden. Auch die Verwaltung der Tochtergesellschaft wurde auf das Gebiet in der Viale Umbria-Via Arconati verlegt, da hier durch die Erstellung neuer Gebäude im Zeitraum von 1935 bis 1939 ausreichend Büroraum gewonnen werden konnte. 1939 wurde in Italien das erste Produkt der Abteilung Agrochemie auf dem Markt lanciert: es handelte sich um das Sandovit®.

Während des Zweiten Weltkrieges hatte die Tochtergesellschaft in Italien mit vielen Schwierigkeiten zu kämpfen. Glücklicherweise blieben die Gebäudekomplexe trotz großer Zerstörungen in Mailand weitgehend unbeschädigt. 1947 wurde eine Fabrikationsstätte für Pharmazeutika gebaut.

1951 konnten alle industriellen Aktivitäten des Pharmabereichs in das neue Areal an der Via Bernardino Quaranta verlegt werden. Die anderen Abteilungen, nämlich Farben, Chemikalien und Agrochemikalien wurden auf einen neu erworbenen Bauplatz in Palazzolo-Milanese verlegt, wo 1959 verschiedene Gebäudekomplexe fertiggestellt wurden. Die alten Gebäude im Bereich Vialle Umbria-Via Arconati wurden 1964 abgerissen[209]; an deren Stelle traten 1969 zwei moderne, repräsentative Gebäude, die ausschließlich der Direktion und der Verwaltung vorbehalten blieben[210, 211].

Einen Überblick über die Entwicklung von Sandoz Italien bietet Tabelle 8 im Anhang.

5.3. Frankreich

Im Nachbarland Frankreich hatte Sandoz 1924 eine Tochtergesellschaft unter dem Namen "Produits Sandoz S.A." gegründet. Der wesentliche Ausbau der Fabrikationsbetriebe begann nach dem Zweiten Weltkrieg. Der Mitarbeiterstab umfaßte 1961 etwa 800 Angestellte. Die Entwicklung der pharmazeutischen Fabrikation hatte ein wechselvolles Schicksal. Bis zum Jahre 1939 wurden Pharmazeutika in der an das Basler Stammhaus angrenzenden französischen Gemeinde St. Louis fabriziert. Bei Kriegsausbruch sah sich Sandoz genötigt, die Façonnierung von pharmazeutischen Spezialitäten in St. Louis zu evakuieren und

---

209 Vgl. FA M-330.5, TG Italien. Akten Mailand-Bauvorhaben 1959-66.
210 Vgl. FA M-330.4, TG Italien. Akten. Fragebogen. Mailand 1922-65.
211 Vgl. FA M-330.5, TG Italien. Akten Mailand-Bauvorhaben 1959-66.

dafür im Landesinneren geeignete Räumlichkeiten zu suchen. Die Suche gestaltete sich äußerst mühsam, bis eine ehemalige Bisquitfabrik in Orléans ausfindig gemacht und für ungefähr eine halbe Million französische Francs erworben werden konnte. Allerdings mußte diese noch durch einige Umbauten und einen kleinen Neubau den firmeneigenen Bedürfnissen angepaßt werden. Trotz vieler Widrigkeiten konnte im Herbst 1940 diese kleine Anlage in Betrieb genommen werden. Das Werk entging den schweren Bombardierungen, denen Orléans im Zweiten Weltkrieg ausgesetzt war. Die Firma "Produits Sandoz S.A." mußte mitten im Zweiten Weltkrieg aufgrund der französischen Gesetzgebung aufgeteilt werden. Die pharmazeutischen Abteilungen wurden in der neuen Firma "Laboratoires Sandoz S.à.r.l." zusammengefaßt[212].

Unweit der alten Basler Fabrik wurden Ende der fünfziger Jahre neue Produktionsstätten errichtet. Auch ein großes Gelände wurde von den Nachbargemeinden Hüningen[213] und St. Louis[214] erworben, das jenseits der französisch-schweizerischen Grenze unmittelbar an das Stammhausareal anschloß. Dieses Gelände sollte zum Teil von den französischen Sandoz-Filialen erschlossen werden, die dort eine Fabrikation von Farbstoffen und pharmazeutischen Grundstoffen errichten sollten, zum anderen Teil sollte es zur Entlastung der Basler Betriebe dienen[215].

5.4. Vereinigte Staaten

Dem riesigen Absatzgebiet der Vereinigten Staaten von Amerika wurde 1919 mit der Gründung der "Sandoz Inc." mit Sitz in New York Rechnung getragen. Erst 1925 wurde dieser bis dahin ausschließlich dem Farbenverkauf dienenden Firma eine Pharma-Vertriebsabteilung angegliedert[216]. Diese wiederum hatte sich erst nach dem Zweiten Weltkrieg von einer reinen Verkaufsfiliale zu einem eigentlichen Fabrikationsbetrieb entwickelt. Für den größten und kostenintensivsten ausländischen Sandoz-Pharmaproduktionsbetrieb wurde in East Hanover, etwa 50 km südwestlich von New York im Staate New Jersey, im Frühjahr 1946 eine Landparzelle von 60 Hektar erworben. Im Sommer 1949 wurde mit dem Bau der Fabrikationsanlage begonnen, die bereits ein Jahr später in Betrieb genommen werden konnte. Bei diesem industriellen Ausbau ließ sich die Firmenleitung der Sandoz von dem Bestreben leiten, in jenem Teil des amerikanischen Kontinents über

---

212 Vgl. FA M-320.14, TG Frankreich, Produits Sandoz/Laboratoires Sandoz/Orléans. Akten 1922-68.
213 Vgl. FA M-320.6, TG Frankreich. Hüningen.
214 Vgl. FA M-320.2, TG Frankreich, St. Louis. Akten.
215 Vgl. FA C-722, Generalversammlung 1962.
216 Vgl. FA M-371.6, Tochtergesellschaft USA. Div. Presseberichte.

eine Produktionsbasis zu verfügen, welche die umliegenden Länder versorgen könnte, falls die Belieferung durch das Stammhaus nicht möglich war. In der Planung der Sandoz spielte demgemäß die Entwicklung der Geschäftstätigkeit in den USA eine wichtige Rolle. Anfang der sechziger Jahre wurde dies durch wesentliche Erweiterungen der Laboratoriums- und Verwaltungsbauten unterstrichen. Beschäftigt wurden dort im Jahr 1961 über 900 Personen. Die in einem veralteten Gebäude in ungünstiger Lage von New York gelegenen Verkaufsbüros und Applikationslaboratorien wurden 1963 nach East Hanover verlegt[217].

Der damalige Präsident der Sandoz AG Basel, Dr. h. c. C. M. Jacottet, beim ersten Spatenstich für das neue Pharma-Forschungszentrum in East Hanover, USA, 1961.

217 Vgl. FA M-371.6, Tochtergesellschaft USA. Div. Presseberichte.

VII. BEISPIEL EINES PRODUKTLEBENSZYKLUS

1964 wurden die Präparate, die sich schon seit längerem erfolgreich im Sortiment der Sandoz befanden, auf neue Anwendungsmöglichkeiten überprüft. Bei den Calcium-Produkten ebenso wie beim Hydergin® ergaben sich eine Präzisierung und Ausweitung der Indikationsstellung. Es wurde festgestellt, daß eine ungenügende Calciumzufuhr über einen längeren Zeitraum in einem bestimmten Zusammenhang mit dem Auftreten osteoporotischer Prozesse steht und daher die Verabreichung von gut verwertbaren Calciumpräparaten als Basistherapie im Gesamtbehandlungsplan der Osteoporose einen wichtigen Platz einnimmt. Diese Erkenntnisse veranlaßten die Firma, neue galenische Formen des bewährten Mittels auf dem Markt einzuführen. Das Indikationsgebiet der zerebralen und peripheren Durchblutungsstörungen unter anderem in der Geriatrie verhalf dem Hydergin® zu neuer Bedeutung, nachdem dieses Präparat durch die Einführung von Rauwolfia-Produkten innerhalb von zwei Jahren auf ein Drittel seiner Verkäufe gesunken war.

Stoll äußerte, "daß neue Indikationen eines bestehenden Produktes für Umsatz und Ertrag so wichtig sein können wie ein neues Präparat. Das Tempo der Einführung neuer Produkte hat sich gegenüber früher ganz allgemein verlangsamt. Wir besitzen einführungsreife, erfolgversprechende Präparate"[1].

Neue Produkte unterliegen mit der Markteinführung einem Lebenszyklus, in dessen Verlauf sie allmählich altern[2]. Nach der Einführung erlebt das neue Produkt eine Periode des Wachstums, die durch eine Steigerung von Angebot und Nachfrage, aber auch durch einen Konzentrationsprozeß bei den Herstellern gekennzeichnet ist. Das Produkt geht in eine Zeit der Reife, in der der höchste Absatz durch den Bekanntheitsgrad möglich ist. Die Reife wird allerdings durch Sättigung abgelöst, wenn der Ersatzbedarf an die Stelle des Erstbedarfs tritt. Kann das Sinken des Absatzes im Zuge des harten Verdrängungswettbewerbs nicht aufgehalten werden, degeneriert das Produkt in einer letzten Periode zur Bedeutungslosigkeit.

Es soll nun anhand einer ausgewählten pharmazeutischen Spezialität die Verfahrensweise der Sandoz auf dem Gebiet des Produktlebenszyklusses demonstriert werden.

---

1 Vgl. FA C-102, Verwaltungsratsprotokoll vom 15. September 1966.
2 Vgl. die betriebswirtschaftliche 'Theorie der Produktlebenszyklen' in Wöhe (17. Aufl. 1990), 715 ff.

1. Hydergin®

1.1. Die Mutterkornforschung als Grundstein für Hydergin®

Durch den Eintritt von Arthur Stoll in die Firma Sandoz wurde der Grundstein für dieses später so erfolgreiche und wichtige Forschungsgebiet gelegt. Stoll hatte sich schon vor seiner Anstellung bei der Sandoz intensiv mit Naturstoffchemie beschäftigt und widmete sich ab Dezember 1917 chemischen Untersuchungen auf dem Gebiet des Mutterkornes.

Über die Inhaltsstoffe des Mutterkornes und ihre chemische Beschaffenheit herrschte jahrhundertelang völlige Unklarheit. Bisher konnte keiner der Wirkstoffe rein aus dem Pilz isoliert werden, da es sich bei diesen Substanzen um äußerst empfindliche und leicht zersetzliche Verbindungen handelte. Stoll jedoch konnte durch Anwendung von schonenden Methoden Licht in das Dunkel der bisherigen Erkenntnisse bringen: Bereits Anfang des Jahres 1918 gelang ihm die Entdeckung und Herstellung eines kristallisierten, bisher unbekannten Alkaloids, das er Ergotamin nannte. Bald darauf nahm dieses Mutterkornalkaloid als blutstillendes Medikament mit dem Handelsnamen Gynergen® in der Geburtshilfe und zur Behandlung von Migräne einen bedeutenden Platz ein.

Unter Mitarbeit von Albert Hofmann, der im Frühjahr 1929 in die Pharmazeutische Abteilung der Firma Sandoz eingetreten war, konnten dann Anfang der dreißiger Jahre mit der Entdeckung und Isolierung bisher unbekannter Inhaltsstoffe aus Claviceps purpurea weitere Fortschritte auf dem Gebiet der Mutterkornforschung erzielt werden. Außerdem war man dabei, die chemische Struktur der Mutterkornalkaloide aufzuklären, da es zwei Chemikern vom Rockefeller Institut in New York gelungen war, den gemeinsamen Grundbaustein aller Mutterkornalkaloide, nämlich die Lysergsäure, zu isolieren und zu charakterisieren.

Meilensteine in der Geschichte der Isolierung von Mutterkornalkaloiden

1875	Ergotinin
1906	Ergotoxin (Hydroergotinin)
1918	Ergotamin - Ergotaminin
1930	Ergotoxin kristallisiert
1931	Pseudoergotinin
1934	Sensibamin und Ergoclavin
1935	Ergobasin
1936	Ergosin und Ergosinin
1937	Ergocristin und Ergocristinin
1943	Zerlegung des Ergotoxins in Ergocristin, Ergocornin und Ergokryptin

Eines der neu gefundenen Mutterkornalkaloide bereitete Hofmann Kopfzerbrechen. Er gewann den Eindruck, daß Ergotoxin, das ihm als Ausgangsmaterial für Lysergsäure diente, nicht ein einheitlicher Stoff, sondern ein Gemisch verschiedener Substanzen sein müsse. Seine Zweifel verstärkten sich, als er bei der Hydrierung des Stoffes zwei deutlich unterschiedliche Hydrierungsprodukte erhielt, während man bei anderen Alkaloiden immer einheitliche Produkte beobachtet hatte. Durch systematische Studien gelang es Hofmann, das Ergotoxin in drei verschiedene Komponenten aufzuteilen. Eines der drei chemisch einheitlichen Produkte erwies sich als identisch mit einem von Stoll und Burckhardt kurz zuvor isolierten Alkaloid, dem Ergocristin. Die beiden anderen Bestandteile waren neu. Dabei handelte es sich um das Ergocornin und das Ergokryptin. Später wurde entdeckt, daß Ergokryptin in zwei strukturisomeren Formen vorliegt, nämlich als α- und ß-Ergokryptin.

Die Lösung des Ergotoxin-Problems durch Hofmann im Jahre 1943 war nicht nur von wissenschaftlichem Interesse, sondern zog praktische Folgen nach sich. Aus den hydrierten Formen der gefundenen drei Komponenten des Ergotoxins ging ein wichtiges und wertvolles Medikament hervor, das Hydergin®. Die Hydrierung[3] der Stoffe diente dazu, aus einer natürlichen, aber nicht ungefährlichen Substanz ein wirkungsvolles Arzneimittel ohne die beträchtlichen toxischen Nebenwirkungen und die uterotone Wirkung des Naturstoffes zu gewinnen. Der Leiter der pharmakologischen Abteilung der Sandoz, Ernst Rothlin, stellte 1944 fest, daß die sympatholytischen Eigenschaften der Ergotoxin-Alkaloide in ihren Dihydroderivaten wesentlich verstärkt waren. Anstelle von Gefäßverengung konnte man Gefäßerweiterung, statt Blutdruckerhöhung eine nachhaltige Blutdrucksenkung beobachten. Zudem zeichneten sich die Stoffe durch eine gute Verträglichkeit aus. Nach eingehender Prüfung in der pharmakologischen Abteilung von 1945 bis 1949 bestätigten sich die wertvollen sympatholytischen und α-Rezeptoren blockierenden Eigenschaften des Stoffgemisches. Das natürliche Gemisch der drei Dihydroalkaloide, die heute als Co-Dergocrin bezeichnet werden, zeigte eine konstantere und ausgewogenere Wirkung als die einzelnen Substanzen.

3 Vgl. FA H-202.21, Betriebsverfahren von Mutterkorn-Alkaloiden. A. Hofmann.

1.2. Einführung von Hydergin® auf dem Markt

Am 2. März 1949 konnte dieses Mutterkornpräparat unter dem Namen Hydergin® auf dem Markt eingeführt werden. Als Indikationsgebiete wurden die Behandlung des pathologisch erhöhten Blutdrucks, die Behebung peripherer Durchblutungsstörungen und die Beeinflussung adrenalinbedingter Formen der Angina pectoris genannt. Leider konnten die mit dem neuen Medikament verbundenen Hoffnungen auf einen Durchbruch in der Hypertonietherapie nicht erfüllt werden. Die Konkurrenz führte zu jener Zeit ebenfalls Produkte zur Behandlung des Bluthochdruckes ein, die zwar schneller wirkten, aber auch gravierende Nebenwirkungen zeigten. Die erfolgreichsten Wirkstoffe auf dem Markt gegen Bluthochdruck waren damals Rauwolfia-Alkaloide wie Reserpin, Salidiuretika, Hydralazin und α-Methyldopa.

Später stellte man fest, daß der ausgebliebene Erfolg nicht an der geringeren Wirksamkeit der Inhaltsstoffe des Hydergin® lag, sondern an einer zu niedrig gewählten Dosierung zur Behandlung der Hypertonie. Hingegen konnte bei den mit Hydergin® behandelten Patienten eine zentralnervöse Beeinflussung festgestellt werden; die Hochdruckpatienten fühlten sich trotz der Hypertonie entspannt und arbeitsfähig. Auf die regulierende Wirkung des Hydergin® auf das vegetative Nervensystem hatte Rothlin bereits 1949 hingewiesen.

1.3. Erweiterter Anwendungsbereich

Durch die Entdeckung eines neuen Anwendungsbereiches machte das Hydergin® in den fünfziger Jahren erneut auf sich aufmerksam. Laborit und Huguenard wandten in ihrer Studie[4] zur Vorbeugung und Behandlung von Schockzuständen in der Anaesthesie Hydergin® in einem sogenannten "cocktail lytique", einem Arzneistoffgemisch, an. In diesem lytischen Gemisch wurde ein Neuroleptikum, meist Chlorpromazin, ein Antihistaminikum vom Phenothiazintyp (Promethazin) und ein zentral wirksames Analgetikum wie Pethidin verabreicht. Bei Ersetzen des Chlorpromazins durch Hydergin® blieben die zuweilen auftretenden Tachykardien bei neurochirurgischen Eingriffen aus. Daneben blieb

4 Laborit, H., Huguenard, P.: Pratique de L'Hibernothérapie en Chirurgie et en Médecine Mason & Cie., Paris 1954.

die durch Chlorpromazingabe oft reduzierte Herzleistung durch Hydergin® unbeeinflußt. Trotz diesen Vorteilen gegenüber dem Neuroleptikum konnte durch Hydergin® eine zuverlässige Schockprophylaxe erreicht werden. Die Wirksamkeit des Mutterkornpräparates in diesem Cocktail wurde seinen sympatholytischen und gefäßerweiternden Eigenschaften zugeschrieben.

Die Anwendung von Hydergin® zur vollständigen Blockierung des vegetativen Nervensystems, die ebenfalls einen künstlichen Winterschlaf bei neurochirurgischen und kardiologischen Eingriffen erzeugen sollte, wurde geprüft. Dieser im Französischen mit "Neuroplegie" bezeichnete Zustand war mit einer Einflußnahme auf die körpereigene Temperaturregelung verbunden. Es stellte sich jedoch heraus, daß Hydergin® die Körpertemperatur nicht beeinflußt und eine erhöhte Wärmeabgabe des Körpers nur durch die Dilatation der peripheren Gefäße verursacht wird.

Mehrere Jahre nach der Einführung von Hydergin® beobachteten Kliniker eine zusätzliche, bedeutungsvolle Indikation des Präparates: Die Symptome der altersbedingten cerebralen Insuffizienz erfuhren durch Hydergin®-Medikation eine Verbesserung. Die damals vorherrschende Annahme, daß die Ursache von altersbedingter Gehirninsuffizienz in der Arteriosklerose von Teilen des Gehirns läge, wurde später widerlegt. Hydergin® wurde deshalb auf eine Verbesserung der arteriosklerotisch bedingten Hirndurchblutung hin untersucht. Diese Vermutung konnte jedoch nicht bestätigt werden. Andererseits erkannte man, daß bei der Mehrzahl der geriatrischen Patienten die Minderdurchblutung gewisser Hirnteile nicht die primäre Ursache der Insuffizienzerscheinungen ist, sondern daß diese vielmehr durch metabolische Störungen der Gehirnzellen verursacht werden. Solche Störungen des Metabolismus bilden den Hauptangriffsort für enzephalotrope Medikamente wie Hydergin®. In jahrelangen Untersuchungen der Sandoz-Pharmakologen konnte der Wirkungsmechanismus von Hydergin® bei der senilen cerebralen Insuffizienz weitgehend aufgeklärt werden.

Eine viel häufigere Ursache der altersabhängigen Hirnleistungsschwäche bzw. der Demenz ist ein degeneratives Geschehen, das sich im Verlauf des Alterungsprozesses entwickelt und im wesentlichen durch Beeinträchtigung der kognitiven Funktionen, durch Veränderungen des Affekts und des Verhaltens und durch eine Verminderung der Fähigkeit, die alltäglichen Aufgaben zu bewältigen, geprägt ist. Die Patienten sind verwirrt, ihre Aufmerksamkeit und Konzentration sind vermindert, Denkschärfe und Urteilsvermögen lassen nach, ihr Kurzzeitgedächtnis und Abrufvermögen sind beeinträchtigt, das Langzeitgedächtnis bleibt hingegen intakt. Die Verwirrtheit kann bis zu Illusionen und Halluzinationen, besonders akustischer Art, gehen. Veränderungen im affektiven Bereich führen zu emotionaler Labilität mit Mangel an Motivation und Antrieb, mit Reizbarkeit, depressiver Stimmungslage, Ängstlichkeit, Ruhelosigkeit und beeinträchtigtem

Sozialverhalten, das Abkapselung und Gleichgültigkeit bis hin zu Streitsucht und Feindseligkeit zur Folge haben kann.

Schon 1952 bemerkte der Pharmakologe Taeschler[5], daß die Verabreichung von Hydergin® den Gefäßtonus an den Gehirngefäßen beeinflußte[6]. Es stellte sich heraus, daß mit der Gabe von Co-Dergocrin keine merkliche Senkung des Gefäßtonus an den großen Hirngefäßen erreicht werden konnte. Deshalb vermutete Taeschler, daß Veränderungen der Hirndurchblutung wahrscheinlich "durch eine zentral ausgelöste Senkung des Gefäßtonus" herbeigeführt werden müßten.

Im Anschluß an diese Erkenntnis wurde dank verbesserter Untersuchungsmethoden festgestellt, daß Hydergin® die Hirndurchblutung nachhaltig verändert und die Sauerstoffausnutzung des Gehirns[7] verbessert.

Entscheidende Erkenntnisse gewann dann im Jahre 1963 der Pharmakologe Emmenegger. Er konnte am Katzenhirn, dessen Temperatur er auf 29° C abgekühlt hatte, beobachten, daß die durch die Temperaturabsenkung verursachte funktionelle Insuffizienz der Nervenzellen durch Hydergin®-Medikation aufgehoben wird. Im Elektroenzephalogramm (EEG) stellte sich dies durch Wiederkehr der raschen EEG-Wellen, etwa 15 Minuten nach der Hydergin®-Infusion, dar[8].

Weitere Studienarbeiten sollten die Ergebnisse von Emmenegger bekräftigen: Die Wiedererlangung der elektrischen Aktivität bei Hypothermie durch Hydergin® korreliert mit einer Steigerung der Sauerstoffausnutzung des Gehirns. Daraus folgt eine erhöhte Stoffwechselaktivität, die mitochondrialen Enzymaktivitäten werden gesteigert, Biosynthesevorgänge aktiviert.

Einige Arbeitsgruppen bei Sandoz[9] konnten in verschiedenen Versuchsanordnungen zwischen 1968 und 1979 zeigen, daß die Verabreichung von Hydergin® zu einer Verbesserung der durch abnorme Stoffwechselbedingungen eingeschränkten Mikrozirkulation führt. Die kapilläre Hirndurchblutung wird indirekt von den Nervenzellen des Gehirns über die Astrozyten beeinflußt. Eine Beeinträchtigung des neuronalen Stoffwechsels führt zu einer Akkumulation osmotisch aktiver Substanzen in der Astroglia. Die Schwellung der Gliafortsätze, die den größten Teil der Kapillaroberfläche bedecken, verursacht durch die Kompression der Kapillaren eine Erhöhung des Kapillarwiderstandes und damit eine Abnahme der Durchblutung. Die erhobenen Befunde zeigen die Wechselwirkung zwischen zerebraler Mikrozirkulation und der Stoffwechselaktivität des Neurons und erlauben die

---

5 Taeschler, Max, Dr. med.; * 1922 Zürich. stellvertretender Direktor. Eintritt in Sandoz: 1949.

6 Taeschler, M., Cerletti, A., Rothlin, E., in: Helvetica physiologica et pharmacologica Acta 10 (1952), 120.

7 Heyk, H., in: Ärztliche Forschung 15 (1961), 243.

8 Emmenegger H., Meier-Ruge W., in: Pharmacology 1 (1968), 65.

9 Gygax, P., Wiernsperger, N., in: Journal of Pharmacology 10 (1979), 489 ff.

Schlußfolgerung, daß Hydergin® die Mikrozirkulationsstörungen sekundär durch eine Korrektur des gestörten Hirnstoffwechsels beeinflußt[10].

Klinische Studien zeigten auch, daß die am Tier gewonnenen Erkenntnisse auf den Menschen übertragbar sind. So konnte durch EEG-Untersuchungen festgestellt werden, daß durch Hydergin® eine Aktivitätssteigerung des Gehirns zu erlangen war. Außerdem überprüfte man, ob sich die Ergebnisse, die man am hypothermen Gehirn erhalten hatte, auf durch Sauerstoffmangel zurückzuführende Hirnläsionen beim Menschen übertragen ließen. Es erwies sich, daß eine funktionelle Aktivierung einer Nervenzelle nach einer Schädigung durch mangelnde Sauerstoffzuführung möglich ist. Hydergin® konnte also sowohl nach einem hypovolämischen Schock[11] als auch nach einer zeitweiligen Unterbrechung der Blutzufuhr zum Gehirn[12] angewendet werden. Bei den EEG-Untersuchungen stellte sich alsbald ein normaler Verlauf der Hirnstromkurve ein[13].

Desweiteren konnte pharmakologisch belegt werden, daß Hydergin® über eine vielversprechende Wirkung bei Sauerstoffmangelschäden des Gehirns verfügt, die durch Schlaganfall (Hirninfarkt) und Streifungsschäden des Gehirns (transiente ischämische Attacken) verursacht wurden[14]. In klinischen Untersuchungen, die allerdings erst Anfang der achtziger Jahre gemacht wurden, konnte eine Beeinflussung bestimmter Symptome bei Patienten mit Alzheimer Krankheit gezeigt werden. Hierzu wurden die Erregungspotentiale am Gehirn bei senil dementen Patienten gemessen[15].

1.4. Ökonomische Aspekte des Hydergin®

Das Ersteinführungsland für Hydergin® war die Schweiz. Schon im ersten Monat nach seiner Lancierung konnte ein Umsatz von 45.000 Franken erzielt werden. In den nachfolgenden Monaten steigerten sich die Verkäufe trotz der anfänglichen Einstockung des Produkts beim Großhandel weiter. Im vierten Monat nach seiner Einführung konnte

---

10 Meier-Ruge W.; in: Verhandlungen der deutschen Gesellschaft für Pathologie 52 (1968), 216.

11 Hirnschädigung durch plötzlichen Blutverlust.

12 Temporäre Ischämie .

13 Matejcek M., Devos J.E., Kellaway, P., Petersen, I. (Hrsg.); in: Quantitative analytic studies in epilepsy. Raven Press, New York 1976, 183.

14 Emmenegger, H., Gygax, P., Musil, J., Walliser, C.; in: International Research Communications (73-4) 7-10-4.

15 Breeze, R.-W. et al.; in: International Journal of geriatric Psychiatry 3 (1988), 263.

Hydergin® in der Schweiz mit 75.000 Franken Monatsumsatz das hohe Niveau von Bellergal® erreichen, das sich schon seit 1934 auf dem Markt befand und den Hauptumsatzträger der Schweizer Sandoz-Produktpalette darstellte.

Von den Vorzügen der therapeutischen Anwendung des Hydergin® wurde Sandoz durch die Ärzteschaft innerhalb kurzer Zeit in Kenntnis gesetzt. In einem Verwaltungsratsprotokoll ist zu lesen: "Wir vernahmen kürzlich aus der Berner Poliklinik, dass mit Herzinfarkt eingelieferte Patienten, die aller Voraussicht nach an Herzschwäche hätten sterben müssen, mit Hydergin am Leben erhalten werden konnten. Auch die Wirkung auf den hohen Blutdruck, an dem sehr viele ältere Leute leiden, ist in zahlreichen Fällen sehr günstig"[16].

Anfragen über Informationen zum Hydergin® von Ärzten aus dem Ausland, wo sich das Präparat noch nicht im Handel befand, waren zahlreich. Deshalb bezog die ausländische Ärzteschaft Hydergin® in großen Mengen direkt aus der Schweiz.

Diese positive Resonanz ließ schon zu Beginn der Vermarktung von Hydergin® in der Schweiz auf große Erfolge auch in anderen Staaten schließen, sobald dort die klinischen Einführungsarbeiten abgeschlossen sein würden. Allerdings stellte sich auch das Problem der mangelnden Rohstoffversorgung mit Mutterkorn sowie der ausgeschöpften betriebseigenen Kapazitäten der technischen Einrichtungen.

Bis zu jenem Zeitpunkt hatte Sandoz die Grundstoffe für die Herstellung von Mutterkornpräparaten aus portugiesischer Mutterkorndroge gewonnen. Wegen einer Trockenperiode wuchs dort im Jahr 1949 fast kein Mutterkorn, was zu einer beträchtlichen Erhöhung der Verkaufspreise für die Mutterkorndroge dieser Provenienz führte. Doch trotz einer Preissteigerung von zehn Franken im Jahr 1948 auf 55 Franken im Herbst 1949 war keine Ware verfügbar. Daher kam es Sandoz sehr zustatten, daß von den im Jahr 1948 eingekauften 70 Tonnen an portugiesischem Mutterkorn noch ungefähr 20 Tonnen vorrätig waren, was der Firma die Herstellung von etwa zehn bis zwölf Kilogramm Reinsubstanz an Hydergin® erlaubte. Aus dieser Abhängigkeit wollte sich die Firma durch einen umfangreichen Anbau von Mutterkorn in der Schweiz befreien. Zudem wurde ein Angestellter der Einkaufsabteilung nach Portugal und Nordspanien entsandt, um dort weitere geeignete Zukaufquellen an Mutterkorn zu erschließen.

Ein anderer Faktor, der sich für die Einführung von Hydergin® in etlichen Ländern hemmend bemerkbar machte, wurde durch die Beschränkung von Kontingenten verursacht. Vom ökonomischen Standpunkt her war es wenig sinnvoll, Kontingente für Hydergin® zu Lasten bereits bestens eingeführter Präparate zu beanspruchen. Allerdings konnten nicht nur die produzierten Mengen an Hydergin® spielend in den Staaten mit freiem

16 Vgl. FA C-102, Verwaltungsratsprotokoll vom 15. September 1949.

Handelsverkehr abgesetzt werden; die Einführung auf wichtigen Exportmärkten mußte infolge erschöpfter Produktionskapazitäten sogar erhebliche Verzögerungen erleiden. Aus diesem Grund faßte die Firmenleitung den Entschluß, Hydergin® vorläufig an devisenarme Länder nur in Form von zusätzlichen Kontingenten abzugeben.

Der für Sandoz im Jahr 1953 drittgrößte Absatzmarkt für Pharmazeutika war Westdeutschland mit einem damaligen Geschäftsvolumen von 15,4 Millionen Franken. Doch schien die Zukunft für die Firma zu jenem Zeitpunkt nicht gerade günstig zu sein. Es zeigte sich gerade in Deutschland, " (...) dass wir auch auf dem Gebiet der Mutterkornalkaloide und der Herzglykoside, auf dem wir Pionierarbeit geleistet haben und eine Vorrangstellung einnehmen, mit einer Konkurrenzierung zu rechnen haben, die sich in steigendem Masse in allen Absatzgebieten fühlbar machen wird."[17]

Um auf den internationalen Pharmamärkten die führende Stellung dennoch behaupten zu können und in den noch nicht genügend erschlossenen Ländern auszubauen, sah die Direktion der Sandoz sich zu Preiskonzessionen auf der einen und zu vermehrten Aufwendungen für Verkaufsförderungsmaßnahmen auf der anderen Seite genötigt. Von dieser Situation war auch das Hydergin® betroffen, dessen Preis beträchtlich gesenkt wurde. Mit einer Schmälerung der Gewinnmarge mußte die Firma in Zukunft auch auf dem Sektor der anderen Mutterkornalkaloide rechnen.

Im Jahr 1955 verschärfte sich die Konkurrenzlage für Hydergin® beträchtlich. Der Absatz dieses Sandoz-Präparates wurde durch die Einführung von Produkten, die das Rauwolfia-Alkaloid Reserpin als Inhaltsstoff besaßen, schwer beeinträchtigt. Speziell das CIBA-Produkt Serpasil®[18] bereitete Sandoz einiges Kopfzerbrechen, war doch im Sandoz-Verkaufsbericht des 1. Quartals 1955 zu lesen:" Das Präparat [Serpasil®] ist indessen bei einigen spezifischen Indikationsgebieten überlegen"[19]. Durch den zunehmenden Markteintritt diverser Firmen mit Rauwolfia-Alkaloiden, die auch von Sandoz schon seit einiger Zeit erforscht und synthetisch bearbeitet wurden[20], mußte der Preis von Hydergin® erneut in zahlreichen Ländern reduziert werden. Zustatten kam gerade in dieser Situation die Erweiterung des Anwendungsbereiches für Hydergin®. Diese erlaubte seit 1956 auch die Applikation in der Chirurgie[21].

Im Jahr 1962 war Hydergin® hinsichtlich seines Umsatzes nach Melleril®, Bellergal®, Optalidon® und Cedilanid® die fünftgrößte pharmazeutische Spezialität im Sandoz-Konzern und wies eine stattliche Zuwachsrate gegenüber dem Vorjahr von 18,3 % auf.

---

17 FA C-102, Verwaltungsratsprotokoll vom 9. März 1954.
18 Das Antihypertonikum Serpasil® enthält als Inhaltsstoff das Reserpin.
19 Vgl. FA C-102, Verwaltungsratsprotokoll vom 8. März 1956.
20 Vgl. FA C-102, Beilage 6 zum Verwaltungsratsprotokoll vom 19. September 1957.
21 Vgl. FA C-835.1, Sandoz Geschäftsbericht 1956.

Hydergin® hielt somit einen Anteil von 5,3 % am gesamten Sortiment der Pharmazeutischen Abteilung. Vor allem auf dem für das Unternehmen damals an viertwichtigster Stelle stehenden italienischen Pharmamarkt konnte der Hydergin®-Umsatz hauptsächlich dank der Indikation in der Geriatrie bei cerebralen Durchblutungsstörungen eine Steigerung um mehr als das Doppelte erreichen.

Der Verkauf von Hydergin® entwickelte sich ab 1963 auch international mit ungeheurer Dynamik. Die jährlichen Zuwachsraten von durchschnittlich 37,5 % katapultierten Hydergin® innerhalb kurzer Zeit von 18,9 Millionen Franken im Jahr 1962 auf einen Umsatz von 235,4 Millionen Franken im Jahr 1970. Diese immense Steigerung ließ Hydergin® zum Hauptumsatzträger des Konzerns werden, obwohl die Verkaufsentwicklung der anderen nach Umsatz führenden Präparate ebenfalls weit über dem Durchschnitt im Verhältnis zu den Mitbewerbern lag. Selbst von 1970 bis 1975, als die Umsätze an Hydergin® sich auf sehr hohem Niveau eingependelt hatten, lag die jährliche Steigerungsrate immer noch bei einem Sechstel. Nicht zuletzt wurden diese hervorragenden Umsatzergebnisse durch die geschickte Anwendung des Marketings zur Verkaufsförderung von Hydergin® ermöglicht.

Gerade in Ländern des romanischen Sprachraumes, vor allem in Frankreich, Belgien und Italien, wurde die Verträglichkeit von Hydergin® gegenüber anderen Produkten zur Behandlung der gleichen Indikationsgebiete, im speziellen der Rauwolfia-Alkaloide, von der Ärzteschaft besonders geschätzt[22]. Fast die Hälfte des Umsatzes des Sandoz-Konzerns mit Hydergin® wurde 1964 in Frankreich erzielt. Nicht nur innerhalb der französischen Tochtergesellschaft der Sandoz, sondern auch auf dem französischen Pharmamarkt war Hydergin® 1966 sowie in den nachfolgenden Jahren das umsatzstärkste Arzneimittel. Bei Zurechnung der Hydergin®-Umsätze in Italien, Deutschland und Belgien wurden in diesen vier Ländern sogar über 80 % des Gesamtergebnisses abgedeckt[23].

Diese Umsatzzunahme an Hydergin® bedingte eine erhöhte Auslastung der galenischen Fabrikation im Basler Stammhaus. Dem derart angewachsenen Hydergin®-Produktionsvolumen kamen kontinuierliche Feinarbeiten und Rationalisierungsmaßnahmen zustatten. Durch Züchtung eines hochwertigen Mutterkornstammes und Feldanbau im schweizerischen Emmental gelang es Sandoz 1965, vom Zukauf der Droge gänzlich unabhängig zu werden. Deshalb sah sich das Unternehmen auch kaum mehr mit größeren Schwankungen hinsichtlich des Preises und des Gehalts an Wirksubstanz in der Mutterkorndroge konfrontiert. Auch waren mittlerweile die Produktionsbetriebe in der Lage, die Aufarbeitung zu Reinalkaloiden von ursprünglichen Kleinansätzen auf die Herstellung

---

22 Vgl. FA C-102, Beilage 5 zum Verwaltungsratsprotokoll vom 11. März 1964.

23 Vgl. FA C-102, Beilage 4 zum Verwaltungsratsprotokoll vom 17. September 1964.

wesentlich größerer Chargen umzustellen. Durch diese Rationalisierung konnte eine weitere Preisreduzierung des Herstellprozesses erreicht werden[24].

Hydergin® war 1965 umsatzmäßig betrachtet zur zweitgrößten pharmazeutischen Spezialität innerhalb der Sandoz avanciert und hatte einen Anteil von zehn Prozent an den gesamten Verkäufen der Pharmazeutischen Abteilung. Im Gegensatz zum umsatzstärksten Präparat, dem Neuroleptikum Melleril®, das über 50 % seiner Verkäufe in den USA, gefolgt von Japan, Frankreich, Kanada und Großbritannien, also vorwiegend im angelsächsischen Sprachraum, auf sich vereinigen konnte, war für Hydergin® das Hauptabsatzgebiet Kontinentaleuropa. Um auch in den umsatzschwächeren Regionen Fuß zu fassen, wurde im Jahr 1965 mit Hydergin® ein Pilotprojekt für die Vereinigten Staaten gestartet. Man erwartete durch dieses eine zuverlässige Prognose der künftigen Umsätze in den USA. Nach dem erfolgreichen Abschluß der Studie im Sommer 1966 in dem als Testmarkt ausgewählten nordamerikanischen Bundesstaat New Jersey wurde Hydergin® dann im ganzen Land beworben[25].

Im Jahr 1970 wurde der Verkaufserfolg von Hydergin® von einer neuen Richtlinie der amerikanischen Gesundheitsbehörde, der Federal Drug Administration (FDA), beeinträchtigt. Diese hatte verfügt, daß sie alle auf dem nordamerikanischen Markt befindlichen pharmazeutischen Präparate, die vor 1962 erstmals eingeführt worden waren, hinsichtlich der vier Gruppen 'effective', 'probably effective', 'possibly effective' und 'ineffective' untersuchen würde. Hierbei wurden die ursprünglichen Registrierungsunterlagen mit strengen Maßstäben auf die neuesten Erkenntisse hin begutachtet. Somit sollte Hydergin® von der FDA nur auf Grund der 1966 in den USA eingereichten Dokumente überprüft werden. Die Einteilung eines Medikamentes durch die FDA in die Kategorie 'possibly effective' oder gar 'ineffective' hätte natürlich nicht nur allein auf die Geschäftsentwicklung in den USA, sondern auch auf diejenige in anderen Ländern negative Auswirkungen gehabt. Um dies zu verhindern, reichte Sandoz sofort die neuesten Ergebnisse und Erkenntnisse aus nachfolgend abgeschlossenen Hydergin®-Studien sowohl für die Indikation Hypertonie als auch für die Indikation der Geriatrie, welche die wichtigere für das Unternehmen darstellte, bei der FDA ein. Insgesamt umfaßte diese etwa 200.000 Seiten[26]. Doch der FDA-Entscheid über die Einstufung des Hydergin® als symptomatisch wirksam ("effective") sollte sich noch einige Zeit hinziehen. Nachdem er etliche Male verschoben wurde, erfolgte er Ende 1973.[27]

---

24 Vgl. FA C-102, Beilage 3 zum Verwaltungsratsprotokoll vom 4. März 1965.
25 Vgl. FA C-102, Beilage 5 zum Verwaltungsratsprotokoll vom 17. März 1966.
26 Vgl. FA C-102, Verwaltungsratsprotokoll vom 29. April 1971, 3317.
27 Zur Umsatzentwicklung von Hydergin® siehe Tabelle 9 im Anhang.

VIII. ZUSAMMENFASSUNG

Die 1886 in Basel gegründete Firma konnte sich infolge des technischen und kaufmännischen Geschickes ihrer beiden Inhaber Kern und Sandoz zügig aus den kleinen Verhältnissen einer Färberei und eines bescheidenen Laboratoriums entwickeln. Nach Kerns frühzeitigem Tode gelang es, Sandoz gegen drohende Schwierigkeiten durch ausländische Patentprozesse zu stabilisieren. Der Beitritt zu verschiedenen Konventionen brachte nach der Jahrhundertwende eine Festigung der Marktstellung. Der Erste Weltkrieg bedeutete zwar eine Isolierung der Firma, jedoch konnte dies durch verstärkte Auslandsgeschäfte mit neutralen Staaten wettgemacht werden. Infolge des zunehmenden Protektionismus sah sich die inzwischen eingerichtete Pharmadivision der Sandoz AG in den zwanziger Jahren zur Einrichtung von Produktions- und Vertriebsstätten im Ausland gezwungen. Die einsetzende Weltwirtschaftskrise vermochte recht wenig zu ändern, denn durch die verstärkte Forschung gerade auf dem Gebiet des Mutterkorns konnte Sandoz auf neue Präparate zurückgreifen.

In den kriegsgeschwächten Ländern Mitteleuropas setzte Mitte der fünfziger Jahre der wirtschaftliche Aufschwung ein, so daß die Pharmazeutische Abteilung an ihre früheren Erfolge anknüpfen konnte. Die wachsende Vielfalt der Präparate stellte immer höhere Ansprüche an die wissenschaftliche Vorbildung der Mitarbeiter. Gleichzeitig gelang es Sandoz auch im Pharmabereich, durch Akquisitionen Marktchancen zu wahren und neue Forschungsressourcen im In- und Ausland zu erschließen.

Umorganisationen Ende der sechziger Jahre bewirkten eine Rationalisierung des Betriebsablaufs, so daß die 1973 einsetzende Erdölkrise Sandoz nicht in eine ruinöse Wirtschaftslage brachte. Die Öffnung Osteuropas und der für 1993 angekündigte Europäische Wirtschaftsraum von EWG und EFTA ermöglichen einem innovativen Unternehmen neue Perspektiven, die von der Sandoz Pharma AG weitreichend genutzt werden.

IX. ANHANG

Tab. 1. Meilensteine der Pharmazeutischen Abteilung der Sandoz bis 1970

1917	Gründung der Pharmazeutischen Abteilung durch Prof. A. Stoll.
1918	Stoll gelingt die Isolierung des Mutterkorn-Alkaloids Ergotamin.
1921	Das erste pharmazeutische Präparat, das Gallensteinmittel Felamin®, kommt auf den Markt. Einführung des Ergotaminpräparates Gynergen®, eines Meilensteins in der Geburtshilfe.
1922	Prof. E. Rothlin wird Leiter des Pharmakologischen Labors und der Klinischen Forschung.
1927	Mit Calcium-Sandoz® wird die praktische Grundlage der modernen Calciumtherapie geschaffen.
1920 - 40	Das Forschungsgebiet der herzwirksamen Glykoside, darunter vor allem die Wirkstoffe des Fingerhutes, werden bearbeitet.
1934	Einführung von Bellergal® zur Beeinflussung nervöser Störungen.
1935	Ein weiterer Abkömmling des Mutterkorns, das Ergobasin, wird isoliert.
1938	Das Herzmittel Cedilanid® kommt auf den Markt.
1943	Dr. A. Hofmann entdeckt im Rahmen seiner Untersuchungen über Mutterkornalkaloide die Wirkung von Lysergsäurediäthylamid (LSD).
1949	Hydergin®, ein Medikament zur Behandlung verschiedener Alterserscheinungen aufgrund verminderter Hirnfunktion, wird eingeführt.
1953	Einführung von Cafergot®, einem Kombinationspräparat zur Behebung und Verhinderung nervöser Kopfschmerzen.
1956	C. M. Jacottet übernimmt die Leitung der Pharmaabteilung.
1958	Das für die Psychiatrie bestimmte Melleril® findet große Beachtung.
1960	Einführung von Deseril®, einem weiteren Kombinationspräparat zur Behebung und Verhinderung nervöser Kopfschmerzen.
1961	Totalsynthese des Ergotamins.
1963	Übernahme der Biochemie, Kundl. Einstieg in das Antibiotika-Geschäft.

1967 50-jähriges Jubiläum der Pharmaabteilung. Zusammenschluß mit der Wander AG, Bern. Gründung des SFI-Wien (Sandoz Forschungsinstitut Ges.m.b.H). Dr. Y. Dunant übernimmt die Leitung der Pharmaabteilung. Das Antiallergikum Tavegyl® wird eingeführt.

1969 Diversifikation in das Gebiet der Hospital Supplies.

1970 Das SFI-Wien wird in Betrieb genommen. Einführung von Visken® zur Behandlung von Herzkrankheiten.

Tab. 2: Die wichtigsten Schritte der Mutterkornforschung bei Sandoz

1. Isolierung und Reindarstellung der Alkaloide

1917	Gründung der Pharmazeutischen Abteilung durch Prof. A. Stoll.
1918	A. Stoll isoliert erstmals das chemisch einheitliche Mutterkornalkaloid Ergotamin[1].
1935	Die Sandoz-Forscher A. Stoll und E. Burckhardt isolieren gleichzeitig mit drei unabhängig voneinander arbeitenden Instituten das Ergobasin (identisch mit dem Ergometrin)[2].
1937	A. Stoll und E. Burckhardt isolieren das Ergocristin aus iberischem Mutterkorn[3].
1943	A. Stoll und A. Hofmann gelingt der Nachweis, daß Ergotoxin kein einheitliches Alkaloid darstellt, sondern aus den Bestandteilen Ergocristin, Ergocornin und Ergokryptin besteht[4].
1954	A. Stoll et al. isolieren das Penniclavin aus dem Mutterkorn der afrikanischen Kolbenhirse (Pennisetrum typhoideum Rich.)[5].
1957	A. Hofmann et al. isolieren die Clavin-Alkaloide Isopenniclavin, Setoclavin, Isosetoclavin und Chanoclavin aus dem Pilzstamm Pennisetum Typhoideum Rich[6].
1961	A. Hofmann isoliert Lysergol aus den Samen von Rivea corymbosa L. Hall. f.[7].
1962	W. Schlientz et al. stellen im Roggenmutterkorn Ergostin und Ergostinin in geringer Menge fest[8].

1 Stoll, Arthur; in: Verhandlungen der schweizerischen naturforschenden Gesellschaft 1920, 190.
Stoll, Arthur; in: Schweizerische Apotheker-Ztg. 60 (1922), 341.
Stoll, Arthur; in: Schweizerische Apotheker-Ztg. 60 (1922), 358.
Stoll, Arthur; in: Schweizerische Apotheker-Ztg. 60 (1922), 374.
Stoll, Arthur; in: Helvetica chimica Acta 28 (1945), 1283.

2 Stoll, Arthur und Ernst Burckhardt; in: Comptes Rendus de l' Académie des Sciences (Paris) 200 (1935), 1680.
Stoll, Arthur und Ernst Burckhardt; in: Bulletin des Sciences pharmacologiques 42 (1935), 257.

3 Stoll, Arthur und Ernst Burckhardt; in: Hoppe-Seyler's Zeitschrift der physiologischen Chemie 250 (1937), 1.

4 Stoll Arthur und Albert Hofmann; in: Helvetica chimica Acta 26 (1943), 1570.

5 Stoll, Arthur et al.; in: Helvetica chimica Acta 37 (1954), 1815.

6 Hofmann, Albert et al.; in: Helvetica chimica Acta 40 (1957), 1358.

7 Hofmann, Albert; in: Planta medica [Stuttgart] 9 (1961), 354.

8 Schlientz, W. et al.; in: Helvetica chimica Acta 45 (1962).

2. Strukturaufklärung und Synthese der Alkaloide

1937 A. Stoll und A. Hofmann gelingt erstmals die Partialsynthese eines Mutterkornalkaloides, des Ergobasins aus Lysergsäure und L(+)-2-Aminopropanol[9].

1949 A. Stoll, A. Hofmann und F. Troxler stellen die endgültige Lysergsäureformel auf und klären die Lysergsäure / Isolysergsäure-Isomerie auf[10].

1950 A. Stoll, J. Rutschmann und W. Schlientz stellen die optisch aktiven Dihydrolysergsäuren durch Totalsynthese her[11].

1951 A. Stoll, A. Hofmann und Th. Petrzilka stellen die vollständige Konstitutionsformel der Peptidalkaloide der Ergotamin- und Ergotoxin-Gruppe (Cyclol-Formel) auf[12].

1954 A. Stoll et al. klären die Stereochemie der Lysergsäure und Dihydrolysergsäure auf[13].

1959 H.G. Leemann und S. Fabbri ermitteln die absolute Konfiguration der Lysergsäure auf physikalischem Weg[14], die 1962 durch P. Stadler und A. Hofmann durch chemische Verknüpfung bestätigt wurde[15].

1961 A. Hofmann, A.J. Frey und H. Ott gelingt die vollsynthetische Darstellung von Ergotamin[16].

9 Stoll, Arthur und Albert Hofmann; in: Hoppe-Seyler's Zeitschrift der physiologischen Chemie 251 (1938), 155.

10 Stoll, Arthur, Hofmann, Albert und F. Troxler; in: Helvetica chimica Acta 32 (1949), 506.

11 Stoll, Arthur, Rutschmann, J. und W. Schlientz; in: Helvetica chimica Acta 33 (1950), 375.

12 Stoll, Arthur, Hofmann, Albert und Th. Petrzilka; in: Helvetica chimica Acta 34 (1951), 1544.

13 Stoll, Arthur, Petrzilka, Th., Rutschmann, J. Hofmann, Albert und H. Günthard; in: Helvetica chimica Acta 37 (1954), 2039.

14 Leemann, H.G. und S. Fabbri; in: Helvetica chimica Acta 42 (1954), 2696.

15 Stadler, P.A. und Albert Hofmann; in: Helvetica chimica Acta 45 (1962), 2005.

16 Hofmann, Albert, Frey, A.J. und H. Ott; in: Experienta [Basel] 17 (1961), 206.

Tab. 3: Registrierungsjahre ausgewählter Präparate

1921	Felamin®	1958	Melleril®
1921	Gynergen®	1958	Triaminic®
1921	Ipecopan®	1960	Deseril®
1922	Scillaren®	1960	Digitoxin®
1923	Bellafolin®	1960	Digoxin®
1924	Lobelin®	1960	Palerol®
1925	Allisatin®	1960	Torecan®
1927	Belladenal®	1961	Intestopan®
1927	Calcium-Sandoz®	1961	Strophanestin®
1927	Sandoptal®	1961	Vasopressin®
1928	Optalidon®	1962	Calcium C 1000®
1929	Panthesin®	1962	Octapressin®
1933	Calcibronat®	1962	Ponalid®
1933	Digilanid®	1963	Brinaldix®
1934	Bellergal®	1963	Proresid®
1935	Raphabil®	1963	Sanredo®
1938	Cedilanid®	1963	Theraflu®
1938	Ipedrin®	1964	Calcium-Sandoz forte®
1938	Strophosid®	1966	Sandoven®
1941	Pursennid®	1966	Tavegyl®
1946	Dihydergot®	1966	Tonopan®
1946	Methergin®	1967	Lindanil®
1947	Mesantoin®	1967	Sandofebril®
1948	Hydergin®	1968	Brinerdin®
1949	Ferronicum®	1968	Entumin®
1951	Plexonal®	1968	Imagotan®
1952	Fiorinal®	1970	Leponex®
1953	Acylanid®	1970	POR-8®
1953	Cafergot®	1970	Sandomigran®
1953	Sandosten®	1970	Sandopart®

Tab. 4: Historische Entwicklung des Umsatzes (in Mio. Franken) nach Produktgruppen in den Jahren 1925 bis 1955[17]

a) Mutterkornprodukte:

Jahr	Mio. SFr
1925	0,2
1938	5,5
1945	10,6
1951	44,5
1952	51,0
1953	57,0
1954	63,3
1955	63,1

b) Calcium- und Eisenpräparate:

1925	-
1938	7,7
1945	18,9
1951	26,2
1952	28,0
1953	30,5
1954	30,1
1955	30,5

c) Schmerzstillende, Beruhigungs- und Schlafmittel:

1925	0,1
1938	4,5
1945	9,0
1951	22,9
1952	26,0
1953	30,0
1954	32,8
1955	36,9

17 Vgl. FA C-102, Verwaltungsratsprotokoll vom 6. März 1952.

d) Herzglykoside:

1925	0,2
1938	1,5
1945	2,6
1951	10,7
1952	13,0
1953	14,5
1954	16,0
1955	18,6

e) Übrige Produkte (Mittel gegen Krankheiten des Verdauungstraktes, Hustenmittel und Lobelin)

1925	0,5
1938	1,9
1945	3,9
1951	7,7
1954	7,8
1955	9,2

Tab. 5: Umsatzentwicklung pro Land

Prozentanteil pro Land am Gesamtumsatz der Pharmazeutischen Abteilung im Jahr 1963:

Rang	Land	Prozentanteil	kumuliert
1.	USA	23,7	23,7
2.	Frankreich	14,1	37,8
3.	Deutschland	9,0	46,8
4.	Italien	8,9	55,7
5.	Spanien	4,4	59,1
6.	Indien	3,9	64,0
7.	Japan	3,1	67,1
8.	Schweiz	2,3	69,4
9.	Brasilien	2,0	71,4
10.	Kanada	1,9	73,3
11.	England	1,9	75,2
12.	Mexiko	1,7	76,9
13.	Schweden	1,7	78,6
14.	Venezuela	1,6	80,2
15.	Belgien	1,6	81,8
16.	Finnland	1,2	83,0
17.	Österreich	1,1	84,1
18.	Australien	1,0	85,1
19.	Türkei	1,0	86,1
20.	Argentinien	1,0	87,1
21.	Pakistan	1,0	88,1
22.	Chile	0,9	89,0
23.	Portugal	0,8	89,8
24.	Ägypten	0,8	90,6
25.	Kolumbien	0,7	91,3
26.	Peru	0,6	91,9
27.	Holland	0,6	92,5
28.	Dänemark	0,5	93,0
29.	Iran	0,5	93,5
30.	Griechenland	0,5	94,0
	Übrige Länder	6,0	100,0

Tab. 6: Umsatzanteil der einzelnen Spezialitäten
Anteil der einzelnen Spezialität am Gesamtumsatz der Pharmazeutischen Abteilung im Jahr 1963:

Rang	Präparat	Prozentanteil	kumuliert
1.	Melleril®	18,4	18,4
2.	Bellergal®	10,0	28,4
3.	Optalidon®	9,4	37,8
4.	Cedilanid®	7,9	45,7
5.	Hydergin®	6,3	52,0
6.	Cafergot®	4,1	56,1
7.	Calcibronat®	4,0	60,1
8.	Methergin®	3,7	63,8
9.	Calcium + Vit. C®	3,7	67,5
10.	Fiorinal®	3,4	70,9
11.	Deseril®	3,4	74,3
12.	Belladenal®	2,8	77,1
13.	Calcium®	2,3	79,4
14.	DHE®	1,7	81,2
15.	Sandosten + Calcium®	1,6	82,7
16.	Plexonal®	1,5	84,2
17.	Pursennid®	1,4	85,6
18.	Ipedrin®	1,3	86,9
19.	Gynergen®	1,2	88,1
20.	Torecan®	1,1	89,2
21.	Syntocinon®	1,1	90,3
22.	Ferronicum®	1,0	91,3
23.	Palerol®	0,9	92,2
24.	Acylanid®	0,8	93,0
25.	Scillaren®	0,8	93,8
26.	Mesantoin®	0,7	94,5
27.	Intestopan®	0,5	95,0
28.	Bellafolin®	0,4	95,4
29.	Sandosten®	0,3	95,7
30.	Digilanid®	0,3	96,0
	Übrige Präparate	4,0	100,0

Mit den fünf umsatzstärksten Präparaten erzielte Sandoz mehr als die Hälfte des Gesamtumsatzes.

Tab. 7: Entwicklung von Sandoz Nürnberg seit 1924

a) Umsatzentwicklung von Sandoz Nürnberg seit 1924 (in Tausend)

Jahr	Umsatz (Reichsmark)	Jahr	Umsatz (Deutsche Mark)
1924	158		
1925	356	1948*	2.313
1926	665	1949	7.223
1927	971	1950	11.618
1928	1.234	1951	13.540
1929	1.516	1952	14.573
1930	1.658	1953	14.820
1931	1.629	1954	14.814
1932	1.596	1955	15.555
1933	1.729	1956	16.860
1934	2.087	1957	19.150
1935	2.616	1958	21.593
1936	2.890	1959	24.564
1937	3.330	1960	26.386
1938	4.200	1961	29.338
1939	4.920	1962	31.586
1940	5.125	1963	34.861
1941	7.936	1964	40.783
1942	8.800	1965	50.512
1943	8.132	1966	58.693
1944	6.038	1967	66.174
1945	1.315	1968	69.702
1946	1.865	1969	81.582
1947	1.934	1970	92.804

* Währungsreform in der Bundesrepublik Deutschland am 20. Juni 1948

SANDOZ NÜRNBERG

Umsatzentwicklung von 1924 bis 1970

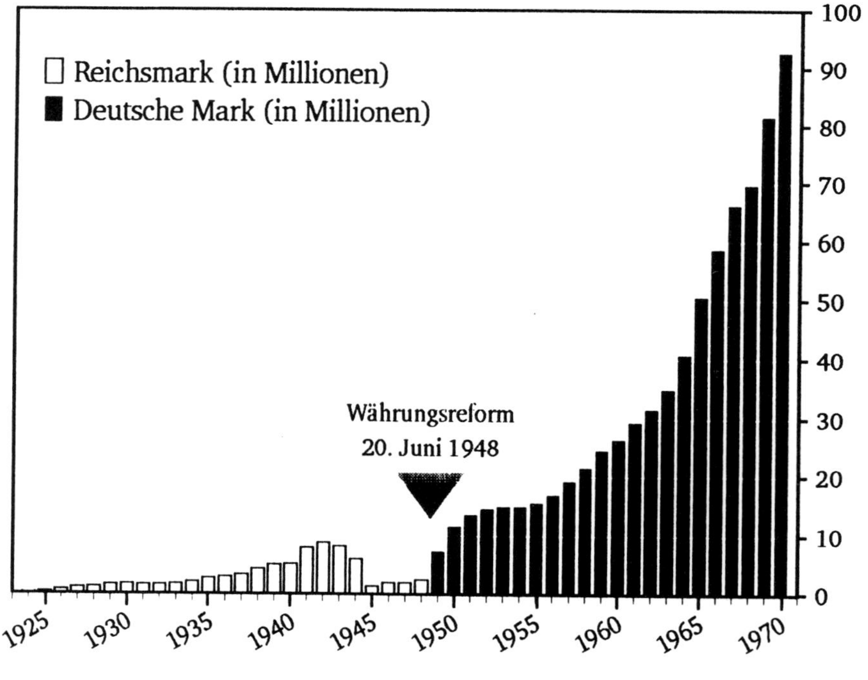

b) Personalentwicklung von Sandoz Nürnberg

Jahr	Anzahl Mitarbeiter	Jahr	Anzahl Mitarbeiter
1926	54	1963	452
1942	300	1964	480
1945	44	1965	507
1951	219	1966	573
1958	302	1967	632
1959	328	1968	632
1960	368	1969	709
1961	429	1970	774
1962	423		

Tab. 8: Entwicklung von Sandoz Italien

a) Umsatzentwicklung von Sandoz Italien seit 1923

Jahr	Umsatz Mio. Lira	Jahr	Umsatz Mio. Lira
1924	1,1	1950	1.265,7
1925	2,9	1955	4.997,1
1930	5,6	1960	8.920,1
1935	12,7	1965	14.349,1
1940	29,3		
1945	35,8		

b) Personalentwicklung von Sandoz Italien seit 1922

Jahr	Anzahl Mitarbeiter	Jahr	Anzahl Mitarbeiter
1922	10	1950	351
1939	160	1960	496
1947	300	1970	807

Tab. 9: Hydergin®-Umsätze seit Einführung (1949-1970) in Mio. Franken

Jahr	Konzernumsatz	Umsatz an Hydergin®	Anteil (in %)
1949	242	0,6	0,2
1950	283	1,1	0,4
1951	317	3,6	1,1
1952	313	7,7	2,5
1953	349	9,1	2,6
1954	372	7,7	2,1
1955	407	5,8	1,4
1956	442	6,7	1,5
1957	488	8,8	1,8
1958	494	9,9	2,0
1959	563	12,1	2,1
1960	633	13,4	2,1
1961	731	15,9	2,2
1962	796	18,9	2,4
1963	915	26,3	2,9
1964	1.077	40,0	3,7
1965	1.243	60,5	4,9
1966	1.401	89,1	6,4
1967	1.977	110,0	5,6
1968	2.194	143,1	6,5
1969	2.483	186,0	7,5
1970	2.751	235,4	8,6

HYDERGIN®

Umsatz (1949-1970)

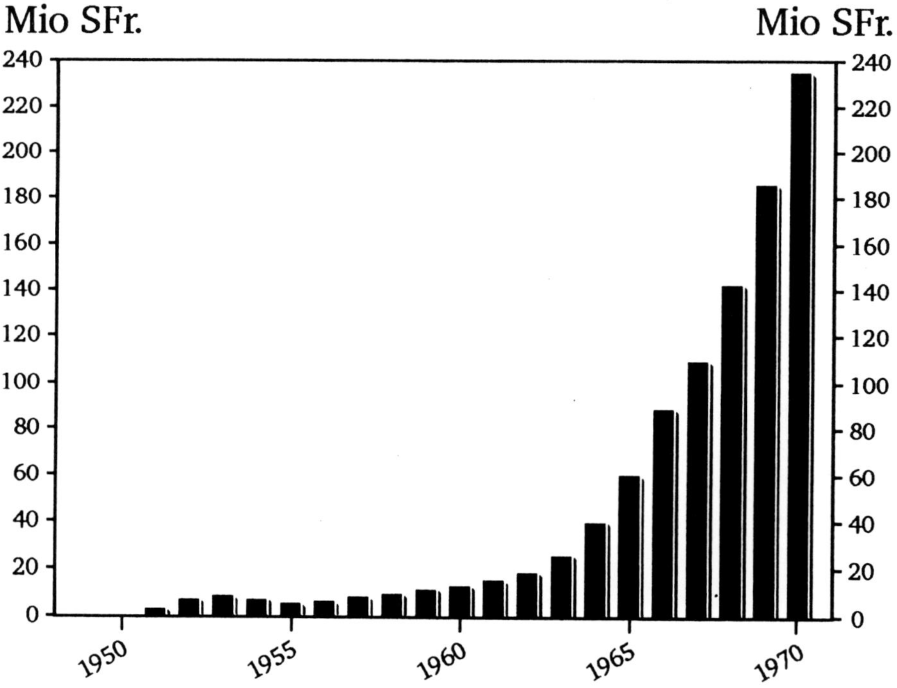

Tab. 10: Umsatz unterteilt nach Departements (1899 bis 1970)

a) 1899 bis 1932: Angaben in Tausend Schweizer Franken

Jahr	Konzern	Farben	%	Pharma	%	Chemikalien	%
1899	3115	*	*	*	*	-	-
1900	3211	*	*	*	*	-	-
1901	3351	*	*	*	*	-	-
1902	3602	3074	85,3	527	14,6	-	-
1903	3052	2497	81,8	555	18,2	-	-
1904	3177	2685	84,5	492	15,5	-	-
1905	3215	2801	87,1	414	12,9	-	-
1906	3173	2944	92,8	229	7,2	-	-
1907	3088	2856	92,5	232	7,5	-	-
1908	3000	2599	86,6	392	13,1	-	-
1909	3558	3100	87,1	458	12,9	-	-
1910	3974	3212	80,8	762	19,2	-	-
1911	4137	3269	79,0	868	21,0	-	-
1912	4281	3510	82,0	771	18,0	-	-
1913	4614	3862	83,7	752	16,3	-	-
1914	6060	5448	89,9	612	10,1	-	-
1915	14173	13480	95,1	693	4,9	-	-
1916	29500	28667	97,2	833	2,8	-	-
1917	37015	34300	92,7	2700	72,9	-	-
1918	37000	32200	87,0	4800	13,0	-	-
1919	43000	*	*	*	*	-	-
1920	52000	*	*	*	*	-	-
1921	16750	*	*	*	*	-	-
1922	19000	*	*	70	0,4	-	-
1923	21000	18800	89,5	210	1,0	-	-
1924	25800	*	*	570	2,2	-	-
1925	27500	20300	73,8	1020	3,7	1400	5,1
1926	29200	21500	73,6	1730	5,9	2100	7,2
1927	33900	25600	75,5	2600	7,7	2800	8,3
1928	40600	30800	75,9	3830	9,4	3100	7,6
1929	43200	33000	76,4	4900	11,3	-	-
1930	41400	29100	70,3	6300	15,2	3500	8,5
1931	41700	28600	68,6	7000	16,8	4200	10,1
1932	47000	34100	72,6	7060	15,0	5300	11,3

* Im Firmenarchiv der Sandoz AG existieren keine Umsatzangaben.

UMSATZENTWICKLUNG
DES SANDOZ-GESAMTKONZERNS

(1899 bis 1932)

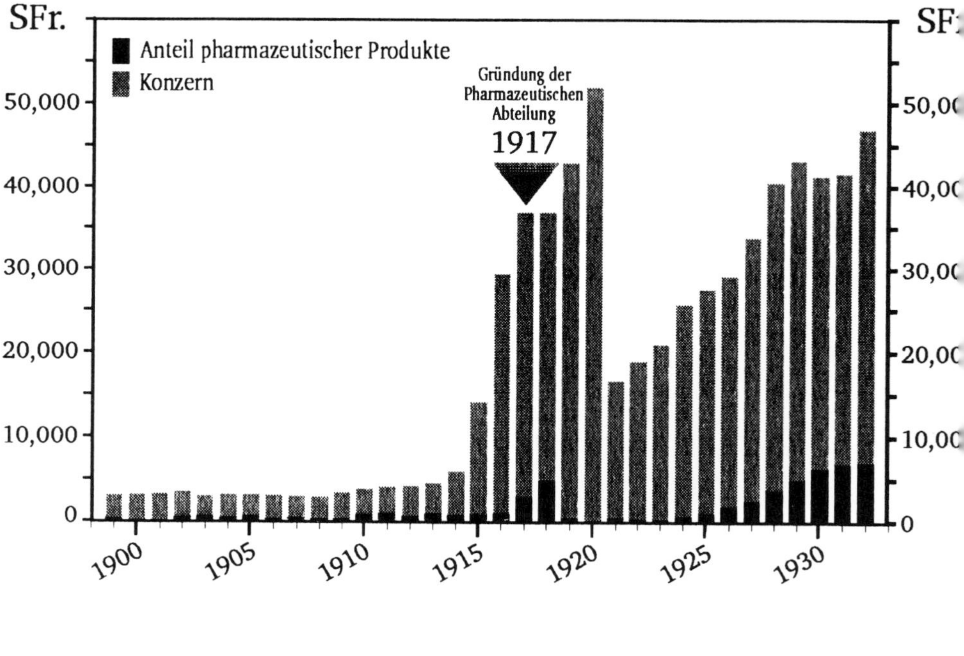

b) 1933 bis 1970: Angaben in Millionen Schweizer Franken

Jahr	Konzern	Farben	%	Pharma	%	Chemikalien	%
1933	47,9	34,3	71,6	7,8	16,3	5,3	11,1
1934	46,6	31,9	68,5	8,9	19,1	5,2	11,2
1935	55,0	37,7	68,5	10,9	19,8	5,5	10,0
1936	61,7	41,0	66,5	12,9	20,9	6,8	11,0
1937	77,0	47,7	61,9	18,8	24,4	8,1	10,5
1938	73,7	42,5	57,7	21,1	28,6	8,0	10,9
1939	95,6	56,8	59,4	23,8	24,9	11,8	12,3
1940	92,2	50,3	54,6	23,2	25,2	14,4	15,6
1941	122,9	65,7	53,5	30,9	25,1	21,7	17,7
1942	120,7	54,9	45,5	36,4	30,2	22,7	18,8
1943	131,0	56,6	43,2	43,7	33,4	23,7	18,1
1944	133,8	62,5	46,7	42,2	31,5	23,3	17,4
1945	144,5	67,5	46,7	45,0	31,1	25,6	17,7
1946	204,2	108,7	53,2	52,6	25,8	35,3	17,3
1947	241,6	122,6	50,7	66,7	27,6	42,3	17,5
1948	253,8	137,5	54,2	70,8	27,9	38,3	15,1
1949	242,0	115,0	47,5	86,8	35,9	37,2	15,4
1950	282,6	134,0	47,4	102,0	36,1	45,0	15,9
1951	317,1	139,2	43,9	118,8	37,5	56,5	17,8
1952	313,1	122,0	39,0	133,4	42,6	56,0	17,9
1953	349,0	140,3	40,2	143,3	41,1	63,4	18,2
1954	371,5	147,0	39,6	150,0	40,4	69,6	18,7
1955	407,2	162,9	40,0	160,1	39,3	84,1	20,7
1956	442,1	170,9	38,7	178,1	40,3	93,1	21,1
1957	487,9	188,7	38,7	203,6	41,7	95,6	19,6
1958	493,7	179,7	36,4	210,0	42,5	104,0	21,1
1959	562,5	207,0	36,8	234,8	41,7	120,8	21,5
1960	633,0	223,9	35,4	270,1	42,7	139,0	22,0
1961	731,0	252,0	34,5	323,0	44,2	156,0	21,3
1962	796,0	271,0	34,0	368,0	46,2	157,0	19,7
1963	914,9	309,1	33,8	440,1	48,1	165,7	18,1
1964	1077,0	365,8	34,0	524,7	48,7	186,2	17,3
1965	1243,0	402,9	32,4	631,0	50,8	209,4	16,8
1966	1401,0	435,9	31,1	736,0	52,5	229,5	16,4
1967	1977,0	623,0	31,5	1015,0	51,3	339,0	17,1
1968	2194,0	672,0	30,6	1151,0	52,5	371,0	16,9
1969	2483,0	785,0	31,6	1334,0	53,7	363,0	14,6
1970	2751,0	849,0	30,9	1490,0	54,2	411,0	14,9

UMSATZENTWICKLUNG
DES SANDOZ-GESAMTKONZERNS

(1933 bis 1970)

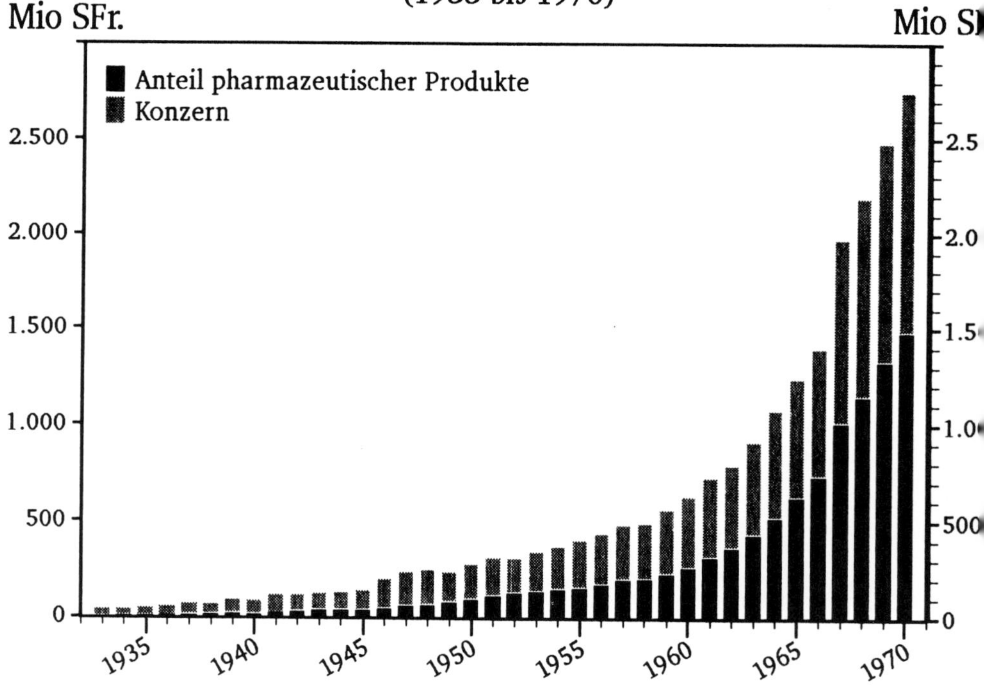

ANTEIL PHARMAZEUTISCHER PRODUKTE AM SANDOZ - GESAMTUMSATZ

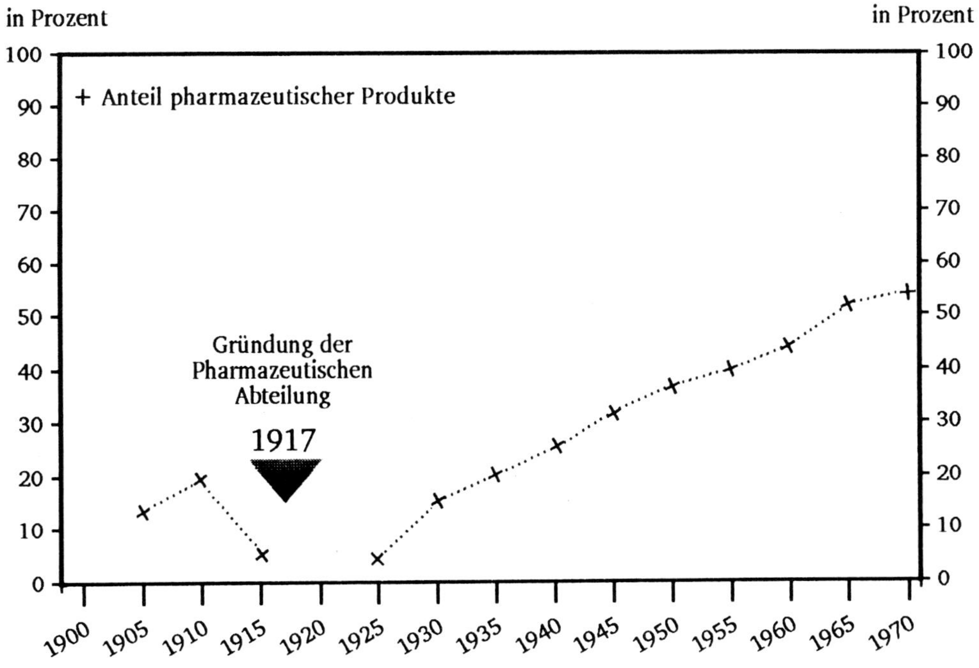

bis einschliesslich 1901 und von 1919 bis 1921 sind im Firmenarchiv der Sandoz AG keine Umsatzangaben an Pharmazeutika erhältlich.

X. ARCHIVALIEN UND QUELLEN

FA bedeutet im folgenden: Firmenarchiv Sandoz. Die jeweiligen Fundstücke werden aus den Anmerkungen ersichtlich.

Abel, Wilhelm: Massenarmut und Hungerkrisen im vorindustriellen Deutschland. Göttingen 1972.

Adelman, I.: Long Cycles - Fact or Artifact? In: AER, 55 (1965), 3, 444-463.

Adler, Georg: Basels Sozialpolitik in neuester Zeit. Tübingen 1896.

Adlung, Alfred und Georg Urdang: Grundriß der Geschichte der deutschen Pharmazie. Berlin 1935.

Alfraise, Paul: L'industrie des matières colorantes et des produits chimiques à l'Exposition universelle. In: Moniteur scientifique 1867.

Aschenbrenner, Rudolf: Exporthandel und direkter Industrieexport in der Nachkriegszeit. Torgau 1929.

Auterhof, Harry u. Joachim Knabe: Lehrbuch der Pharmazeutischen Chemie. 11. Auflage, Stuttgart 1983.

Azria, Moise: The Calcitonins. Physiology and Pharmacology. Basel, München u. Paris 1989.

Bärchtold, H.: Die geschichtlichen Entwicklungsbedingungen der schweizerischen Volkswirtschaft. In: Gesammelte Schriften. Aarau 1939.

Bäumler, Ernst: Ein Jahrhundert Chemie. Düsseldorf 1963.

Bäumler, Ernst: Farben, Formeln, Forscher. Hoechst und die Geschichte der industriellen Chemie in Deutschland. München, Zürich 1989.

Bairoch, Paul: Le volume des exportations de la Suisse de 1851 à 1975. In: Schweizerische Zeitschrift für Geschichte 28, 1978.

Bauer, Hans: Basel: Gestern - heute - morgen. Hundert Jahre Basler Wirtschaftsgeschichte. Basler Handelskammer, Basel 1981.

Bauer, Hugo: Geschichte der Chemie. Leipzig 1912.

Baumgartner, Rudolf: Die wirtschaftliche Bedeutung der chemischen Industrie in Basel. Staatswissenschaftliche Studien, Bd. 1. Bern 1947.

Bayer AG (Hrsg.): Beiträge zur hundertjährigen Firmengeschichte 1863-1963. o.O. [Leverkusen] o.J. [1963].

Bayer AG (Hrsg.): Meilensteine 125 Jahre Bayer 1863 - 1988. Leverkusen 1988.

Bayer AG, Sektor Gesundheit (Hrsg.): 100 Jahre Pharmakologie bei Bayer 1890 - 1990. Leverkusen 1990.

Bayer AG, Bayer Herz-Kreislauf-Forschung (Hrsg.): Tradition und Fortschritt. Vom Kallikrein zu den Dihydropyridinen. Leverkusen 1985.

Bayer AG, Sektor Pharma (Hrsg.): 100 Jahre Forschung und Fortschritt. Bayer Pharma 1988. Leverkusen 1988.

Bechtel, Heinrich: Wirtschafts- und Sozialgeschichte Deutschlands. München 1967.

Beckenbach, Heinrich: Dr. Georg Wander. Begründer eines Weltunternehmens. In: Gewerblicher Rechtsschutz und Urheberrecht 32 (1927), 745-758.

Beckmann, Lothar: Die Entwicklung des Schutzes chemischer Erfindungen. In: Wonnegau 1962. Heimatbuch des Landkreises Worms.

Beiersdorf AG (Hrsg.): 100 Jahre Beiersdorf 1882-1982. Hamburg 1982.

Berde, Botond: Recent Progress in Oxytocin Research. Springfield 1959.

Berde, Botond und H.O. Schild (Hrsg.): Ergot Alkaloids and Related Compounds. Berlin, Heidelberg, New York 1978.

Berde, Botond und H.O. Schild (Hrsg.): Pharmakologie und klinische Pharmakologie von Hydergin. Berlin, Heidelberg, New York 1980.

Bergier, Jean-Francois: Die Wirtschaftsgeschichte der Schweiz. Zürich und Köln 1983.

Bernthsen, August: Fünfzig Jahre Tätigkeit in chemischer Wissenschaft und Industrie. Heidelberg 1925.

Bestmann, Uwe (Hrsg.): Kompendium der Betriebswirtschaftslehre. 4. Auflage, München, Wien 1988.

Binz, Arthur: Die Mission der Teerfarbenindustrie. Berlin 1912.

Binz, Arthur: Ursprung und Entwicklung der chemischen Industrie. Berlin 1910.

Bodmer, Walter: Schweizerische Industriegeschichte. Zürich 1960.

Boehringer GmbH Mannheim (Hrsg.): 125 Jahre - 125 Geschichten. In: boehringer kreis. Nr.1. Mannheim 1984.

Boehringer Ingelheim Zentrale GmbH (Hrsg.): 100 Jahre Boehringer Ingelheim 1885-1985. Ingelheim am Rhein 1985.

Bonjour, Edgar: Geschichte der Schweiz im 19. und 20. Jahrhundert. In: Geschichte der Schweiz, Bd. 2. Zürich 1938.

Borchardt, Knut: Grundriß der deutschen Wirtschaftsgeschichte. Göttingen 1978.

Borchardt, Knut: Wachstum, Krisen, Handlungsspielräume der Wirtschaftspolitik. Göttingen 1982.

Boßhard, Eugen: Aus den Anfängen der schweizerischen chemischen Industrie. In: Gedenkschrift an das 50jährige Jubiläum der Schweizerischen Gesellschaft für Chemische Industrie 1882/1932. Zofingen 1932.

Boßhardt, Alfred: Die Schweiz im Kampf mit dem Protektionismus der Großmächte. In: Die Schweiz als Kleinstaat in der Weltwirtschaft. St. Gallen 1945.

Boussel, Patrice; Bonnemain, Henri und Frank Boré: Geschichte der Pharmazie und der Pharmazeutischen Industrie. Paris, Lausanne 1983.

Bové, Frank James: The Story of Ergot. Basel, New York 1970.

Bracher, H[ans]: Entstehung und Bedeutung des schweizerischen Patentwesens. Diss. Bern 1923.

Breitfeld, Wilhelm: Der deutsche Drogenhandel. Leipzig 1906.

Brockhoff, Klaus: Produktpolitik. Stuttgart und New York 1981.

Büchi, Jacob: Grundlagen der Arzneimittelforschung und der synthetischen Arzneimittel. Basel, Stuttgart 1963.

Burckhardt, Paul: Geschichte der Stadt Basel. Von der Zeit der Reformation bis zur Gegenwart. Basel 1942.

Bürgin, Alfred: Geschichte des Geigy-Unternehmens von 1758 bis 1939. Ein Beitrag zur Basler Unternehmer- und Wirtschaftsgeschichte. Basel 1958.

Burkert, Klaus: Die deutsche "Pharmazeutische Interessensgemeinschaft" (1906-1918). Ein Beitrag zur Firmenpolitik der pharmazeutisch-chemischen Industrie bis zum Ende des Ersten Weltkrieges. Stuttgart 1990 (Quellen und Studien zur Geschichte der Pharmazie, Bd. 61).

Caro, Heinrich: Über die Entwicklung der chemischen Industrie von Mannheim a. Rh.. In: Zeitschrift für angewandte Chemie. 1904.

Caro, Heinrich: Über die Entwicklung der Theerfarbenindustrie. Berlin 1893.

Cassella-Riedel Pharma GmbH (Hrsg.): Cassella-Riedel Pharma. 25 Jahre 1962-1987. In: Cassella-Riedel Archiv. 2. Auflage, Frankfurt 1990.

Christiansen, Carl C.: Der Standort der chemischen und Farbenindustrie. Reihe: Über den Standort der Industrie, Bd.2 . Hrsg. Alfred Weber.

CIBA AG (Hrsg.): Herkunft und Gestalt der Industriellen Chemie in Basel. Olten, Lausanne 1959.

Clark, John; Freeman, Christopher und Soete, Luc: Long Waves, and Technological Developments in the 20th Century. In: Petzina, Dietmar and Gier van Roon (Eds.): Konjunktur, Krise, Gesellschaft. Stuttgart 1981, 132-169.

Clark, John; Freeman, Christopher und Soete, Luc: Long Waves, Inventions and Innovations. In: Freeman, Christopher (Ed.): Long Waves in the World Economy. London, Dover 1984, 63-77.

Cloetta, Arnold: Lehrbuch der Arzneimittellehre und Arzneiverordnungslehre. Freiburg 1885.

Dammann, Klaus: Zollpolitik und chemische Industrie. In: Chemische Industrie, 1952, 681 ff.

Das Abkommen mit der Schweiz, betreffend den gegenseitigen Patent-, Muster- und Markenschutz. In: Chemische Industrie 17 (1894), 197f.

Deutsche Bank AG (Hrsg.): Außenwirtschafts-Alphabet. Frankfurt 1986.

Deutsche Bundesbank (Hrsg.): Internationale Organisationen und Abkommen im Bereich von Währung und Wirtschaft. Sonderdruck Nr. 3. Frankfurt 1986.

Dichtl, Erwin; Raffée, Hans und Michael Thiess (Hrsg.): Innovatives Pharma-Marketing. Wiesbaden 1989.

Dölemeyer, Barbara: Patentrecht und Musterschutz. In: Handbuch der Quellen und Literatur der neueren europäischen Privatrechtsgeschichte (Hrsg. Helmut Coing), Bd. 3, München 1986, 4074 - 4086.

E. Merck Darmstadt (Hrsg.): Modern aus Tradition. Geschichte der chemisch-pharmazeutischen Fabrik E. Merck Darmstadt. Darmstadt 1989.

Ebert, Wilhelm: Die chemische Industrie Deutschlands. Berlin, Leipzig 1926.

Erni, Paul: Die Basler Heirat. Geschichte der Fusion Ciba-Geigy. Zürich 1979.

Eucken, Walter: Die Grundlagen der Nationalökonomie. Göttingen, Heidelberg 1950.

Eucken, Walter: Grundsätze der Wirtschaftspolitik. Bern, Tübingen 1952.

Eulenburg, Franz: Außenhandel und Außenhandelspolitik. Tübingen 1925.

Fanchamps, Albert: Altersbedingte zerebrale Insuffizienz und Demenz. Die Stellung von Hydergin. Basel 1991.

Fanchamps, Albert: Mutterkornalkaloide. Forschung- Entwicklung- Erfahrung. Hydergin. "Sandoz- Informationsreihe". o.O. [Basel], o.J. [1982].

Fierz-David, Hans Eduard: Die Entwicklungsgeschichte der Chemie. Basel 1952.

Fleischer, Arndt: Patentgesetzgebung und chemisch- pharmazeutische Industrie im deutschen Kaiserreich (1871-1914). Stuttgart 1984. (Quellen und Studien zur Geschichte der Pharmazie, Bd.25).

Fresenius AG (Hrsg.): Fresenius 75 Jahre. Firmenzeitschrift 4. Oberursel 1986.

Freudenmann, Helmut: Planung neuer Produkte. Stuttgart 1965.

Friesewinkel, Harald; Ernst Schneider und René Abt: Das Pharmazeutische Marketing II. Kulmbach 1981.

Friesewinkel, Harald: Das Pharmazeutische Marketing I. Kulmbach 1976.

Fuchs, Ulrich: Die Gewinne der industriellen Aktiengesellschaften in der Schweiz (1921-1931). Staatswissenschaftliche Studien. Bd. 5. Basel 1938.

Gagliardi, Ernst: Geschichte der Schweiz, Bd. 3. 4. Auflage, Zürich 1939.

Geering, Traugott: Grundzüge einer Schweizer Wirtschaftsgeschichte. Bern 1912.

Geering, Traugott: Handel und Industrie der Schweiz unter dem Einfluß des Weltkrieges. Basel 1928.

Geering, Traugott: Handel und Industrie der Stadt Basel. Basel 1886.

Gehrig, Walter: Pharma-Marketing. Instrumente, Organisation und Methoden. Landsberg 1987.

Geigy-Hagenbach, Karl: Kurzer Überblick über die Entwicklung der Firma Joh. Rud. Geigy. Basel 1919.

Gemuseus, Alphonse: Das Schweizer Patentrecht in seiner Anwendung auf chemische Erfindungen. Diss. Bern 1930.

Gitermann, Valentin: Geschichte der Schweiz. Thayngen-Schaffhausen 1941.

Glamann, Hans Friedrich: Die analytische Kommission der I.G. Farbenindustrie Aktiengesellschaft (ANAKO) als Beispiel einer Arbeitsgemeinschaft innerhalb des Farbenkonzerns in der Zwischenkriegszeit. Marburg 1969.

Gnehm, Robert (1852-1926). In: Schweizerische Bauzeitung, 88 (1926).

Gödecke AG (Hrsg.): Im Spiegel der Zeit. 5. Auflage. o.O. [Berlin] 1990.

Graebe, Carl: Geschichte der organischen Chemie. Berlin 1920.

Grauer, Carl: Die Preisbewegung von Chemikalien seit dem Jahre 1861. Stuttgart 1902.

Grauert, Werner: Basler Großchemie stellte ihre Dynamik unter Beweis. In: Chemische Industrie 18 (1966), 309-313.

Grauert, Werner: Schweizer Großchemie wieder mit imponierenden Erfolgen. In: Chemische Industrie 5 (1964), 285-289.

Grauert, Werner: Stabiles Wachstum der Basler Großchemie. In: Chemische Industrie 5 (1967), 244-250.

Grauert, Werner: Stolze Bilanz der Schweizer Großindustrie. In: Chemische Industrie 17 (1965), 260-264.

Grauert, Werner u. Kristin Vogel: Produktion im Ausland - Rückgrat der Schweizer Großchemie. In: Chemische Industrie 17, 1965, 169-171.

Greiling, Walter: Chemie erobert die Welt. Berlin 1938.

Gross, Herbert: Neues Wirtschaftsdenken - Erfolg durch Marketing. Düsseldorf 1967.

Grossmann, Hermann: Die Bedeutung der chemischen Technik für das Wirtschaftsleben. Halle 1907.

Grossmann, Hermann: Krieg und chemische Industrie. Berlin 1915.

Hahn, Edouard: Die Auswirkungen der Zollpolitik des Auslandes auf die drei Basler Hauptindustrien: Seidenband-, Schappe- und Teerfarbenfabrikation seit der Freihandelsaera der 1860er Jahre. Diss. Basel 1934.

Hallstein, Walter: Die Europäische Gemeinschaft. 5. Aufl., Düsseldorf, Wien 1979.

Handbuch der schweizerischen Außenpolitik. Schriftenreihe der Schweizerischen Gesellschaft für Außenpolitik, Bd.2. Hrsg.: Riklin, Alois; Haug, Hans und Hans Christoph Binswanger. Bern, Stuttgart 1975.

Hardach, Karl: Deutschland 1914-1970. In: Cipolla, C.M. und K. Borchardt. Europäische Wirtschaftsgeschichte, Bd. 5. Stuttgart, New York 1986, 47-99.

Harms, Bernhard: Probleme der Weltwirtschaft. Jena 1925.

Häußler, Walter: Der Export der deutschen chemischen Industrie nach dem Kriege. Diss. Köln 1938.

Henning, Friedrich-Wilhelm: Das industrialisierte Deutschland 1914 bis 1972. Paderborn 1974.

Henning, Friedrich-Wilhelm: Deutschland von 1914 bis zur Gegenwart. In: Fischer, W. et al.: Handbuch der Europäischen Wirtschafts- und Sozialgeschichte, Bd. 6. Stuttgart 1987, 416-481.

Henning, Friedrich-Wilhelm: Die Industrialisierung in Deutschland 1800 bis 1914. Paderborn 1973.

Hesse, Albert und Hermann Großmann: Englands Handelskrieg und die chemische Industrie. Stuttgart 1915.

Hoffmann, Karl: Der Produktlebenszyklus. Eine kritische Analyse. Freiburg 1972.

Hofmann, Albert: Die Mutterkornalkaloide. Stuttgart 1964.

Hofmann, Albert: Einsichten, Ausblicke. 2. Auflage, Basel 1986.

Hofmann, Albert: LSD - Mein Sorgenkind. Stuttgart 1979.

Höltschi, Rene und Rockstroh, Christian: Die Phasen einer Wachstumswelle. Diskussionsbeitrag Nr. 53 der Volkswirtschaftlichen Abteilung der Hochschule St. Gallen. St. Gallen 1988.

Hydergin. o.O. [Basel] 1967.

Jaeger, Walter: Der Standortsaufbau der Basler Industrie. Diss.pol. Basel 1937.

Jaquet, Nicolas: Die Entwicklung und volkswirtschaftliche Bedeutung der schweizerischen Teerfarbenindustrie. Basel 1923.

Jaubert, George F.: Historique de l'industrie suisse des matières colorantes artificielles. Genève 1896.

Jöhr, Walter Adolf: Die Konjunkturschwankungen. Tübingen, Zürich 1952.

Keynes, John Maynard: Allgemeine Theorie der Beschäftigung, des Zinses und des Geldes. München und Leipzig 1936.

Kneschaurek, Francesco: Der schweizerische Konjunkturverlauf und seine Bestimmungsfaktoren. Dargestellt auf der Periode 1929 bis 1939. Diss. Zürich / St. Gallen 1952.

Knoblauch, Hugo: Das Patentwesen für das Deutsche Reich vom 25. Mai 1877. Berlin 1880.

Knoll AG Ludwigshafen (Hrsg.): 100 Jahre im Dienst der Gesundheit 1886-1986. Ludwigshafen 1986.

Kockerscheidt, J. Wilhelm: Über die Preisbewegung chemischer Produkte unter besonderer Berücksichtigung des Einflusses neuerer Erfindungen und technischer Fortschritte. Diss. Basel 1905.

Köchlin, Carl: Die Ausdehnung des Erfindungsschutzes in der Schweiz auf die chemische Industrie. In: Schweizer Bauzeitung 37 (1901), 270-272 und 280-282.

Koelner, Paul: Das Geschlecht Kern zu Bülach. Privatdruck 1926.

Koelner, Paul: Aus der Frühzeit der chemischen Industrie Basels. Basel 1937.

Kontratieff, Nikolai Dimitrievic: Die langen Wellen der Konjunktur. In: Archiv für Sozialwissenschaften und Sozialpolitik. 56.1926. Neudruck: Autorenkollektiv. Die langen Wellen der Konjunktur. Berlin 1972, 133-169.

Kunz, Max A.: Die Bedeutung der Forschung für die chemische Industrie. In: Neue Zürcher Zeitung, 18./19. Mai 1941.

Landes, David Saul: Der entfesselte Prometheus. Köln 1973.

Landmann, Julius: Soll die Schweiz die Haager Opiumkonvention ratifizieren? Denkschrift dem EVD unterbreitet von den Unternehmungen der schweizerischen pharmazeutischen Industrie. 1923.

Lazorthes, Guy und Louis Camoan: Der Gehirnkreislauf. o.O. o.J.

Liefmann, Robert: Kartelle, Konzerne und Trusts. 2 Bde. 7. Auflage, Stuttgart 1927.

Lill, Ursula: Die pharmazeutische Werbung in der ersten Hälfte des 20. Jahrhunderts. Stuttgart 1990. (Quellen und Studien zur Geschichte der Pharmazie, Bd. 56).

Lindemann, Otto: Arbeitsverhältnisse und Arbeiterpolitik in der chemischen Industrie. Diss. Hamburg 1928.

Lockemann, Georg: Geschichte der Chemie. 2 Bde. Berlin 1950 und 1955.

Ludin, Hans-Peter: Das Parkinsonsyndrom. Stuttgart, Berlin, Köln, Mainz 1988.

Lunge, Georg: Zur Geschichte der Entstehung und Entwicklung der chemischen Industrie in der Schweiz. Zürich 1901.

Mangold, Fritz: Industrie und Wirtschaft in den Kantonen Basel-Stadt und Basel-Land. Genf, Basel 1936.

Mangold, Walter: Standortanalyse der Basler Exportindustrie seit 1970. Diss. Basel 1935.

Marcus, Alfred: Die großen Chemiekonzerne. Leipzig 1929.

Marquardt, Ulrich: Die Interessensgemeinschaften. Eine Ergänzung zur Entwicklungsgeschichte der Zusammenschlußbewegung von Unternehmen. Berlin 1910.

Meier-Ruge, William: Hydergine 40 years on. In: International Sandoz Gazette. Hrsg: Sandoz Ltd. No. 81. Basel 1989.

Menne, W. A.: Chemie im Kraftfeld der Politik. In: Chemische Industrie, Oktober 1952, 666.

Mensch, Gerhard: Basisinnovationen und Verbesserungsinnovationen. In: Zeitschrift für Betriebswirtschaft 42 (1972), 291-297.

Mensch, Gerhard: Long Waves and Technological Development in the 20th Century: Comment. In : Petzina, Dietmar and van Roon, Gier: Konjunktur, Krise, Gesellschaft. Stuttgart 1981, 170-179.

Mensch, Gerhard: Zur Dynamik des technischen Fortschrittes. In: Zeitschrift für Betriebswirtschaft 41 (1971), 295-314.

Merck, Johann Heinrich: Entwicklung und Stand der pharmazeutischen Großindustrie: Eine volkswirtschaftliche Betrachtung. Diss. Würzburg 1920.

Mestral, Aymont de: Edouard Sandoz. In: Pioniers suisse de l'économie et de la technique. Bd.3. Zürich 1957.
Metzner, Alfons: Die chemische Industrie der Welt. 2 Bde.. Düsseldorf 1955.
Müller, Gustav: Die chemische Industrie. Leipzig 1909.
Muralt, Alexander v.: Die Bedeutung der Wissenschaft für unser Land. Schweizerische Hochschulzeitung 16, 1942.
Ochsenbein, Heinz: Die verlorene Wirtschaftsfreiheit. 1914-1918: Methoden ausländischer Wirtschaftskontrollen über die Schweiz. Bern 1962.
Osteroth, Dieter: Soda, Teer und Schwefelsäure. Der Weg zur Großchemie. Hamburg 1985.
Oswald, Wolf D.: Die Psychometrie als Methode zur Prüfung von Arzneimitteln. In: Sandoz AG (Hrsg.): Sandorama, Bd.4. Basel 1979, 8-13.
Paschke, Curt: Der Aufbau der deutschen Teerfarbenindustrie und ihre Stellung in der Zollpolitik des Auslandes. Diss. Gießen 1928.
Perkin, William Henry: The Position of the Organic Chemical Industry. Journal of Chemical Society, Bd. 107, 1. Teil. 1905.
Pharmazeutisch-Wissenschaftliches Bureau der Sandoz AG Basel (Hrsg.): Sandoz Pharma. Basel 1959.
Pohle, Ludwig: Die Kartelle der gewerblichen Unternehmungen. Leipzig 1898.
Polivka, Heinz: Die chemische Industrie im Raume von Basel. Basler Beiträge zur Geographie, Heft 16. Basel 1974.
Pötsch, Winfried: Lexikon bedeutender Chemiker. 1. Auflage, Leipzig 1988.
Potucek, Vladimir: Produkt-Lebenszyklus. In: Wirtschaftswissenschaftliches Studium 13 (1984), 2, 83-88.
Primbram, Karl: Die weltwirtschaftliche Lage im Spiegel des Schrifttums der Weltwirtschaftskonferenz. Weltwirtschaftsarchiv 1927.
Rassow, Berthold: Die chemische Industrie. Gotha 1925.
Riedl-Ehrenberg, Renate: Alfred Kern (1850-1893), Edouard Sandoz (1853-1928) Gründer der Sandoz AG, Basel. (Schweizer Pioniere der Wirtschaft und Technik. Bd. 44). Zürich 1986.
Rieter, F.: Schweizer Pioniere der Wirtschaft und Technik, Nr.2. Zürich 1955.
Ripper, Werner: Weltgeschichte im Aufriß, Bd. 2. Frankfurt, Berlin, München 1978.
Rordorf, Hartmann: Über die Entwicklung der chemisch- pharmazeutischen Spezialitäten-Industrie in der Schweiz 1875-1925. Beitrag zur Geschichte der schweizerischen Pharmazie. Wohlen 1927.
Rosenberg, Werner: Die deutsche pharmazeutische Industrie. Freiburg 1921.
Rosenthal, Isidor: Das Deutsche Patentgesetz vom 25. Mai 1877. Erlangen 1881.
Roth, Hans: Die chemische Industrie der Schweiz als Exportindustrie unter besonderer Berücksichtigung der Farbstoffausfuhr zwischen den beiden Weltkriegen. Basel 1952.

Roth, Hans: Die Entwicklung und volkswirtschaftliche Bedeutung der schweizerischen Teerfarbenindustrie. Basel 1922.

Sandoz AG Basel (Hrsg.): 75 Jahre Sandoz. Basel 1961.

Sandoz AG, Basel (Hrsg.): Sandoz - 100 Jahre für ein Leben mit Zukunft. In: Sandoz bulletin. 22. Jahrgang, 1986.

Sandoz S.A. France (Hrsg.): Cinquantenaire Sandoz en France 1924-1974. no. spécial. Sandoz Flash. Rueil-Malmaison. o.J. [1974].

Schäfer, Hermann (Hrsg.): Wirtschaftsgeschichte der deutschsprachigen Länder vom frühen Mittelalter bis zur Gegenwart. Freiburg, Würzburg 1989.

Schinz, Hans und Alfred Wolfer: Notizen zur schweizerischen Kulturgeschichte, 71. o.O. 1926.

Schipperges, Heinrich (Hrsg.): Geschichte der Medizin in Schlagworten. Mannheim, Wien, Zürich 1990.

Schmid, Hans Rudolf: Dr. Albert Wander. 1867-1950. In: Schweizer Pioniere der Wirtschaft und Technik, Bd. 8. Wetzikon 1958.

Schmidt, Albrecht: Die industrielle Chemie in ihrer Bedeutung im Weltbild und Erinnerungen an ihren Aufbau. Berlin 1934.

Schmidt, Peter Heinrich: Die Schweiz und die europäische Handelspolitik. Zürich 1914.

Schmidt, Peter Heinrich: Die schweizerischen Industrien im internationalen Konkurrenzkampf. Zürich 1920.

Schmookler, Jacob: Invention and Economic Growth. Cambridge/Massachusets 1966.

Schneider, Wolfgang: Geschichte der pharmazeutischen Chemie. Weinheim 1972.

Schneider, Wolfgang: Geschichte der Pharmazie, Bd. IV, 1985. (Wörterbuch der Pharmazie. 4 Bde. Stuttgart 1981-1985). Bd. IV, 1985.

Schüler, A.: Der Erfindungsschutz, seine Berechtigung und Notwendigkeit in der Schweiz. Bern 1887.

Schumpeter, Joseph Alois: Konjunkturzyklen. Eine theoretische, historische und statistische Analyse des kapitalistischen Prozesses. 2 Bde. Bd. 1, Göttingen 1961.

Schumpeter, Joseph Alois: Theorie der wirtschaftlichen Entwicklung. 4. Auflage, München und Leipzig 1935.

Schunack, Walter; Mayer, Klaus und Manfred Haake: Arzneistoffe. Lehrbuch der Pharmazeutischen Chemie. 2. Auflage, Braunschweig und Wiesbaden 1984.

Schweizerische Bankgesellschaft (Hrsg.): Die Schweizer Wirtschaft 1946-1986. Zürich 1987.

Selby, Philip und Mal Schechter: Aging 2000 a Challenge for Society. Lancaster, Boston, The Hague 1982.

Senti, Richard (Hrsg.): Die Schweiz und die internationalen Wirtschafts-organisationen. Zürich 1975.

Senti, Richard: GATT. Zürich 1986.

Siegenthaler, Hans-Jörg: Schweiz 1910-1970. In: Cipolla, C.M. und K. Borchardt: Europäische Wirtschaftsgeschichte, Bd. 5. Stuttgart, New York 1986, 245-275.

Siegenthaler, Hans-Jörg: Schweiz 1914-1984. In: Fischer, W. et al. (Hrsg.): Handbuch der Europäischen Wirtschafts- und Sozialgeschichte, Bd. 6. Stuttgart 1987, 492-512.

Sik, Ota; Höltschi, René und Christian Rockstroh: Wachstum und Krisen. Zur Theorie und Empirie von Konjunkturzyklen und Wachstumswellen. Berlin, Heidelberg, New York, London, Paris, Tokyo 1988.

Simon, Hermann, Eckhard Kucher und Klaus Hilleke-Daniel (Hrsg.): Wettbewerbsstrategien im Pharma-Markt. Stuttgart 1989.

Simon, Alfred: Der Erfindungsschutz unter besonderer Berücksichtigung der Schweizerischen Gesetzgebung. [Diss. Bern 1890]. Bern 1891.

Sombart, Werner: Der moderne Kapitalismus, Bd. 3. München, Leipzig 1928.

Stube, Helmut: Arten und Formen der Kartelle sowie Interessensgemeinschaften in der chemischen Industrie. Diss. Greifswald 1921.

Stuber, Walter: Die Patentierbarkeit chemischer Erfindungen im Hinblick auf die Einbeziehung chemischer Erfindungen in das Schweizer Patentgesetz von 1907. Diss. Bern 1907.

Swift A. H.: Chemical Industry and Trade of Switzerland. Edited by U.S. Department of Commerce. Washington 1929.

Treue, Wilhelm: Wirtschaftsgeschichte der Neuzeit. Im Zeitalter der industriellen Revolution 1700-1960. Stuttgart 1962.

Vershofen, Wilhelm: Die Anfänge der chemisch- pharmazeutischen Chemie. Eine wirtschaftshistorische Studie. 3. Bde. Berlin u. Stuttgart 1949, 1952, 1958.

Vosberg-Reskow, [Max]: Die Patentverletzungen in der Schweiz und der künftige deutsch-schweizerische Handelsvertrag. In: Chemische Industrie 25 (1902), 231f..

Waller, Peter: Probleme der deutschen chemischen Industrie. Halberstadt 1928.

Walther, Hans-Peter: Erfolgreiches Strategisches Pharma-Marketing. Bern, Frankfurt 1988.

Wander AG (Hrsg.): Hundert Jahre Forschen und Wirken 1865-1965. Bern 1965.

Weber, Alfred: Über den Standort der Industrie. Tübingen 1909.

Weidlich, Richard und Eugen Blum: Das Schweizerische Patentrecht, 13. Teil. Bern 1934.

Weidlich, Richard: Ausnahmebestimmungen des schweizerischen Patentgesetzes. In: Gewerblicher Rechtsschutz und Urheberrecht 38 (1933), 362-371.

Weil, Claude: Alter Altern Hydergin. Sandoz-Informationsbroschüre. o.O. [Basel] o.J.

Weil, Claude: Hydergine. Pharmacologic and Clinical Facts. Berlin, Heidelberg, New York 1988.

Weis, Hans Christian: Marketing. 6. Aufl. Kompendium der praktischen Betriebswirtschaft. Ludwigshafen 1987.

Wiegand, Carl: Das neue schweizerische Patentgesetz und das neue englische Patentgesetz und ihre Beziehungen zur deutschen Industrie. In: Gewerblicher Rechtsschutz und Urheberrecht 13 (1908), 1-7.

Wimmer, Wolfgang: Tradition und Transformation: Die Pharmazeutische Industrie in einem ständisch geprägten Markt. In: Zeitschrift für Unternehmensgeschichte 3 (1991), 179 - 203.

Wirtschafts-Ploetz: Die Wirtschaftsgeschichte zum Nachschlagen. Hrsg. Ott, Hugo und Hermann Schäfer. 2. Auflage, Freiburg, Würzburg 1984.

Witt, Otto: Die deutsche Industrie in ihren Beziehungen zum Patentwesen. Berlin 1893.

Witt, Otto: Die Entwicklung der deutschen chemischen Industrie im neunzehnten Jahrhundert. Berlin 1903.

Wöhe, Günter: Einführung in die Allgemeine Betriebswirtschaftslehre. 17. Aufl., München 1990.

Woll, Artur: Allgemeine Volkswirtschaftslehre. 9. Auflage, München 1987.

Woll, Artur: Wirtschaftslexikon. München 1987.

Zart, Artur: Die Entwicklung der chemischen Großindustrie. München, Berlin 1922.

Zerebralinsuffizienz. o.O. [Basel] o.J.

Ziegler: Referat Dr. Ziegler (Die Ausdehnung des Erfindungsschutzes in der Schweiz auf die chemische Industrie). In: Schweizer Bauzeitung 37, 1901, 283f..

Zimmermann, Paul A.: Patentwesen in der Chemie.(Hrsg. BASF AG). 2. Auflage, Ludwigshafen am Rhein 1979.

Bildnachweis: Alle Abbildungen Sandoz AG, Basel.

Namensindex

Index der Produktnamen

Geschütze Warennamen (Warenzeichen) werden im folgenden nicht besonders kenntlich gemacht.